L'histoire de l'art

61, Bld Saint-Germain
75240 Paris Cedex 05

Consultez notre site :
www.editions-eyrolles.com

Marie-Anne Caradec

L'histoire de l'art

Croquis de Bruno Vallas

Sixième édition revue et corrigée

EYROLLES

Sommaire

Avant-propos

La structure de l'ouvrage

Le dernier chapitre traite des techniques de peinture et de sculpture. Par contre, les techniques d'architecture sont abordées au fur et à mesure de l'évolution de l'histoire de l'art, en raison de l'importance d'un vocabulaire propre ; cette approche progressive en rendra l'apprentissage plus aisé.

L'histoire de l'art est traitée chronologiquement de la Préhistoire au XXe siècle, avec ensuite des chapitres d'initiation aux arts asiatiques, pré-colombiens et africains.

Chaque période est abordée sur un plan théorique dans le domaine de l'architecture, de la sculpture et de la peinture, après un bref paragraphe consacré à la civilisation. À la fin de certains chapitres, des planches de dessins d'architecture illustrent ce dernier paragraphe.

Un glossaire des termes techniques, que ce soit dans le domaine de l'architecture, de la sculpture ou de la peinture, permettra de se remémorer une définition.

Quelques conseils bibliographiques guideront le lecteur vers une étude plus approfondie.

Un index des termes techniques, des noms propres, des noms de lieux l'aidera à se repérer plus facilement dans l'ouvrage.

Chapitre 1

Préhistoire et protohistoire

Paléolithique inférieur : 5 000 000 à 90 000 av. J.-C.

De *paléo* = ancien et *lithos* = pierre.
Âge de la pierre taillée.

• Peeble culture : 3 500 000 à 1 000 000 av. J.-C.

Climat :   frais.
Flore :   chêne, pin, aulne.
Faune :   mastodonte, machaidorus, rhinocéros, cervidé, ours, hippopotame.
Taille des galets.

• Abbevillien (d'Abbeville, Somme) : 1 000 000 à 100 000 av. J.-C.

Climat :   méditerranéen.
Flore :   rhododendron, arbre de Judée, buis, sycomore.
Faune :   rhinocéros, daim, cerf, chevreuil, équidés.

• Acheuléen (de Saint-Acheul, Somme) : 100 000 à 90 000 av. J.-C.

Climat :   froid.
Flore :   prairie.
Faune :   mammouth, ours.
Les hommes sont des prédateurs, ne vivent que du produit de la chasse à main nue, de la cueillette et de la pêche. Ils domestiquent le feu (600 000) et certains animaux.

Paléolithique moyen : 90 000 à 35 000 av. J.-C.

Climat :   méditerranéen.
Flore :   forêt.
Faune :   auroch, mammouth, rhinocéros, ours, cerf géant, daim, cheval, tortue.

• Moustérien (du Moustier, Périgord) : l'homme du Néanderthal, *homo faber* (qui fabrique) commence à affiner des outils (flèches, burins, grattoirs, perçoirs).

Paléolithique supérieur : 35 000 à 8 500 av. J.-C.

Climat :   froid, glaciation.
Flore :   forêt.
Faune :   bœuf, cheval, cerf géant.
De l'*homo erectus* (homme debout), l'homme passe à l'*homo sapiens* (homme qui pense).

• Châtelperronien (de Châtelperron, Bourbonnais) : 35 000 à 30 000 av. J.-C.

Fabrication d'outils.

- **Aurignacien (d'Aurignac, Périgord) :** 30 000 à 27 000 av. J.-C.

Premières gravures sur galets et sur os ; début de l'art.

- **Gravettien (de La Gravette, Périgord) :** 27 000 à 20 000 av. J.-C.

Création de statuettes féminines, de pointes de flèches.

- **Solutréen (de La Roche-de-Solutré, Bourgogne) :** 20 000 à 15 000 av. J.-C.

Sculpture.

- **Magdalénien (de La Madeleine, Périgord) :** 15 000 à 8 500 av. J.-C.

Climat :   froid.
Flore :   steppe.
Faune :   renne, bison, mammouth.
Apogée de la peinture pariétale (Lascaux).

Fabrication de sagaies et de harpons.

Épipaléolithique : 8 500 à 8 000 av. J.-C.

Âge de la « pierre moyenne » (ex-mésolithique)

Climat :   actuel, fin des temps glaciaires.
Flore :   forêt.
Faune :   cerf ; sanglier.
L'homme vit de la cueillette, fabrique des harpons plats.

Néolithique : 8 000 à 1 800 av. J.-C.

Âge de la nouvelle pierre.

Cette période marque la plus grande révolution de l'histoire de l'humanité : l'homme se sédentarise, maîtrise la nature, cultive le sol (début de l'agriculture) et domestique les animaux (début de l'élevage), ce qui va entraîner la production de tissage, de poteries façonnées à la main à partir de 6300 et l'apparition d'une forme rudimentaire d'architecture à partir de 4300.

La notion de village apparaît (Chatal-Uyuk en Turquie, Jéricho en Israël, 7000 av. J.-C.) :

L'homme, de prédateur, devient producteur.

- **Néolithique final : 2 500 à 1 800 av. J.-C.**

C'est le début du travail des métaux (cuivre).

- **Chalcolithique :** période du mégalitisme (dolmens, menhirs...).

Voir cartes p. 332 et 333.

L'approche de la préhistoire

La préhistoire correspond à la période qui va de l'apparition de l'homme sur la terre jusqu'au début de l'écriture.

Depuis l'Antiquité, des témoignages préhistoriques sont connus, mais incompris.

Les Grecs et les Romains recueillaient avec dévotion des haches néolithiques du IIIe millénaire, les prenant pour des « pierres de foudre » envoyées par Zeus en colère.

En 1575, François de Belleforest publie la *Cosmographie universelle de tout le monde,* dans laquelle il décrit les peintures de la grotte de Rouffignac (Périgord).

À la fin du XVIe siècle, l'écrivain espagnol Lope de Vega évoque les peintures à l'air libre du Levant espagnol.

En 1735, c'est l'écrivain portugais de Argote qui décrit la roche peinte de Cachao da Rapa sur le Douro.

Au XVIIIe siècle, des guides conduisent déjà des visiteurs à Niaux (Pyrénées).

Au début du XIXe siècle, les premières études sérieuses sont menées par John Frere, Tournal, Jouhannet, Casimir Picard, Schmerling. Boucher de Perthes, au milieu du XIXe siècle, découvre des instruments en silex près d'Abbeville dans les alluvions de la Somme. Ses travaux font de lui l'un des fondateurs de la science préhistorique. Louis-Philippe et Napoléon III se passionnent pour l'archéologie et stimulent les recherches.

La plupart des grottes de Dordogne sont découvertes vers 1860, grâce à des prospections systématiques, mais certaines découvertes sont aussi le fruit du hasard, comme celle de la grotte d'Altamira en Espagne en 1863 par une fillette, et celle en 1940 de la grotte de Lascaux par quatre adolescents partis à la recherche de leur chien, et celle de la grotte de la calanque de Sormiou (Cassis) par un plongeur, H. Cosquer, en juillet 1991.

La préhistoire

L'art au paléolithique supérieur et à l'épipaléolithique

L'habitat

L'homme vit dans les abris sous roche à l'entrée des grottes pour se protéger des rudesses du climat (période de glaciation) et des animaux sauvages.

La gravure

On la trouve sur les parois des grottes, sur des galets, sur des os. Elle peut être réalisée au doigt (sur l'argile) ou avec un outil pointu. Elle représente des animaux, dont des animaux blessés ; on apprend ainsi les différences climatologiques ayant entraîné les changements dans la faune. L'un des plus beaux exemples de gravures sur paroi est offert dans la grotte de Rouffignac (Périgord) où l'on découvre mammouths et rhinocéros.

La ronde-bosse

Elle représente des animaux ou des femmes callipyges (aux fesses énormes) ; l'accent est en effet mis sur les attributs sexuels, ces « Vénus » n'ayant souvent pas de visage, mais une poitrine et un bassin très développés ; elles étaient probablement des symboles de la fécondité, de la maternité (Vénus de Willendorf, Vénus de Grimaldi...). Elles sont réalisées en pierre ou en os.

La peinture pariétale

Elle représente des scènes avec des animaux, des scènes de chasse, vraisemblablement réalisées dans un but magique (s'attribuer la force nécessaire pour tuer l'animal avant de partir à la chasse ou pour donner des renseignements sur la manière de chasser des animaux d'exception en cas de pénurie de gibier). Les représentations peuvent être linéaires (uniquement un dessin de contour), ponctuées (points à l'intérieur du contour), picturales (peinture à l'intérieur du contour), accompagnées de signes géométriques.

Des mains sont parfois représentées, soit en tracé digité positif (la main a été trempée dans la peinture et appliquée sur la paroi), soit en tracé digité négatif (la main a été appliquée propre sur la paroi et on a pulvérisé autour de la peinture).

À Lascaux, on a un exemple d'homme ithyphallique (le phallus en érection) dans la « scène du puits » ; comme pour les rondes-bosses, l'accent est mis sur le caractère sexuel, la reproduction étant l'une des principales préoccupations des peuplades primitives.

Les plus beaux exemples de peintures pariétales sont à Lascaux en Périgord, à Altamira en Espagne, dans la grotte Cosquer à Sormiou (Cassis), à Vallon-Pont-d'Arc (Ardèche).

Les couleurs étaient obtenues grâce à des oxydes minéraux à base de fer et de manganèse (donnant du noir, du rouge, du jaune), à du charbon de bois, mélangés à de la graisse d'animal, et soufflés à l'aide d'os creux ou de roseaux.

L'art au néolithique

La peinture pariétale

Le Tassili (sud de l'Algérie) en offre un superbe exemple ; en 1956-57, la mission Lhote découvre environ 10 000 sujets peints, avec sur certaines roches jusqu'à 16 superpositions de sujets ; ces peintures sont regroupées en trois ensembles stylistiques et chronologiquement :

- la phase des chasseurs, « dite bubale » (du nom de l'antilope africaine aux cornes en forme de lyre) : scènes de chasse ;
- la phase des hommes à tête ronde, car les personnages ont une tête ronde hypertrophiée (port de masque ?) ;
- la phase des pasteurs de bovidés : les hommes conduisent des troupeaux souvent importants, chassent le gibier ; les femmes sont affairées à leurs marmites.

La céramique

Au départ vierge, elle se charge ensuite d'un décor géométrique réalisé au doigt ou avec un outil et représentant des formes géométriques. Les fonds des vases sont bombés de façon à pouvoir les enfoncer dans le sol par un mouvement de rotation, afin de les caler ou de conserver la nourriture au frais.

L'art monumental ou des mégalithes (« grosses pierres »)

L'habitat

Huttes en bois, éventuellement sur pilotis.

Les sépultures (pl. I,1)

- **Les dolmens** (« tables en pierre ») peuvent être isolés. Ils sont formés d'une dalle en pierre posée à l'horizontale sur deux montants verticaux.
  Les dolmens peuvent être disposés en couloir formant ainsi une **allée couverte** menant à un **tumulus** (tertre en pierre et en terre) servant de chambre funéraire.
- **Le cairn** : tumulus de plan rectangulaire, dans lequel ont été aménagés des couloirs menant aux chambres funéraires.

Les lieux de culte au soleil ou à la lune (pl. I,2)

- **Le menhir** (« pierre dressée ») dont la hauteur varie de quelques décimètres à une vingtaine de mètres. Il peut être gravé de spirales (à Gavrinis dans le golfe du Morbihan), mais le cas est rare.
  Les menhirs peuvent être disposés en alignements, comme à Carnac en Bretagne, ou en **cromlech**, c'est-à-dire en cercle, dont la surface est délimitée par un fossé (nombreux exemples en Ecosse). En Grande-Bretagne, le site de Stonehenge présente des **trilithes** (trois pierres, dont deux jambages verticaux sur lesquels repose un linteau horizontal) disposés en cercle, avec à l'intérieur une disposition en fer à cheval, et au centre une dalle d'autel sur laquelle se posent les rayons du soleil levant au solstice d'été. L'ensemble est orienté selon le soleil et les astres. Les hommes du Néolithique final étaient particulièrement sensibles à l'égard des forces naturelles qu'ils ne pouvaient maîtriser et dont ils désiraient par des cultes s'accorder les faveurs (période de pluie, de beau temps) afin de mener à bien les cultures.

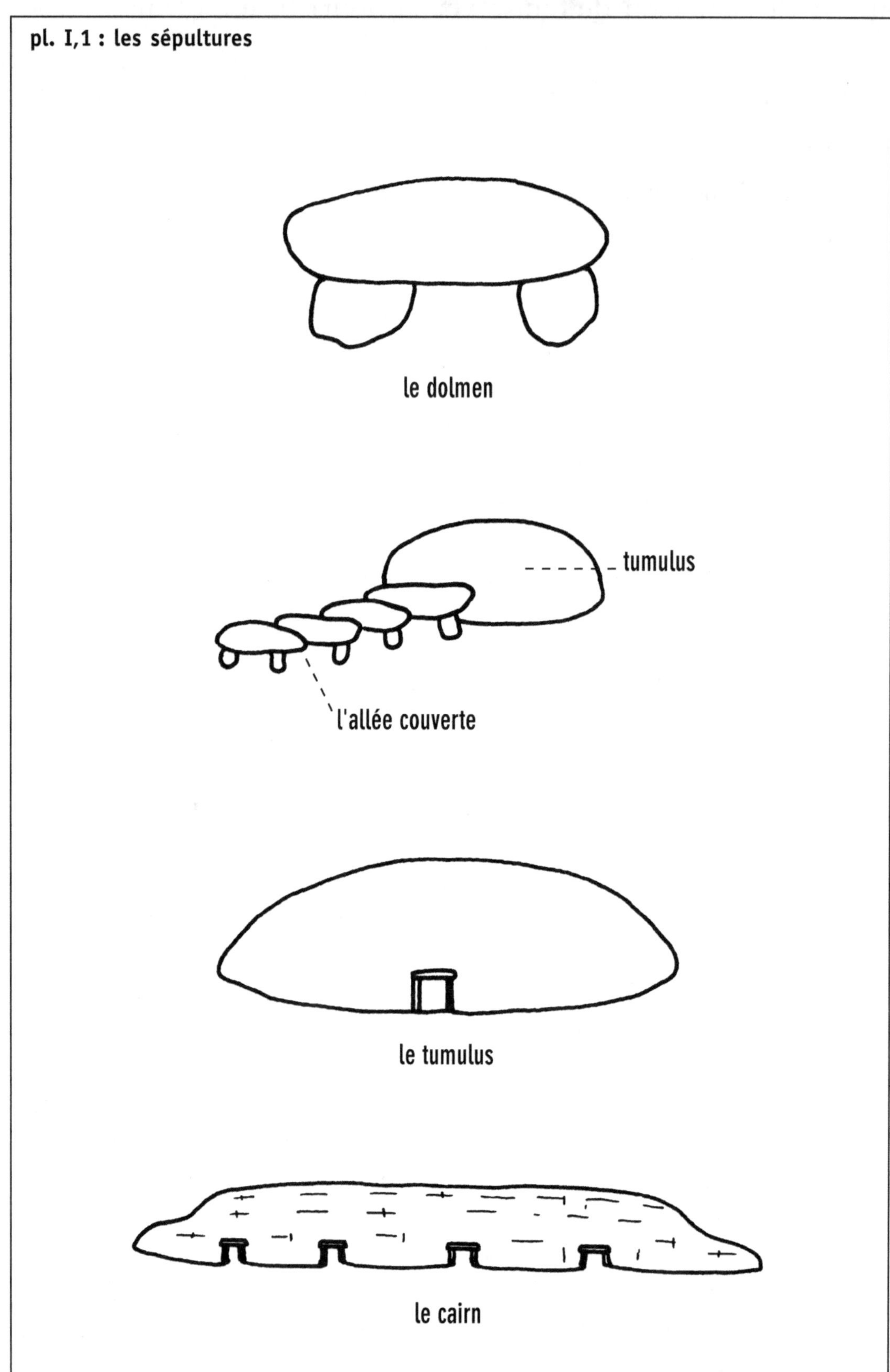

pl. I,1 : les sépultures
le dolmen
tumulus
l'allée couverte
le tumulus
le cairn
pl. I,1 : les sépultures

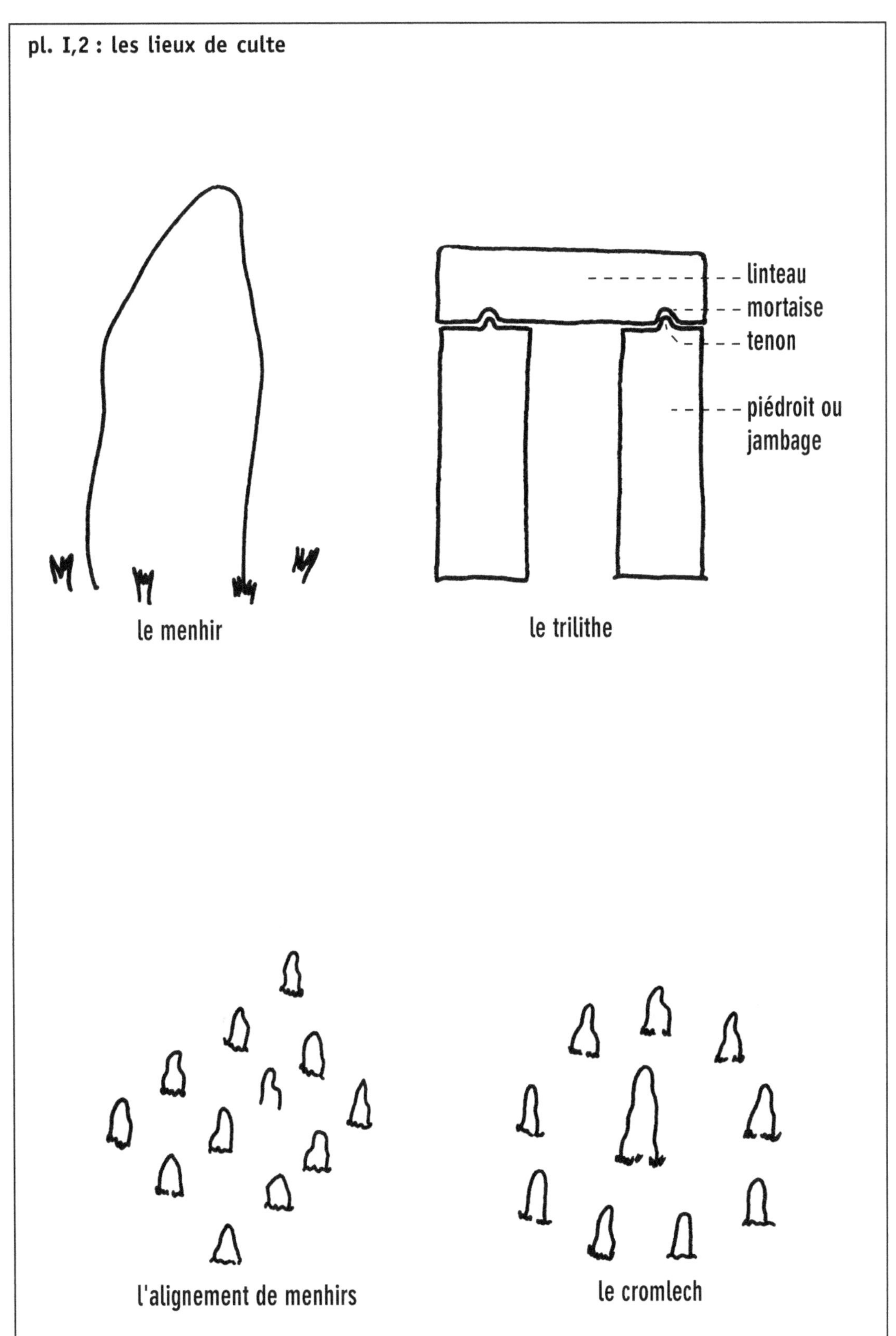

pl. I,2 : les lieux de culte
linteau
mortaise
tenon
piédroit ou jambage
le menhir
le trilithe
l'alignement de menhirs
le cromlech

Âge du bronze : 1 800 à 725 av. J.-C.

- **Bronze ancien :** 1800 à 1500 av. J.-C. Invasions indo-européennes.
Les Protoceltes s'installent au sud de l'Allemagne et à l'est de la France.

- **Bronze moyen :** 1500 à 1200 av. J.-C.
Les Protoceltes s'établissent au centre et à l'ouest de la Gaule.

- **Bronze final :** 1200 à 725 av. J.-C.
Les Protoceltes sont installés dans toute la Gaule.

Âge du fer : 725 av. J.-C. à 10 ap. J.-C.

- **1er âge du fer ou Hallstatt** (nom du village autrichien où fut découverte en premier cette industrie) : 725 à 480 av. J.-C.
Invasions gauloises en Gaule du Sud et en Italie du Nord.

- **2e âge du fer ou La Tène I** (à Neuchâtel en Suisse) : 480 à 200 av. J.-C.

- **La Tène II :** 200 à 50 av. J.-C.

- **La Tène III :** 50 av. J.-C. à 10 ap. J.-C.
Époque des flux migratoires.
En 122 av. J.-C., conquête du sud de la Gaule par les Romains.
Jules César qualifie cette civilisation celtique de « gauloise ».

Voir carte p. 333.

La protohistoire

La protohistoire correspond à la période où l'homme travaille les métaux jusqu'à la découverte de l'écriture.

L'architecture

- **Le vicus** indique une notion de regroupement humain, donc par extension de village.
- **L'oppidum** est une place-forte sur une colline ou en plaine établie dans un but défensif et commercial. Les habitations sont en bois puis, sous l'influence romaine, en pierre.
- **Le fanum** est un temple de plan carré, entouré d'un portique et bordé d'une enceinte.

La religion est complexe ; de nombreux dieux sont vénérés, comme Cernunos (homme à cornes de cerf), Épona (déesse à cheval)... Ces dieux protègent l'agriculture, l'élevage, et sont symboles de prospérité et de fécondité. Les Celtes ont également le culte des héros (la pratique des têtes coupées leur permet d'acquérir l'énergie spirituelle des vaincus). Les cultes naturistes sont fondés sur l'eau, le feu, les arbres (les druides – prêtres – ont instauré dans leur pratique du culte la cueillette du gui), les animaux (bélier, chien, cheval et sanglier, mascotte des Gaulois).

La sculpture

Elle est pratiquée dans la Gaule méditerranéenne. Les rondes-bosses sont influencées par l'art grec, tant dans les thèmes (Hermès, dieu des voyages) que dans le style (application de la loi de frontalité, c'est-à-dire que le visage est dans l'axe du cou, lui-même dans l'axe du buste).

L'âge du bronze et l'âge du fer

De nombreux objets en métal nous sont parvenus : armements (casques, boucliers, épées parfois avec leur fourreau), bijoux (agrafes de ceintures, torques, bracelets, fibules), chars funéraires, char cultuel (tel le char de Trundholm – Danemark – présentant un cheval tirant un disque solaire, le tout en bronze, le harnais et le disque recouverts d'une feuille d'or).

La décoration de ces objets est fondée sur la courbe, la contre-courbe, la spirale, le triskèle (trois spirales réunies en un triangle). La finesse des décors atteste le talent des orfèvres.

Z o o m   s u r ...

Le site de Stonehenge

Stonehenge est un lieu-dit de la plaine de Salisbury, dans le Wiltshire, au sud de l'Angleterre.

Le **cromlech** est un des plus célèbres.

Son plan forme un cercle, doublé d'un fer à cheval.

À l'extérieur, un fossé circulaire de 100 m de diamètre ceinture l'ensemble.

Le cercle de pierres mesure 30 m de diamètre ; il se compose de 30 **piédroits** ou **jambages** (montants verticaux) hauts de 4,20 m (les plus lourds pèsent 50 tonnes) et de 30 **linteaux**, qui à l'origine formaient une couronne complète. Ces **trilithes** ont été extraits d'une carrière située à Marlborough Downs, à une trentaine de kilomètres de Stonehenge ; ils sont doublés de petits **menhirs** provenant du pays de Galles, soit de plus de 200 km.

À l'intérieur de ce cercle, 5 **trilithes** sont disposés en fer à cheval ; les **linteaux** sont à 8 m de hauteur. Ici aussi, des petits **menhirs** bordent l'ensemble. Au centre, est disposée une pierre d'autel.

Le 22 juin, jour du solstice d'été, le soleil se lève dans l'axe de la pierre d'autel et les rayons passent entre les jambages du trilithe central, ce qui permet d'avancer l'hypothèse que le site pouvait servir d'esplanade pour culte solaire.

Ce « monument », unique en son genre, témoigne déjà d'une hiérarchie sacerdotale ou politique ; il est daté des années 1800-1400 av. J.-C., c'est-à-dire du Néolithique final, âge du bronze ancien, formant la transition entre la Préhistoire et la Protohistoire.

Vue du site de Stonehenge (fig. 1)

Les techniques de l'archéologie

La prospection

La photographie aérienne

Issue de l'observation à des fins militaires, la photographie aérienne est utilisée depuis 1906. Elle permet d'apprécier les différences dans la croissance des végétaux, l'existence de fossés plus humides, ou l'absence de traces de neige lorsqu'il y a la présence d'un mur en sous-sol ; elle permet également la détection des vestiges sub-aquatiques.

Les méthodes géophysiques

Elles sont utilisées depuis 1956.

- **Les prospections sismiques et acoustiques** consistent à mesurer l'amplitude des vibrations d'une explosion sur un oscillographe et d'en mesurer les vibrations.
- **Les prospections magnétiques et électromagnétiques** permettent de déceler la présence de métaux dans le sol.
- **Les sondages électriques** permettent de déceler les variations de la résistivité électrique du sol, et la présence de toute structure insolite.

Les méthodes de fouilles

Jusqu'à la fin du XIXe siècle, l'archéologie n'était qu'une « chasse au trésor » ; on ne conservait que les objets de valeur.

La méthode stratigraphique

Elle est appliquée depuis 1930.

- On creuse un sondage jusqu'au sol vierge (n'ayant pas de traces d'activité humaine).
- La terre est enlevée niveau après niveau, chacun représentant une période distincte, la plus ancienne étant logiquement la plus profonde.

- Tous les objets sont prélevés, couche après couche, après avoir relevé sur un plan leur emplacement et leur niveau, travail facilité par l'installation d'un carroyage orienté (balisage du site par des carrés de un mètre de côté).
- Les objets sont ensuite photographiés *in situ* (sur place) puis en laboratoire, dessinés, inventoriés, restaurés.

Les méthodes de datation

La chronologie relative

Elle est en liaison avec la méthode de fouille stratigraphique ; elle permet seulement de dater les couches et les objets les uns par rapport aux autres, en fonction de leur superposition.

La chronologie absolue

Elle fait appel à des méthodes scientifiques parmi lesquelles :

- **le décompte des varves** : les torrents nés des glaciers laissent dans les alluvions des varves (traces de couleurs différentes l'été ou l'hiver) ; en les décomptant, on peut dater un objet jusqu'à 12 000 ans ;
- **le carbone radio-actif ou carbone 14** : tout être vivant (exposé à la lumière naturelle) contient deux sortes de carbone : le carbone 12 qui a un noyau stable, et le carbone 14 qui perd la moitié de sa masse tous les 5 568 ans ; on mesure la masse restante pour savoir depuis combien de temps un être a cessé de vivre ; cette méthode est précise jusqu'à 50 000 ans, mais inutilisable au-delà de 80 000 ans ;
- **la thermoluminescence** permet de mesurer la luminescence thermique restante d'un corps qui n'est plus exposé à la lumière ; elle permet une datation jusqu'à 100 000 ans ;
- **l'argon-potassium** permet de dater de 100 000 à 2 000 000 d'années ;
- **les méthodes au fluor, à l'uranium 238, au potassium radio-actif** permettent de dater jusqu'à 10 millions d'années ;
- **la dendrochronologie** permet l'analyse des bois grâce à

l'étude de leurs cernes de croissance ; elle nécessite l'établissement de courbes-étalons selon l'essence végétale et la zone géographique.

La législation

Les fouilles archéologiques sont réalisées par des membres de l'Institut National de Recherches Archéologiques Préventives (I.N.R.A.P.), d'un service archéologique territorial, d'entreprises, d'associations ou de particuliers bénéficiant d'un agrément de l'État. Ils sont financés par l'aménageur du site qui compense ainsi un dommage fait au patrimoine national ; sont exonérés de cet impôt les logements sociaux et les particuliers construisant leur habitation. Le cahier des charges est élaboré par le Service Régional de l'Archéologie dépendant de la Direction Régionale des Affaires Culturelles. Le but est de préserver le patrimoine archéologique et de produire une connaissance scientifique ; les publications scientifiques permettant de déboucher sur des publications de tourisme culturel.

Pour répondre à des besoins particuliers, des départements spécifiques ont été créés :

- le département des Recherches Archéologiques Subaquatiques et Sous-Marines (à Marseille) ;
- le Centre National de la Préhistoire (à Périgueux) ;
- le Centre National d'Archéologie Urbaine (à Tours).

Le sous-sol du pays appartenant à l'État (sans critère de profondeur), les fouilles archéologiques relèvent d'un droit spécifique et complexe, pour l'essentiel mis en place en 1941. Rapidement, on peut signaler que le propriétaire d'un terrain et l'inventeur du site doivent déclarer toute découverte au maire qui transmet au préfet. Le propriétaire du terrain est propriétaire des objets découverts, mais il devra en partager la propriété avec l'État si celui-ci est impliqué dans la fouille. En cas de découverte fortuite, le partage se fait entre le propriétaire du terrain et l'inventeur du site. Le fouilleur n'a aucun droit patrimonial sur les objets de fouilles, mais il a des droits en matière de propriété intellectuelle sur les écrits scientifiques qu'il publie.

Chapitre 2

L'Asie antérieure

Voir carte p. 338.

La Mésopotamie

Cette région, blottie entre le Tigre et l'Euphrate, a toujours vu ses richesses exposées à toutes les convoitises. Ses habitants forment un peuple de scientifiques, dont la puissante faculté d'abstraction leur permet de développer calcul et astronomie.

Les Sumériens (IVe-IIIe millénaire av. J.-C.)

Ils ont inventé l'écriture cunéiforme (en forme de coins) utilisant des symboles abstraits.

L'architecture

Les cités-États étaient très étendues ; la ville d'Ur était entourée de 10 km de murailles et abritait de 30 000 à 50 000 habitants.

Les Akkadiens (2325-539 av. J.-C.)

Ils ont unifié la Mésopotamie. Le roi **Hammurabi** (1728-1686 av. J.-C.) a édicté le 1er code de loi au monde.

L'architecture

L'absence de bois et de pierres oblige les bâtisseurs à utiliser la brique. L'emploi de la voûte et de la coupole constitue une innovation.

Les **palais** sont de véritables cités juchées sur des tertres d'une dizaine de mètres de hauteur afin d'être protégés des crues. Les salles étaient groupées par quartiers autour de cours intérieures ; de petites dimensions, elles n'étaient pas munies de fenêtres.

Les premiers témoignages d'architecture militaire apparaissent : la cité est entourée de **murailles** couronnées de merlons. L'accès se fait par une porte monumentale, en plein cintre, encadrée de deux tours, gardée par des taureaux ailés à face humaine, les **khéroubins** ; elles sont ornées de bas reliefs et de céramiques peintes.

À l'intérieur de la cité se dresse la **ziggourat** (pl. II,1), édifice religieux ; pyramide à 7 étages décroissants, de couleurs différentes. La plateforme accueille le sanctuaire dans lequel se trouvent l'autel et la statue du dieu ; elle servait peut-être d'observatoire astronomique.

La religion polythéiste comptait un très grand nombre de dieux : parmi eux, Anou, le ciel, Enlil, les déluges, Eac, l'eau, Ishtar, la mère, Marduk, le créateur.

L'Assyrie

Les jardins de Babylone

Conçus pour la reine **Sémiramis** (809-780 av. J.-C.) et restaurés par **Nabuchodonosor** (605-562), ils faisaient partie des sept merveilles du monde.

Dits « suspendus », ils s'étalaient sur 20 étages de terrasses dont la plus haute se dressait à 25 m. Des appareils hydrauliques et un réseau de canaux permettaient de monter l'eau du fleuve pour irriguer les terrasses sur lesquelles poussaient des palmiers, des tamaris et des fleurs.

La sculpture

Les **palais** (comme celui de Ninive) présentent sur leurs soubassements de longs défilés en reliefs ; les personnages sont tous identiques, les attitudes répétitives et les gestes mécaniques.

La Perse

Elle est l'héritière politique des pharaons, des rois de Ninive et de Balylone, d'où un mélange des styles.

L'architecture

Les palais sont immenses : palais de **Cyrus** à Pasargade, palais de **Darius** et de **Xerxès** à Persépolis, palais d'**Artaxerxès** à Suse. Ils se dressent sur un soubassement colossal. Les constructions sont un mélange de pierre et de brique.

La salle du trône, hypostyle, se nomme l'**apadana**. Les colonnes cannelées portent une double série de volutes surmontées d'un chapiteau à deux têtes de taureaux adossés.

Le **pyrée** est un autel en plein air permettant de célébrer le culte du feu, dans le rite de la religion mazdéenne révélée par Zoroastre/Zarathoustra, prophète du dieu Mazda.

La sculpture

Des reliefs en pierre ou en terre-cuite émaillée représentant des défilés de soldats ornent les soubassements des palais.

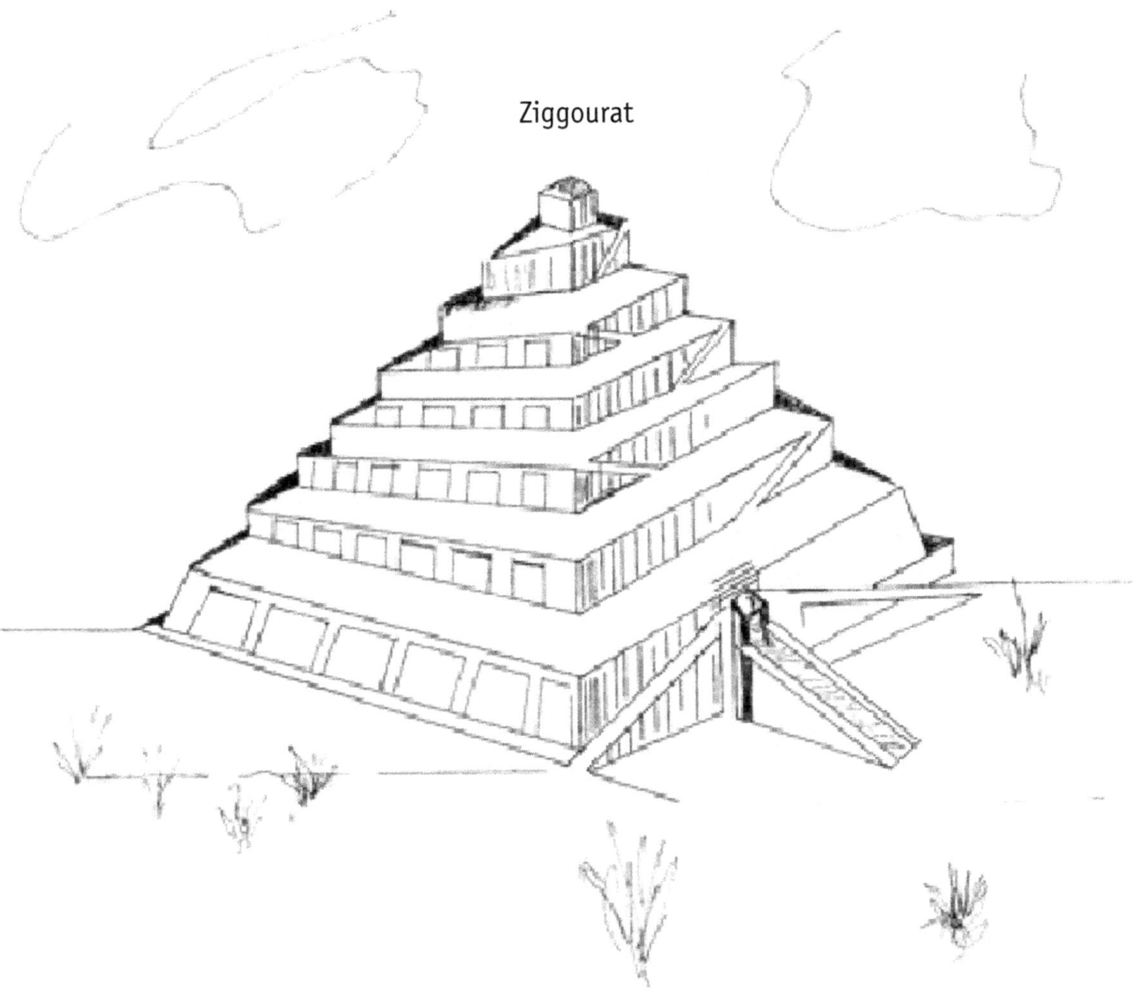

Ziggourat

Persépolis :
escalier est de l'apadana
(VIe-V{e} siècle av. J.-C.)

Ancienne métropole des Achéménides, fondée par Darius (522-486 av. J.-C.), la ville de Persépolis est aujourd'hui en Iran.

Des ruines grandioses se dressent sur une gigantesque terrasse construite entre 520 et 515 av. J.-C. On y accède par un escalier monumental à double révolution conduisant à la porte de Xerxès, encadrée de taureaux androcéphales (à tête d'homme). Par une nuit d'août 331, un incendie se déclencha lors d'un banquet offert par Alexandre à ses soldats, puis des pillages et des séismes vinrent achever la ruine du palais.

Des 72 colonnes de la salle de réception à plan carré et de son péristyle, il n'en reste que 10.

Les méplats représentent les cortèges des fêtes du Nouvel an célébrées au moment de l'équinoxe de printemps.

Au centre, le triomphe des forces du bien sur le mal est symbolisé par un lion terrassant un taureau. Montant les marches de l'escalier, les tributaires de toutes les nations de l'empire viennent apporter leurs offrandes (animaux, armes, tissus, pièces d'orfèvrerie) au pied du trône sous la protection du dieu Mazda ; ils sont suivis par des gardes, des chevaux et des chars. Des arbres (de la variété de pin qui poussait au pied de l'esplanade) séparent chaque délégation.

Tous ces reliefs étaient polychromes.

Le décor de ce soubassement avait une valeur narrative ; il offrait au public une image des fêtes qu'il ne pouvait pas voir.

Persépolis, escalier est de l'apadana (VIe-Ve siècle av. J.-C.) (fig. 2)

Chapitre 3

L'Égypte

Époque pré-pharaonique : 10 000 à 3 000 av. J.-C.

Civilisation néolithique.

Début de la civilisation pharaonique : 3 000 à 2 575 av. J.-C.

Début de l'écriture hiéroglyphique.
Capitale : Thinis, puis Memphis.

Ancien Empire : 2 575 à 2 134 av. J.-C.

Époque des pyramides.

Première période intermédiaire : 2 134 à 2 040 av. J.-C.

Réunification de la Haute et de la Basse Égypte ; Thèbes devient capitale.

Moyen Empire : 2 040 à 1 640 av. J.-C.

Expansion territoriale.

Seconde période intermédiaire : 1 640 à 1 550 av. J.-C.

Invasion des Hyksos.

Nouvel Empire : 1 550 à 1 070 av. J.-C.

Les Hyksos sont chassés ; expansion territoriale.

Floraison artistique.

Révolution amarnienne : Aménophis IV (1353-1336 av. J.-C.) instaure une religion monothéiste fondée sur l'adoration du soleil, Aton ; il se fait appeler Akhenaton, installe sa capitale à Tell-el-Amarna ; seule période de réalisme dans l'art.

Retour au polythéisme sous Toutankhamon.

Troisième période intermédiaire : 1 070 à 712 av. J.-C.

Capitale : Tanis.

Anarchie.

Basse Époque : 712 à 332 av. J.-C.

Domination perse à partir de 525 av. J.-C. ; l'art offre un mélange de style oriental et égyptien.

Époque gréco-romaine : 332 av. J.-C. à 395 ap. J.-C.

En 332 av. J.-C. Alexandre le Grand s'empare de l'Égypte.

Les cultes égyptiens se répandent dans le monde méditerranéen.

En 30 av. J.-C. l'Égypte devient une province romaine.

Voir carte p. 334.

La mythologie

pl. III,1 : les principaux dieux, leur représentation

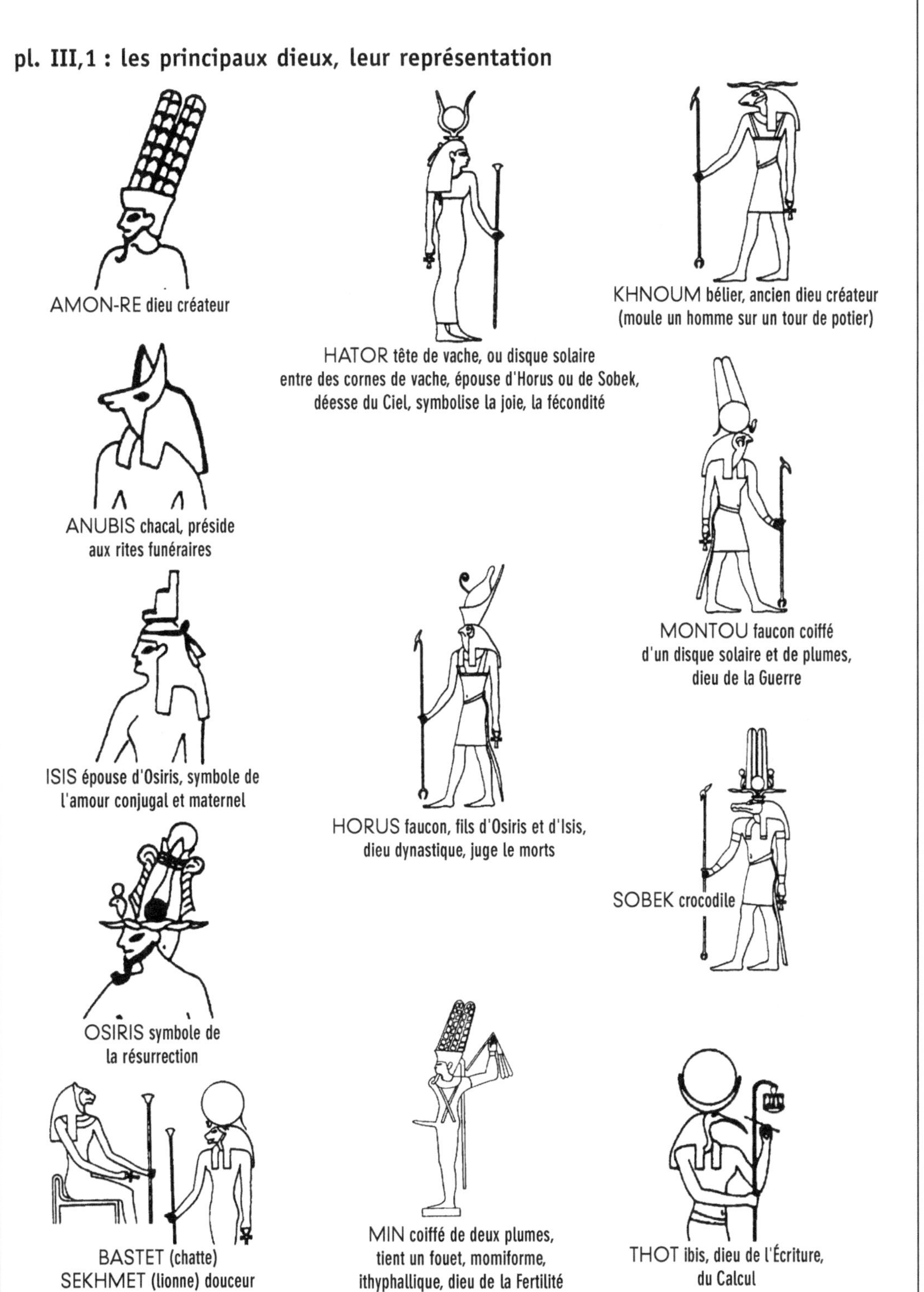

Osiris est le dieu civilisateur, fils de la terre Gebh et du ciel Nouth ; il est marié avec sa sœur Isis. Son frère Seth, jaloux, conspire contre lui, le tue, le découpe en morceaux et parsème son corps à travers l'Égypte. Isis reconstitue son corps, le fait momifier, et Osiris devient ainsi le roi des morts.

La momification

Les Égyptiens croyaient en une permanence de la vie terrestre dans l'au-delà, une sorte de paradis appelé les « jardins d'Ialou » auxquels on accédait après avoir traversé le Nil. La bonne conservation du corps était assurée grâce aux techniques de momification qui consistaient à enlever les viscères, à garnir le corps d'essences aromatiques, à l'envelopper de bandelettes, à le mettre dans un ou plusieurs sarcophages décorés à l'effigie du défunt, à poser le tout dans une cuve ; les viscères étaient placées dans des vases canopes (vases à destination funéraire dont le couvercle a la forme d'une figure animale symbolisant Horus, le fils d'Osiris et d'Isis).

La conception de l'au-delà

Les Égyptiens croyant à cette permanence de la vie dans l'au-delà vont placer le défunt au milieu de ses bijoux, de ses meubles, de ses domestiques sous la forme de petites statuettes appelées « ouchebtis », et vont lui apporter des offrandes de nourriture.

L'architecture

Les tombeaux

Les mastabas (pl. III,2)

Ces mastabas sont le type le plus ancien ; les plus beaux sont à Saqqarah. C'est une colline artificielle dans laquelle est creusée une chapelle où la famille du défunt peut déposer les offrandes ; au fond dans une petite pièce nommée le **serdal** se trouve la statue du défunt. Un puits conduit au caveau souterrain, puits que l'on comble après que le sarcophage a été déposé.

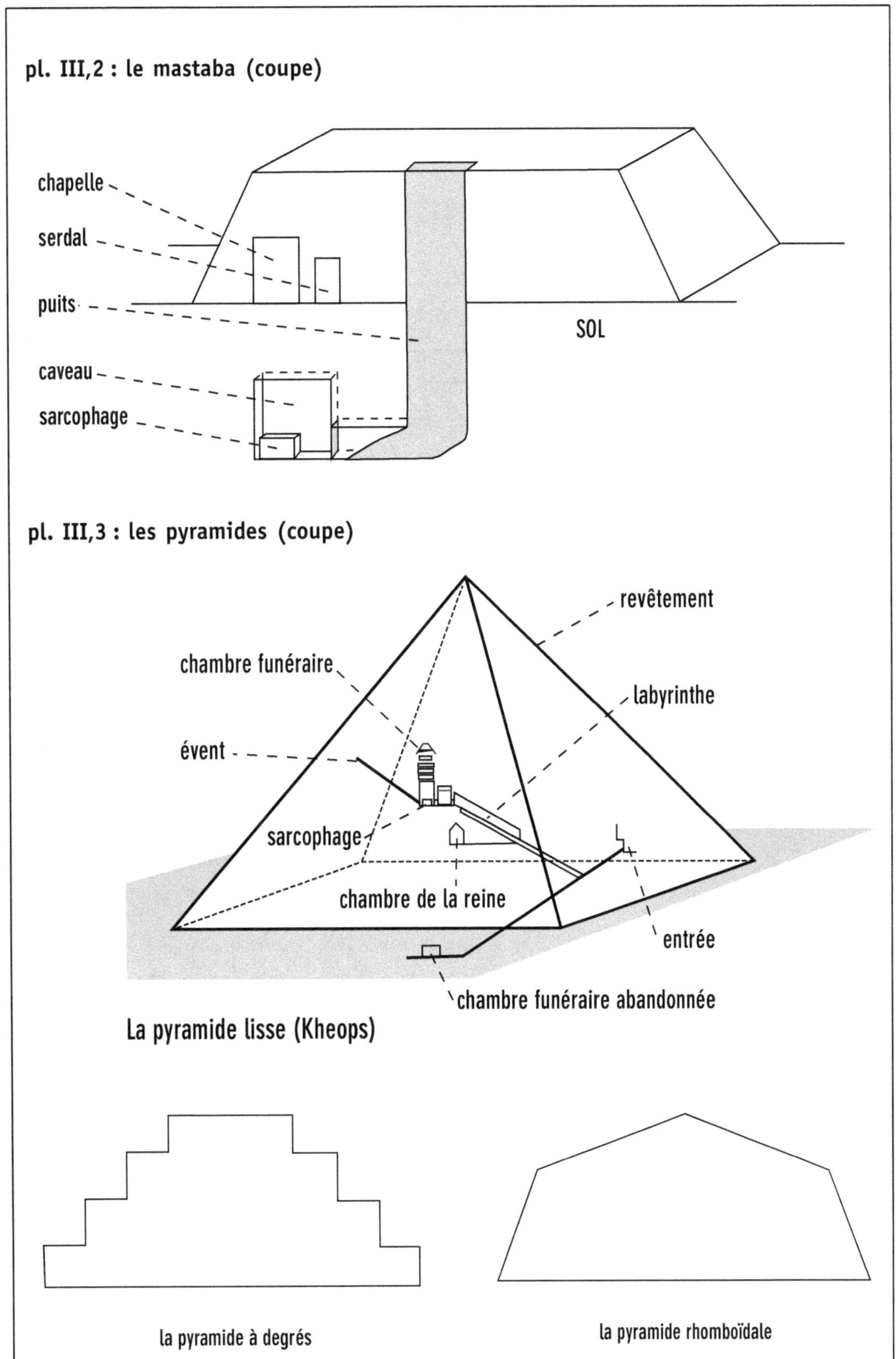

pl. III,2 : le mastaba (coupe)
chapelle
serdal
puits
caveau
sarcophage
SOL
pl. III,3 : les pyramides (coupe)
revêtement
chambre funéraire
labyrinthe
évent
sarcophage
chambre de la reine
entrée
chambre funéraire abandonnée
La pyramide lisse (Kheops)
la pyramide à degrés
la pyramide rhomboïdale

pl. III,4 : le tombeau sous roche

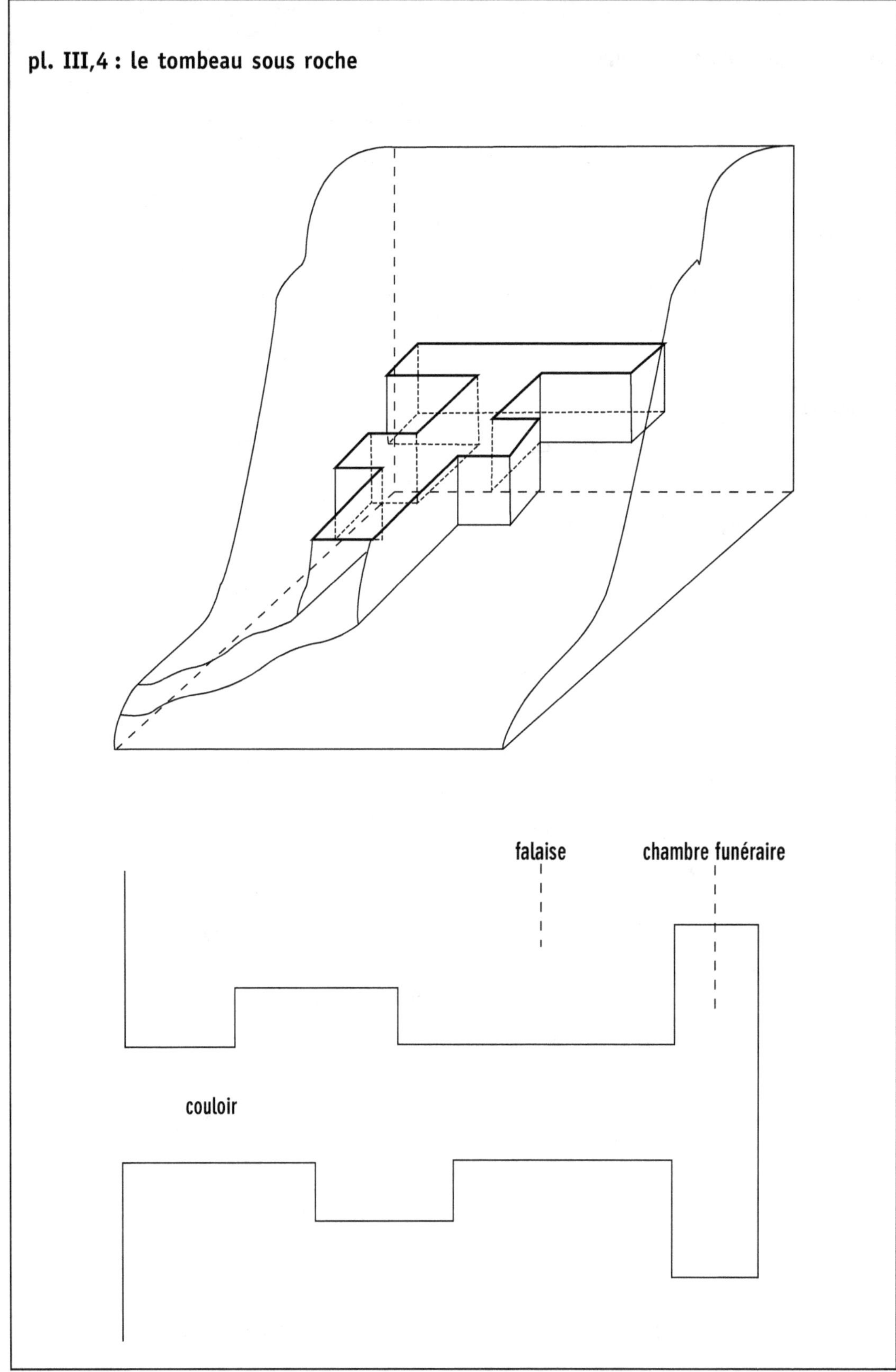

La pyramide (pl. III,3)

Elle n'a été réalisée que sous l'Ancien Empire.

La plus ancienne est à degrés (celle du pharaon Djeser construite à Saqqarah par Imhotep).

Les plus célèbres sont les pyramides lisses du plateau de Gizeh abritant les pharaons Kheops, Khefren et Mykérinos.

La pyramide peut être aussi de forme rhomboïdale, comme c'est le cas à Dachour.

La chambre funéraire se situe au milieu de la pyramide ; un système de couloirs-labyrinthes était destiné à tromper les pilleurs de tombes.

Le tombeau sous roche (pl. III,4)

Il est le type de sépulture le plus répandu, réalisé à partir du Moyen Empire.

Dans les falaises de Thèbes sont creusés des couloirs menant aux chambres funéraires.

Les temples (pl. III,5)

Le temple funéraire

Il possède deux sanctuaires, l'un dédié à Osiris, l'autre à Rê ; son plan est identique à celui du temple divin ; il sert au culte du pharaon défunt et divinisé.

Le temple divin

Il tend à recréer le cosmos.

L'accès se fait par une **allée dallée bordée de sphinx**.

Il est entouré d'une **enceinte**, mur en briques crues, dont les ondulations évoquent l'état liquide du chaos avant la création. Elle abrite les habitations des prêtres, les services administratifs, les magasins, la Maison de l'Or (où les artisans sculptent les statues des dieux et des pharaons destinées à orner le temple), la Maison de Vie (où les scribes recopient les textes sacrés), l'enclos des animaux sacrés.

À l'entrée se trouvent les **pylônes** symbolisant la double montagne de l'horizon où jaillit le soleil ; devant, deux **obélisques** chantent la gloire du dieu adoré et du pharaon mécène.

Les **salles hypostyles** (à colonnes) (pl. III,6) sont pavées de dalles irrégulières, symbole de la terre craquelée par la chaleur ; les colonnes sont à chapiteaux végétaux, symbole de la végétation nourrie par le sol fertile (à leur base sont gravées des plantes aquatiques, symboles du marais de la création) ; les plafonds sont peints en bleu avec des étoiles jaunes, symbole de la voûte céleste. Les murs sont gravés de scènes d'offrandes entre les hiéroglyphes d'en haut, symbolisant le ciel, et les hiéroglyphes d'en bas symbolisant la terre, les échanges entre le souverain et le dieu symbolisent l'activité du monde, et l'échange entre le monde divin et le monde humain.

La mammisi

C'est la maison de naissance.

Le lac sacré

Il sert pour les navigations rituelles et les ablutions quotidiennes des prêtres.

Le temple est toujours surélevé pour être à l'abri des crues du Nil. Seul le prêtre a le droit de pénétrer dans le temple ; les salles vont en diminuant et en s'obscurcissant, de façon à traduire la progression initiatique vers le monde divin.

pl. III,5 : le temple

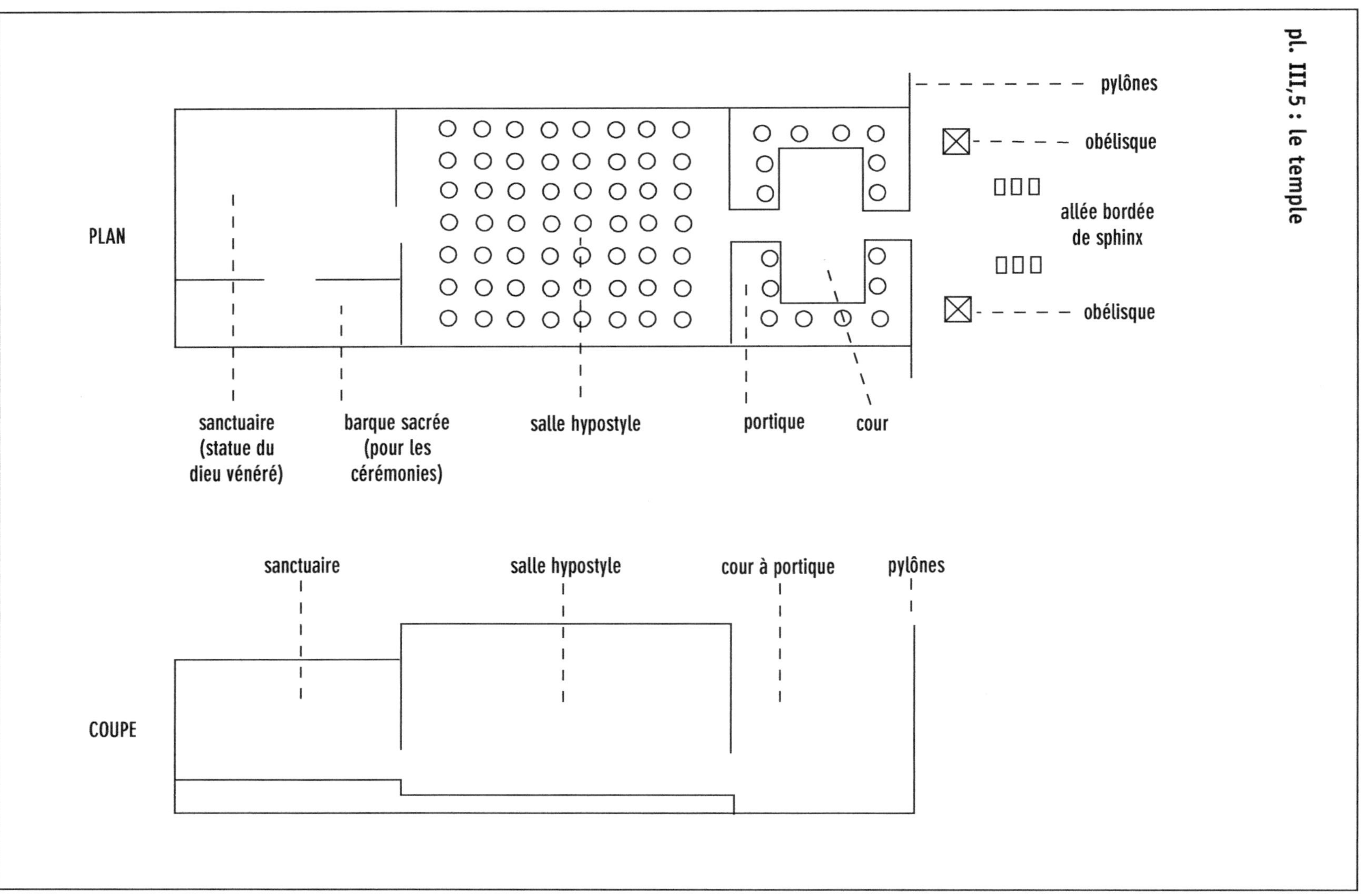

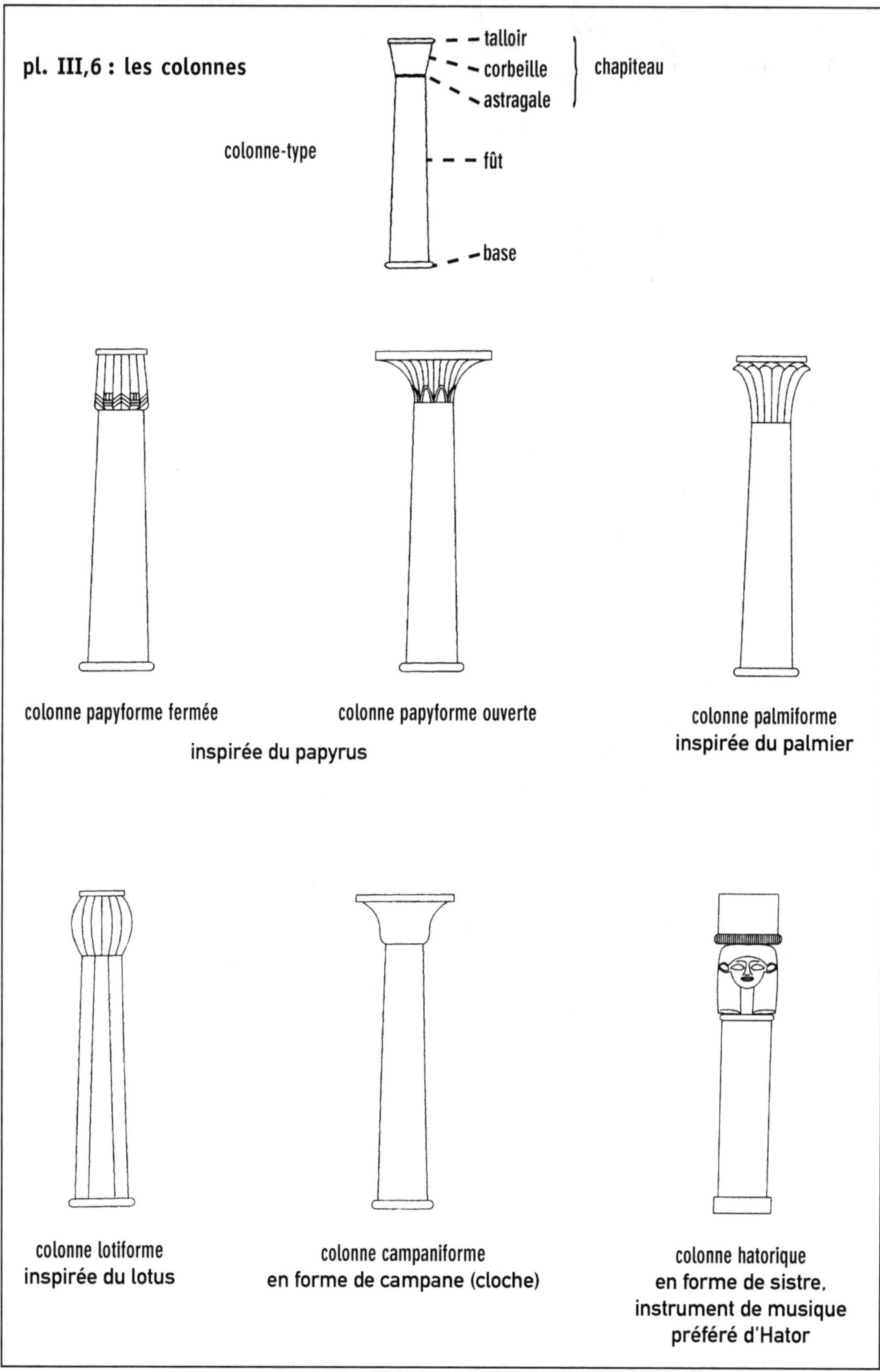

pl. III,6 : les colonnes
colonne-type
talloir
corbeille
astragale
chapiteau
fût
base
colonne papyforme fermée
colonne papyforme ouverte
inspirée du papyrus
colonne palmiforme
inspirée du palmier
colonne lotiforme
inspirée du lotus
colonne campaniforme
en forme de campane (cloche)
colonne hatorique
en forme de sistre,
instrument de musique
préféré d'Hator

La sculpture

Les reliefs

Ce sont surtout des méplats.

Dans les tombes royales

Les reliefs représentent des scènes de culte funéraire.

Dans les tombes civiles

Les reliefs représentent des scènes de culte funéraire, mais aussi des scènes de la vie quotidienne, de façon à replacer le défunt dans le contexte de sa vie de tous les jours.

Dans les temples

- À l'extérieur : scènes guerrières, ou de chasses rituelles prouvant que si le pharaon est capable de vaincre un animal sauvage il sera capable de chasser les ennemis de son pays.
- À l'intérieur : cérémonies pratiquées dans le temple. Les reliefs sont souvent polychromes et accompagnés de hiéroglyphes. Ils sont régis par la convention des traits : le visage est de profil avec l'œil de face, le buste de face, le bassin et les jambes de profil, avec une jambe en avant, celle qui est la plus loin du spectateur. On obtient ainsi une représentation maximale du corps, tout en ne faisant pas une représentation trop réaliste rivalisant avec la création divine.

Les corps sont géométrisés, si ce n'est à partir de l'époque gréco-romaine où l'on représente les muscles.

Les rondes-bosses

Les statues monumentales

Elles sont empreintes de hiératisme ; les attitudes sont rigides, le corps adopte le schéma de la frontalité qui accentue la raideur, les bustes sont triangulaires, une jambe est placée en avant pour la stabilité de l'œuvre, les pieds sont à plat sur le sol (en relation avec la conception héliopolitaine de la création du monde issu de la terre). Cependant, les muscles sont représentés, bien que schématisés, et le sentiment n'est pas exclu (gestes de tendresse y compris chez les couples royaux).

Les petites statuettes

Elles sont plus réalistes ; les gestes sont plus souples, les attitudes plus naturelles ; elles représentent souvent des scènes de la vie quotidienne.

Ces rondes-bosses sont réalisées en pierre ou en bois et peuvent être polychromes.

La peinture

Les fresques

Les fresques peuvent orner l'intérieur des tombeaux, à la place des méplats. On retrouve la présentation en registres, la convention des traits, le même type d'iconographie, mais en plus vient se greffer un langage des couleurs :

- *le vert,* teinte du papyrus nouveau, symbolise la fraîcheur et la jeunesse ;
- *le noir,* teinte de la terre fertile, symbolise la vie, la fertilité ;
- *le rouge,* teinte du sable du désert, symbolise la stérilité, le sang ;
- *le roux,* attribué à Seth, symbolise l'agressivité ;
- *le blanc,* teinte de la lumière qui point à l'aube, qui chasse les démons de la nuit, symbolise la pureté ;

- *le jaune franc*, teinte de l'or, seul métal imputrescible, symbolise l'éternité ; c'est la couleur de la chair des dieux ;
- *le jaune clair* est la couleur de la chair des femmes ;
- *le brun-rouge* est la couleur de la chair des hommes ;
- *le bleu lapis-lazuli* est la couleur de la chevelure des dieux ;
- *le turquoise*, teinte de la transparence de l'eau, évoque la naissance du monde, la renaissance du dieu.

Sous l'Ancien Empire, on retrouvait la même scène dans chaque chapelle de mastaba : une scène de chasse dans les roseaux ; au centre, le défunt chasse un monstre sous les traits d'un hippopotame ; autour de lui, sa famille répartie de façon symétrique chasse les canards représentant les démons.

La réforme amarnienne

Sous le règne d'Akhenaton (1353-1335 av. J.-C.), l'art perdit son côté stéréotypé au profit du réalisme. Aucune scène de violence ne fut représentée.

Temple d'Abydos :
Hator accueille Séthi Ier
dans les jardins d'Ialou

Abydos se situe en Haute Égypte. Cette véritable ville sainte fut la nécropole des souverains des premières dynasties ; les Égyptiens pensaient qu'elle était le lieu de sépulture du dieu Osiris.

Le temple actuel date du Nouvel Empire (1550-1070 av. J.-C.). Il a été commandé par le pharaon Séthi Ier (1312-1298 av. J.-C., XIXe dynastie) et achevé par son fils Ramsès II (1298-1235 av. J.-C.).

Ce détail d'un **registre** est un **méplat** polychrome. Il présente la déesse du ciel Hator, vêtue d'un sarrau moulant orné de ceintures, coiffée des cornes de la vache enserrant le disque solaire ; elle est une déesse donc sa peau est dorée, symbole d'éternité.

Elle place devant la bouche du pharaon la croix ansée, lui donnant ainsi accès à la vie éternelle dans les jardins d'Ialou.

Le pharaon, lui, est vêtu du shenti (pagne), paré d'un large gorgerin lui couvrant les épaules et de bracelets. Il est coiffé d'une perruque bleu lapis-lazuli, couleur de la chevelure des dieux ; en effet, maintenant décédé, il est assimilé à Osiris. C'est un homme, sa peau est brune.

Tout deux portent au front l'uraeus, cobra sacré, en signe de protection et de puissance.

Les personnages répondent à la convention des traits caractéristique : visage de profil et œil de face, buste de face, bassin et jambes de profil, la jambe la plus éloignée du spectateur étant en avant.

Tout autour des protagonistes, des hiéroglyphes expliquent la scène.

Le temple d'Abydos était à usage royal, il est donc orné de scènes de culte funéraire et non de scènes de vie quotidienne ; les méplats illustrent parfaitement les conventions de représentations formelles et le symbolisme des couleurs de l'art égyptien.

Le temple d'Abydos (fig. 3)

Chapitre 4

La Grèce

Période préhellénique ou prédorienne : début IVe millénaire à fin IIIe millénaire av. J.-C.

Art cycladique : IIIe millénaire.

Art créto-mycénien : 1570 à 1300 av. J.-C.

Période géométrique : XIe au VIIIe siècle av. J.-C.

Période orientalisante : VIIe siècle av. J.-C.

Période archaïque : VIe siècle av. J.-C.

Période classique : V^e à milieu IVe siècle av. J.-C.

Période hellénistique : milieu IVe à 30 av. J.-C.

Voir carte p. 335.

L'origine de l'art grec

L'art cycladique

Il s'est développé dans les îles des Cyclades.

On a retrouvé des figurines en marbre, dont la schématisation des traits est marquée : visages avec uniquement l'arête nasale, représentations féminines aux caractères sexuels (poitrine et triangle pubien) appuyés.

L'art créto-mycénien

Il s'est développé en Crète d'une part et sur le continent, à Mycènes et à Tirynthe d'autre part.

Le palais crétois (pl. IV,1,2)

Par le terme de « palais », on entend la cité.

- Il n'est pas fortifié ; les limites extérieures ne sont donc pas nettes, les quartiers s'agrandissant sans la contrainte de remparts.
- Les bâtiments sont répartis autour d'une cour centrale.
- Les salles des bâtiments princiers sont réparties autour de puits de lumière ; beaucoup sont hypostyles et leurs colonnes en bois présentent un fût évasé vers le haut peint en rouge et un chapiteau qui n'est qu'un épais tore peint en noir.
- La salle de réception se nomme le mégaron ; sur deux côtés, elle est bordée d'une colonnade.
- Les salles lustrales servaient aux bains ; il s'agit de sortes de bassins dans lesquels on descend par un escalier latéral.
- Des quartiers entiers abritent des silos.

pl. IV,1 : la colonne

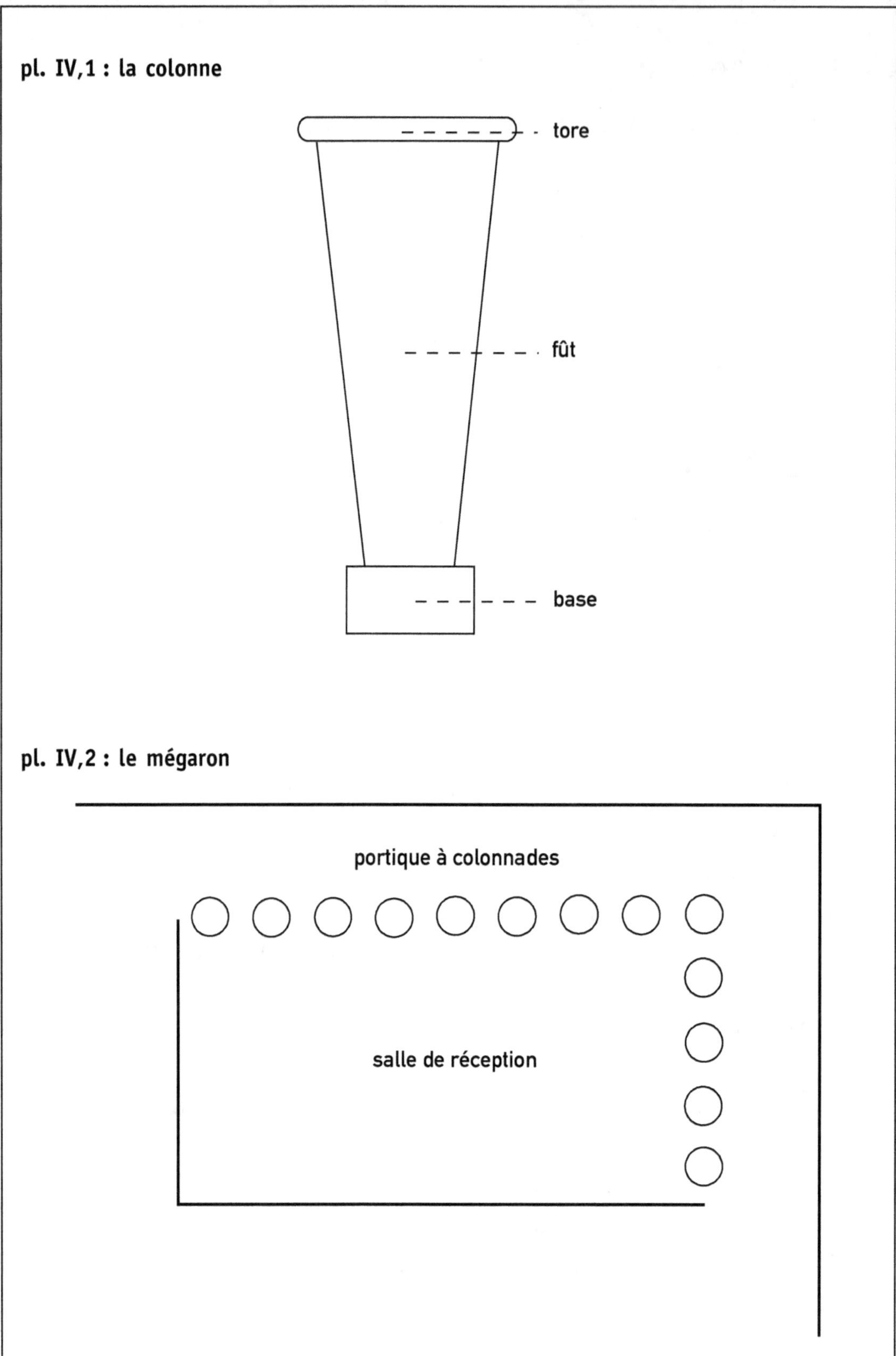

pl. IV,2 : le mégaron

Il présente les mêmes caractéristiques que le palais crétois, sauf sur deux points :

- **le mégaron** est une salle rectangulaire avec quatre colonnes ;
- **le palais** est entouré de puissantes murailles dans lesquelles on pénètre grâce à des portes en encorbellement ou des portes plus élaborées avec linteau et triangle de décharge (comme la porte des Lionnes de Mycènes).

ARCHITECTURE GRECQUE : MYCÈNES

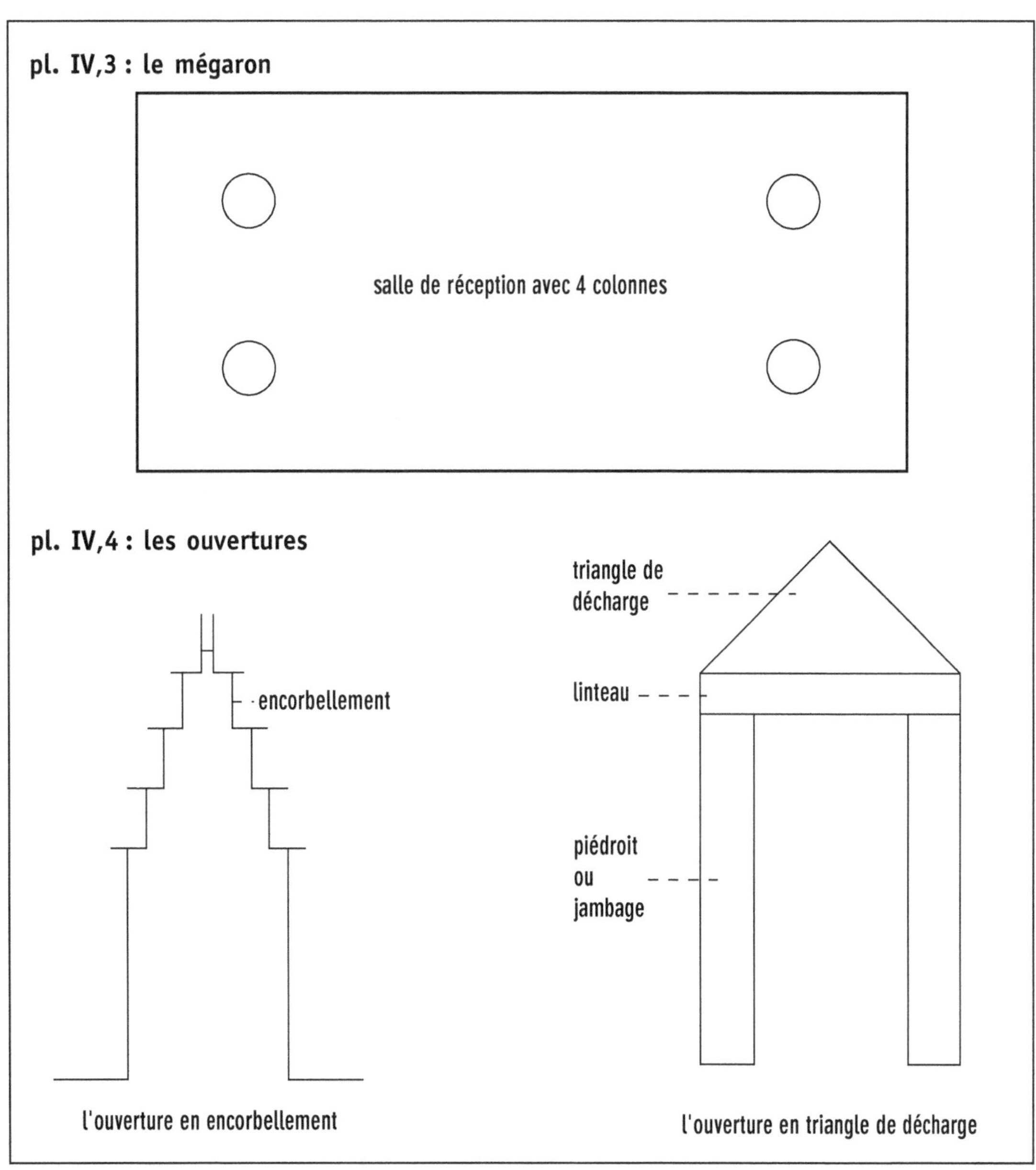

Les tombes mycéniennes

Elles sont de deux types :

- **les tombes à fosses** (type le plus ancien), sorte de « cimetière circulaire (on parle d'ailleurs de « cercle ») entouré d'un mur qui délimite un emplacement où sont creusées les fosses ;
- **les tholoï** (constructions circulaires) sont des collines artificielles en pierre, auxquelles on accède par un dromos (couloir) appareillé (mur construit de chaque côté) et une porte à linteau et triangle de décharge.

La céramique crétoise

- **Amphores** essentiellement.
- **Décor de motifs géométriques** (spirales), floraux ou marins réalisés en *light on dark* (couleur claire [beige] sur fond sombre [bleu marine]) ou en *dark on light* (couleur sombre [bleu marine] sur un fond clair [beige]).

La céramique mycénienne

- **Personnages stylisés** sur fond gris, jaune ou noir.

Les fresques crétoises

Elles ornaient les murs intérieurs des palais. Elles sont de trois types :

- fresques représentant des **processions** ;
- fresques **miniatures** représentant des effets de foule rendus par l'étagement des têtes ;
- fresques représentant des **animaux**, les scènes étant encadrées par un trompe-l'œil de pierres symbolisant une grotte.

Les personnages sont tous représentés selon les mêmes conventions : ils sont très cambrés, ont la taille mince, les épaules larges, les jambes musclées ; les hommes comme les femmes ont les cheveux longs, ondulés, avec une mèche sur le front ; les hommes ont la peau marron, les femmes la peau blanche.

Les armes

Poignards niellés[1] (à Mycènes) ; ornés de volutes, de coquillages, de scènes de chasse (les animaux étant représentés selon l'attitude du galop volant, c'est-à-dire les pattes arrière dans le prolongement de l'arrière-train et les pattes avant dans le prolongement du poitrail).

La glyptique

C'est la taille des sceaux ayant une fonction soit **amulettique**, soit sphragistique (administrative) ; ces sceaux sont gravés de scènes religieuses et se présentent sous la forme de cachets ou de cylindres.

Le travail de l'or

Les tombes mycéniennes ont livré entre autres des diadèmes et des masques funéraires.

La mythologie grecque

Les Grecs ont une religion polythéiste. Ils représentent leurs dieux sous des traits humains ; on les reconnaît seulement grâce au fait qu'ils sont plus grands que les humains, et que certains portent des attributs (l'éclair pour Zeus, le trident pour Poséidon...).

Ouranos, le ciel, et **Gaïa**, la terre, vont donner naissance à de nombreux enfants dont **Kronos** et **Rhéa**, qui auront eux-mêmes une importante descendance. Mais Kronos, pour ne pas être détrôné par l'un de ses enfants, les dévorait à leur naissance. **Rhéa** réussit à sauver **Zeus** en faisant avaler à son époux une

---

1. La nielle est un enduit noir dans lequel on incruste des objets précieux.

pierre langée. Devenu adulte, **Zeus** tua son père, prit sa place, et lui fit déglutir ses frères et sœurs. Il s'établit sur l'Olympe, la plus haute montagne de la Grèce, et présidait au conseil des divinités formé par ses frères et sœurs, fils et filles. Il s'attribua l'empire du ciel et de la terre, confia l'empire des eaux à son frère **Poséidon** et l'empire des enfers (royaume des morts) à son frère **Hadès**.

■ Les enfants de Kronos et de Rhéa

Zeus, dieu du Ciel et de la Terre.

Poséidon, dieu des Eaux, de la Navigation, des Séismes.

Hadès, dieu des Morts.

Héra, déesse du Mariage.

Hestia, déesse du Foyer.

Déméter, déesse de la Fertilité, de l'Agriculture, de la Loi.

■ Les enfants de Zeus

Héphaïstos, dieu du Feu domestiqué.

Hermès, dieu de l'Éloquence, du Commerce, des Voleurs ; messager des dieux.

Arès, dieu de la Guerre.

Apollon, dieu de la Médecine, des Lettres et des Arts, de la Divination, messager des dieux.

Dionysos, dieu de la Fertilité et du Vin, de la Végétation, du Théâtre, de l'Ivresse créatrice. Il est le fils de Sémélé, mais celle-ci mourut avant d'avoir accouché, si bien que Zeus mit l'enfant dans sa cuisse pour le mener à terme.

Artémis, déesse de la Chasse.

Perséphone, déesse du Monde infernal.

Athéna est sortie toute armée du cerveau de son père. Elle peut être **Parthénos** (vierge), **Pallas** (forte), **Ergane** (protectrice des métiers féminins), **Héphaïstéia** (protectrice des forgerons), **Niké** (victorieuse). Elle est la protectrice des villes, des cités, des communautés sociales, de l'agriculture, donne la santé, symbolise l'intelligence, la raison, l'adresse, la sagesse.

L'art grec

L'architecture

Le théâtre (pl. IV, 5)

De plan demi-circulaire, il s'appuie à flanc de colline. Les gradins forment la *cavea* ; une partie supérieure étant séparée de la partie inférieure par un couloir nommé la *diazoma*. Les acteurs évoluent sur le *proskenion* (sorte d'estrade), devant l'*orchestra* ; derrière eux est accroché le *pulpitum* (décor) qui masque alors la colonnade de la *skene,* mur de scène.

Aujourd'hui, le **théâtre d'Epidaure** est l'un des mieux conservés de la Grèce, et sert toujours, comme par le passé, aux représentations de tragédies et de comédies des auteurs de l'Antiquité.

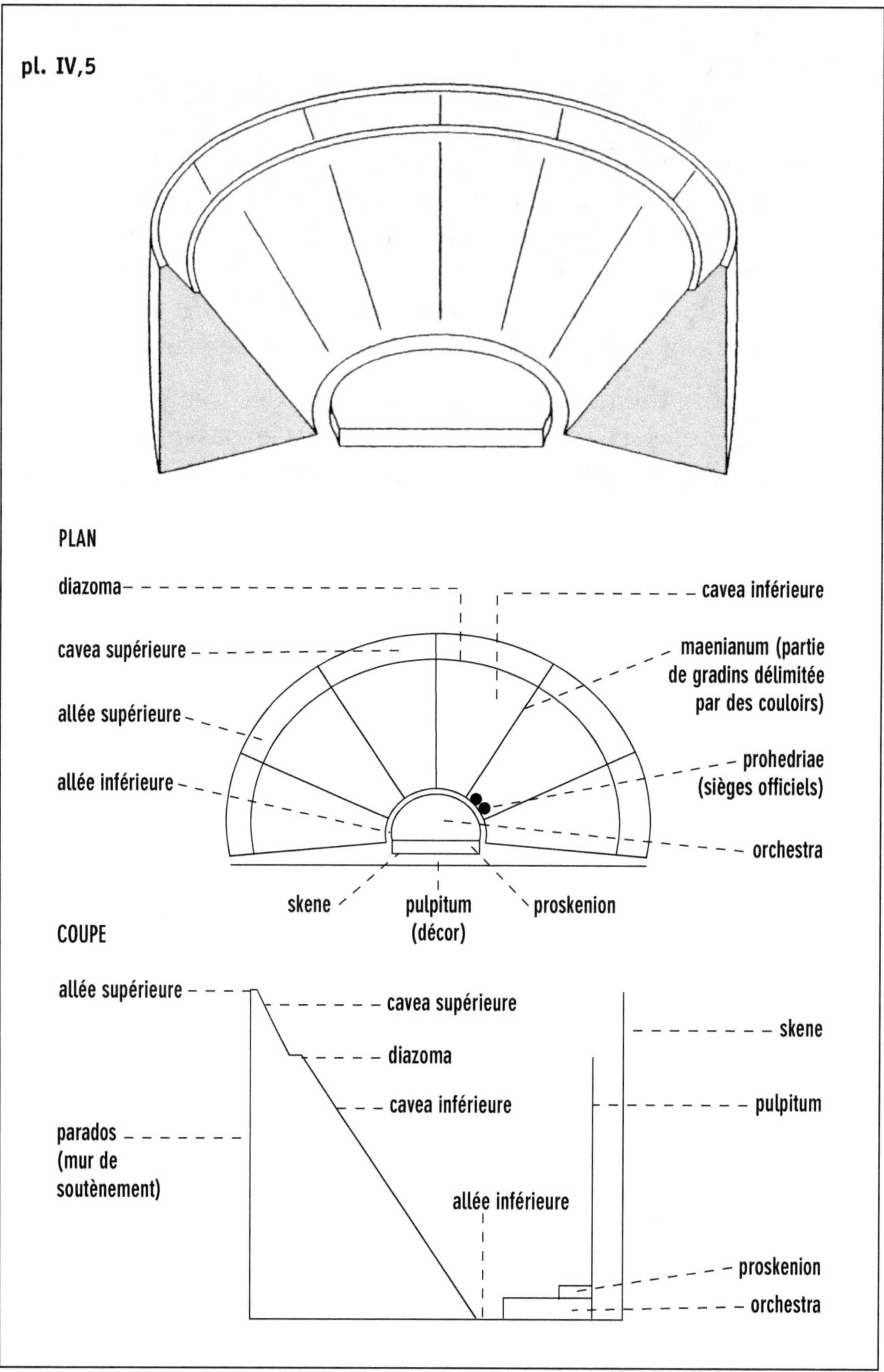

pl. IV,5
PLAN
diazoma
cavea inférieure
cavea supérieure
maenianum (partie de gradins délimitée par des couloirs)
allée supérieure
prohedriae (sièges officiels)
allée inférieure
orchestra
skene
pulpitum (décor)
proskenion
COUPE
allée supérieure
cavea supérieure
skene
diazoma
cavea inférieure
pulpitum
parados (mur de soutènement)
allée inférieure
proskenion
orchestra

Il a pour fonction d'abriter la statue du dieu honoré ; seuls les prêtres ont le droit d'y pénétrer, les cérémonies se déroulant autour d'un autel placé devant l'entrée ; cette entrée se situe à l'est, de façon que la statue de la divinité voie se lever le soleil.

Le plan du temple est rectangulaire, exception faite du temple circulaire, ou tholos, de Delphes. Les Grecs ne faisaient ni voûtes, ni coupoles, ni arcs.

■ **Le temple comporte trois parties**

Le pronaos, ou vestibule, à l'est.

Le naos, ou sanctuaire, qui abrite la statue de la divinité.

L'opisthodome, de même plan que le pronaos, mais sans communication avec le naos, dans lequel sont placées les offrandes.

■ **Le temple est entouré d'une colonnade**

Édifice prostyle : pas d'opisthodome ; il peut y avoir ou non une colonnade devant le pronaos.

Édifice amphiprostyle : il y a une colonnade devant le pronaos et devant l'opisthodome.

Édifice périptère : il y a une colonnade tout autour du temple ; c'est le cas le plus courant.

Édifice diptère : il y a une double colonnade tout autour du temple.

Édifice pseudo-diptère : il y a une colonnade tout autour du temple, mais assez éloignée de celui-ci.

■ **Les colonnes sont de trois ordres**

Ordre dorique : né à l'époque orientalisante ; la corbeille du chapiteau est décorée d'une simple échine.

Ordre ionique : né à l'époque orientalisante, mais a connu son épogée à l'époque classique ; est originaire d'Ionie (province grecque sur la côte ouest de la Turquie) ; la corbeille du chapiteau est décorée de volutes.

Ordre corinthien : né à l'époque hellénistique ; la corbeille du chapiteau est décorée de feuilles d'acanthe.

L'ensemble le plus célèbre est celui de l'**Acropole d'Athènes** : (acropole désigne un site en hauteur) ; la colline est entourée de fortifications par lesquelles on pénètre par une entrée monumentale, les *propylées* ; le temple nommé l'**Erechtheion** (dédié à Eréchtée, premier roi d'Athènes), est surtout célèbre pour son portique de cariatides (les colonnes ont été remplacées par des statues de jeunes filles) ; les deux autres temples sont dédiés à Athéna : le temple d'**Athéna Niké** (Victorieuse) d'ordre ionique, et surtout le **Parthénon** dédié à Athéna Parthenos (Vierge), d'ordre dorique, réalisé en 450 av. J.-C. par les architectes **Ictinos** et **Callicratès**, le décor sculpté étant dû à **Phidias**.

L'urbanisme

- **Plan en damier** : les rues forment un quadrillage. Ce type de plan a été adopté à Milet.
- **Plan en terrasses** : le nivellement d'une colline (comme à Pergame) en terrasses permet de reprendre sur chaque terrasse un plan en damier.

La sculpture

Les Grecs affectionnaient surtout le travail du bronze (avec incrustations de pierres pour les yeux, donnant ainsi plus de vie au regard), et celui du marbre.

Beaucoup d'originaux ont aujourd'hui disparu, mais on connaît bien la statuaire grecque grâce aux copies que les Romains en ont fait.

Époque archaïque

Les attitudes sont raides, symétriques ; le principe de la frontalité est adopté ; le visage présente un sourire énigmatique, de grands yeux en amande ; les cheveux sont longs et bouclés en anglaises. Le jeune homme (le **kouros**) a la nudité de l'athlète, les bras le long du corps et les poings fermés, une jambe en avant pour la stabilité ; les muscles sont schématisés.

La jeune fille (la **korè**) est vêtue, le bras droit replié sur la poitrine en signe d'adoration, les pieds parallèles ; on voit en elle une déesse.

> **Exemple**
>
> « Cléobis et Biton », « le Cavalier Payne-Rampin », « la Dame d'Auxerre ».

pl. IV,6 : les plans

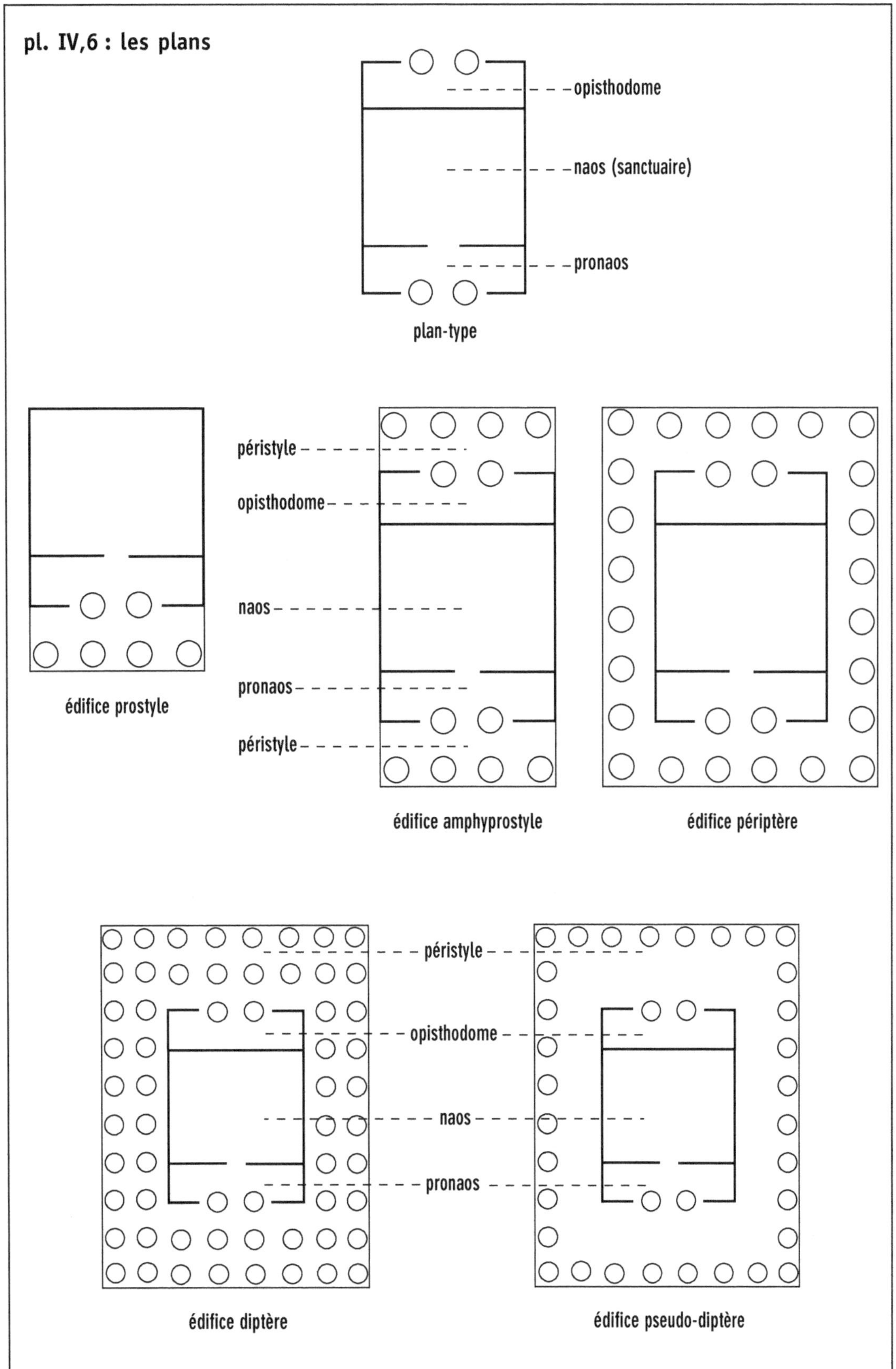

pl. IV,7 : le temple d'ordre dorique

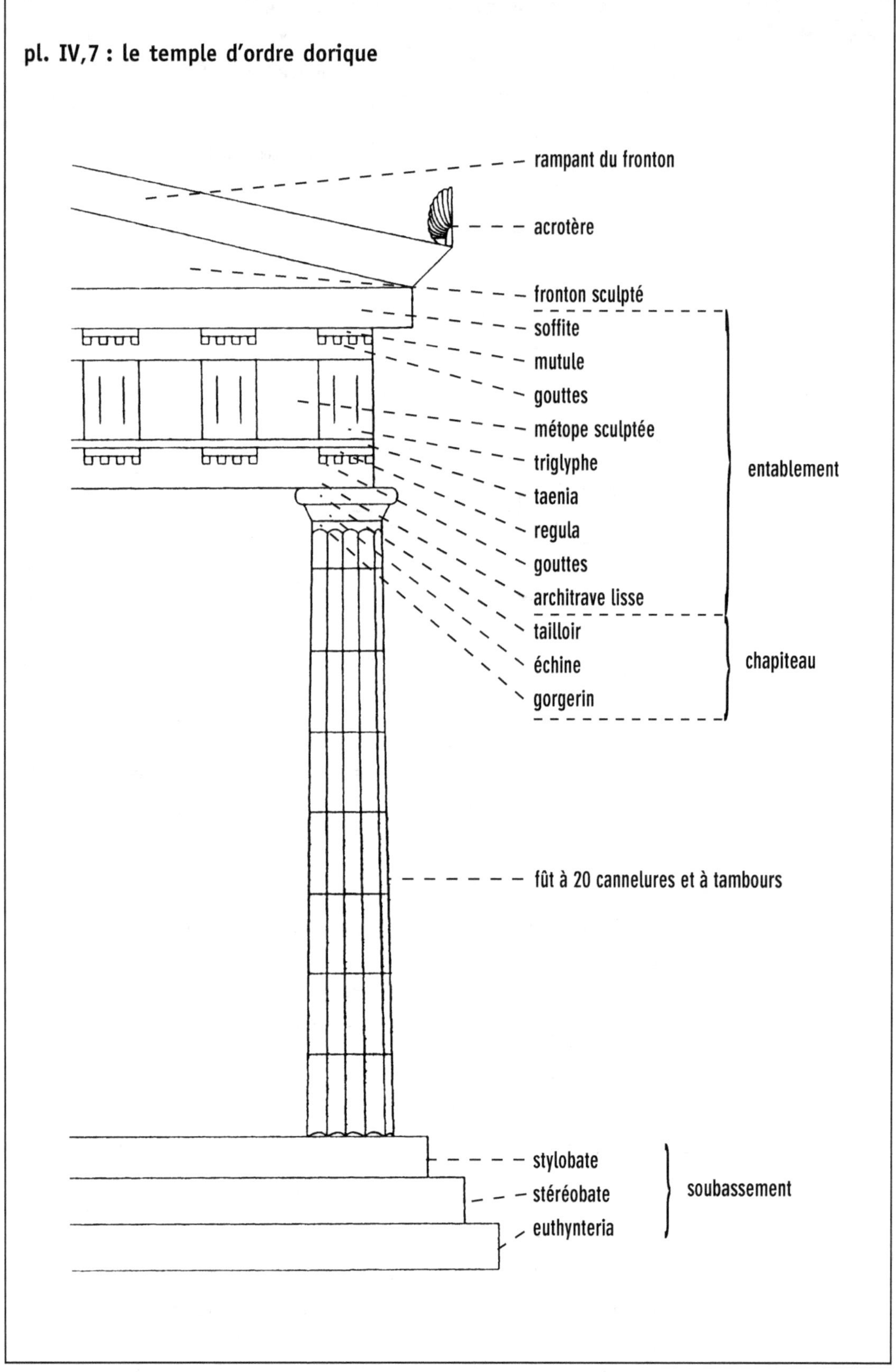

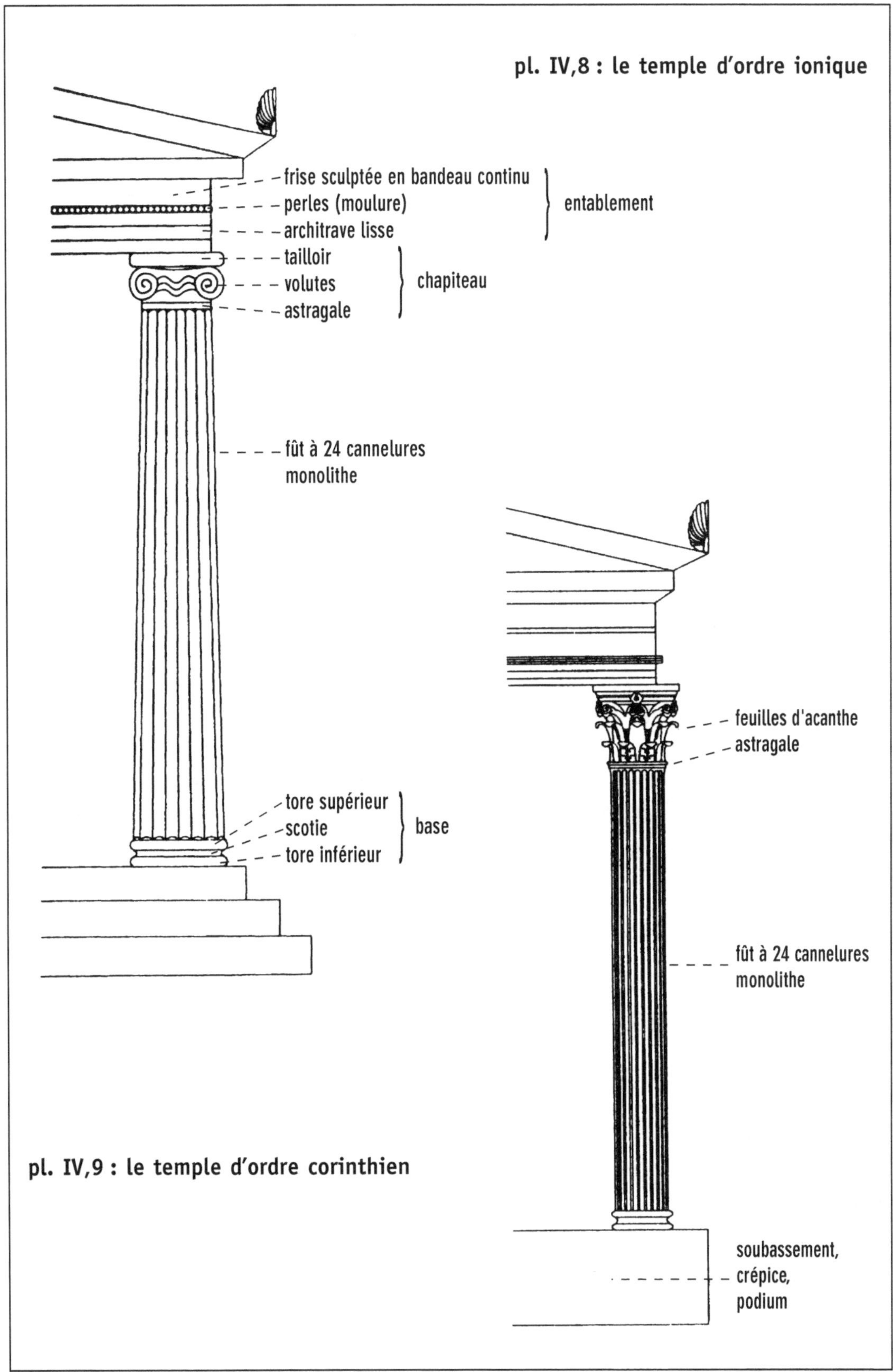

pl. IV,8 : le temple d'ordre ionique
frise sculptée en bandeau continu
perles (moulure)
architrave lisse
entablement
tailloir
volutes
chapiteau
astragale
fût à 24 cannelures monolithe
tore supérieur
scotie
tore inférieur
base
feuilles d'acanthe
astragale
fût à 24 cannelures monolithe
soubassement, crépice, podium
pl. IV,9 : le temple d'ordre corinthien

L'art est plus naturaliste dans la représentation des muscles et des attitudes plus souples, du visage vu de trois quarts ; mais il est idéalisé grâce au canon de beauté, rapport de proportions idéales fixé par Polyclète et par Lysippe (plus étiré).

On assiste à une célébration de la beauté physique et les corps sont la plupart du temps nus ; les jeunes hommes sont imberbes, les hommes d'âge mûr portent la barbe, tous ont les cheveux courts et bouclés ; les femmes portent un chignon bas sur la nuque.

Le corps est placé suivant l'attitude du **chiasme**, qui consiste en un hanchement provoqué par une jambe fléchie et une jambe tendue tandis qu'une épaule est légèrement plus basse que l'autre.

Exemples

Époque du 1er art classique (début de la période) :
Pythagoras : *L'aurige de Delphes* ; Myron : *Le Discobole* ; Polyclète : *Le Doryphore, Le Diadumène*.

Époque du 2e art classique (fin de la période) :
Praxytèle : *L'Apollon sauroctone, L'Aphrodite de Cnide* ; Scopas : *Héraclès, Aphrodite* ; Lysippe : *Hermès au repos* (la *Vénus de Milo* serait peut-être la copie d'une œuvre de Lysippe réalisée à l'époque hellénistique) ; Phidias : le décor du *Parthénon*, dont la statue chryséléphantine d'*Athéna*.

Époque hellénistique

L'art est encore plus naturaliste, voire réaliste. Les gestes sont de plus en plus amples. L'expression des sentiments apparaît. Le canon est plus allongé. Les hommes portent les cheveux avec des boucles plus profondes. Les drapés sont plus creusés, et apparaît la technique du « drapé mouillé », où le tissu colle à la peau et laisse voir le corps par transparence, comme s'il était plaqué au corps au sortir de l'eau.

Exemple

Doïdalsès : *Aphrodite accroupie. Le Laocoon, La Victoire de Samothrace* (auteurs inconnus).

La peinture

Il ne nous reste plus d'exemples de la peinture de chevalet. On peut donc étudier cet art au travers de deux formes : la céramique et la mosaïque.

La céramique (pl. IV,10)

Le vase pouvait être décoré suivant deux techniques.

- **La technique de la figure noire** : seul le dessin est passé au vernis ; ce vernis en cuisant noircit, tandis que le reste du vase, le fond, reste rouge.
  Cette technique est née à l'époque « géométrique » et a perduré jusqu'au milieu de l'époque archaïque (environ 520 av. J.-C.).
  - *Époque géométrique :* la figure humaine apparaît, très géométrisée, sur les vases funéraires ; les décors de bandeaux géométriques sont très importants (exemple : l'olpé Chidgi).
  - *Époque orientalisante :* l'art est plus décoratif.
  - *Époque archaïque :* certains peintres signent leurs vases (Exékias), d'autres restent anonymes, mais on connaît le nom du potier (exemple : vase signé « peintre d'Amasis » signifie que le peintre est inconnu, mais que le potier se nommait Amasis).
- **La technique de la figure rouge** est l'inverse ; c'est le fond qui est passé au vernis et qui va donc noircir à la cuisson, tandis que le dessin va rester du rouge de l'argile.
  - *Époque archaïque :*
    - entre 540 et 520 av. J. C., le peintre Andokidès marque une transition en réalisant des vases « bilingues », un côté étant décoré selon la technique de la figure noire, l'autre côté selon la technique de la figure rouge ;
    - à partir de 520 av. J.-C., la technique de la figure rouge est totalement adoptée ; parmi les peintres les plus connus, citons Euphronios et Euthymidès. Le style est naturaliste.

- *Époque classique :* Polygnote est l'un des plus célèbres peintres, Médias l'un des plus célèbres potiers.
- *Époque hellénistique :* cette technique est abandonnée, au profit d'un intérêt pour la nature, le paysage peint au naturel.

La mosaïque

À partir de l'époque hellénistique, les Grecs vont remplacer les sols en terre battue de leurs maisons par un sol en mosaïque plus facile à entretenir et plus esthétique. Ce type de décor ornait également les sanctuaires.

Les mosaïques étaient placées au sol, jamais sur les murs ou les plafonds.

Les premières mosaïques étaient constituées de galets ; il en reste de beaux exemples à Pella. Puis, les galets ont été remplacés par des tesselles (cubes) en tuileaux (fragments d'amphores) et en marbre. Plus les tesselles sont petites, plus on obtient un modelé intéressant grâce à la gamme plus variée des couleurs. Ces tesselles doivent être préalablement préparées et assemblées à l'aide d'un ciment.

La composition imite un tapis, ou présente un motif décoratif centré entouré d'éléments géométriques (telles les frises de grecques – enroulement de carrés – ou les frises de postes – succession de vaguelettes). Les scènes mythologiques font souvent l'objet des représentations. Le plus bel ensemble de mosaïques est celui de **Délos**.

Les décors polychromes dans l'architecture

Aujourd'hui encore subsistent quelques traces de peintures sur les décors sculptés des temples (métopes, frontons) ; il faut donc imaginer une certaine polychromie sur ces bâtiments.

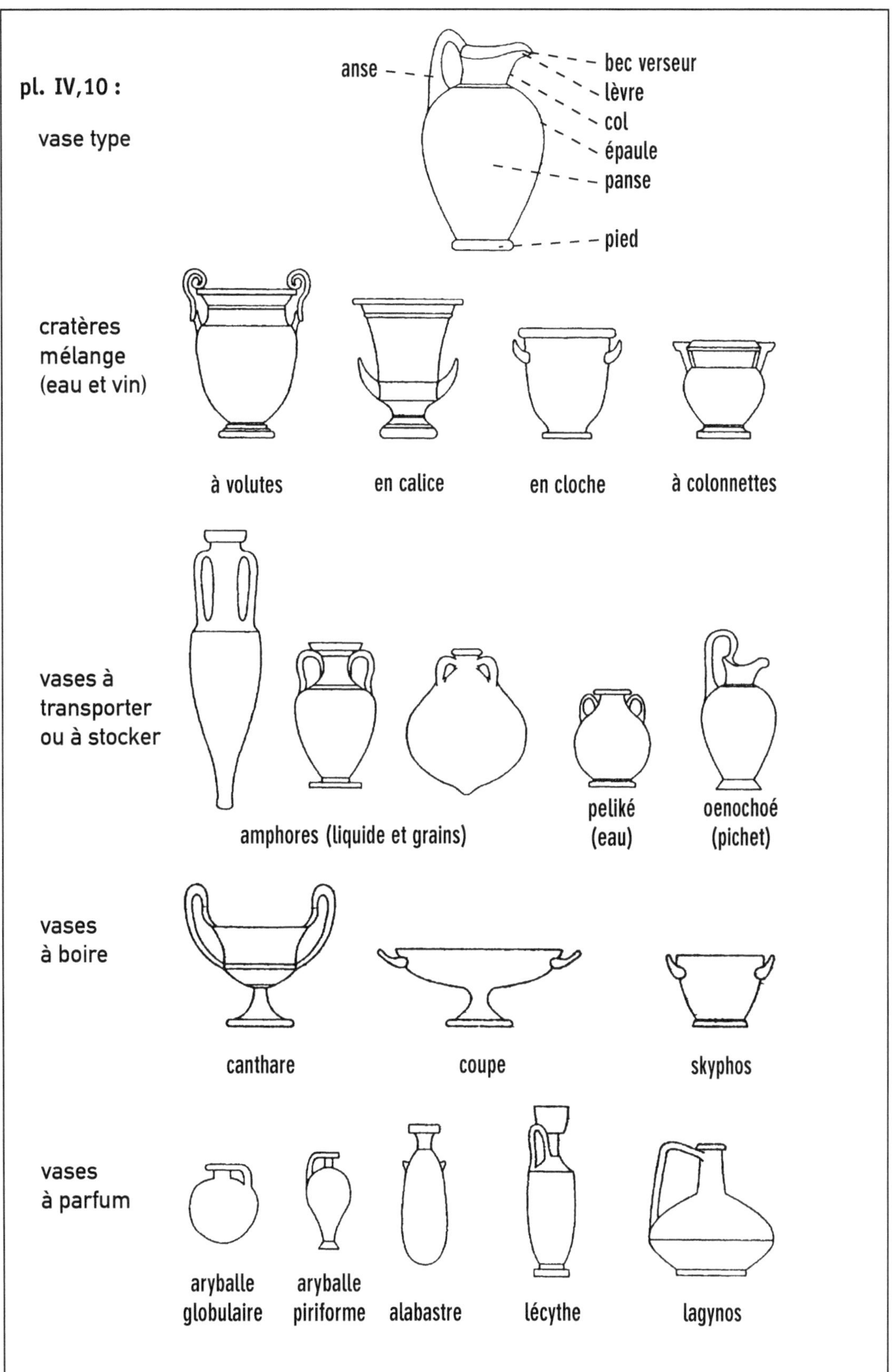

pl. IV,10 :
vase type
anse
bec verseur
lèvre
col
épaule
panse
pied
cratères
mélange
(eau et vin)
à volutes
en calice
en cloche
à colonnettes
vases à
transporter
ou à stocker
amphores (liquide et grains)
peliké
(eau)
oenochoé
(pichet)
vases
à boire
canthare
coupe
skyphos
vases
à parfum
aryballe
globulaire
aryballe
piriforme
alabastre
lécythe
lagynos

La tholos de Delphes, édifiée par Théodoros, 380 av. J.-C.

Delphes est un important sanctuaire grec, en Béotie, accroché au flanc du mont Parnasse, dominant le golfe de Corinthe. Il accueillait de nombreux fidèles venant rendre hommage à Apollon. Ce temple fait partie du deuxième sanctuaire, celui dédié à Athéna, fille de Zeus, protectrice d Athènes.

Élevée en 380 av. J.-C. cette tholos, c'est-à-dire temple de plan circulaire, date du début du IVe siècle av. J.-C. de la période classique.

Ce temple est d'ordre dorique. Son soubassement se compose de trois marches : l'**euthyntéria**, le **stéréobate** et le **stylobate**. Les colonnes n'ont pas de base, le fût repose directement sur le stylobate. Ce fût est strié de 20 cannelures. Le chapiteau est simple, composé du **gorgerin**, de **l'échine** et du **tailloir**. Sur les tailloirs repose **l'entablement** composé de **l'architrave** et de la **frise**. L'architrave est lisse. La frise dorique est formée d'une alternance de **triglyphes** et de **métopes** sculptées. Sous la **frise** court la **tænia**, et sous les **triglyphes** les **regules** et les **gouttes**. Au-dessus de la frise se trouve la corniche du toit sous laquelle on distingue les **mutules** ornés de **gouttes**.

Ce temple présente toutes les caractéristiques de l'ordre dorique. Cependant, son plan, circulaire, est original ; la colonnade délimitait un péristyle autour du naos, sanctuaire abritant la statue de culte.

Le site de Delphes souffre beaucoup des nombreux séismes que connaît cette région.

La tholos de Théodoros, Delphes, 380 av. J.-C. (fig. 4)

Chapitre 5

Rome

La royauté : 753 à 509 av. J.-C.

La République : 509 à 27 av. J.-C.

Expansion territoriale de Rome.

L'Empire : 27 av. J.-C. à 476 ap. J.-C.

- **Le Haut-Empire**

  - dynastie des Julio-Claudiens : 27 av. J.-C. à 69 ap. J.-C.
  - dynastie des Flaviens : 69 à 96
  - dynastie des Antonins : 96 à 193
  - dynastie des Sévères : 193 à 235
  - anarchie militaire : 235 à 268
  - empereurs illyriens : 268 à 285

- **Le Bas-Empire :** 285 à 476.

Voir cartes p. 336 et 337.

Les Étrusques

L'origine des Étrusques est mal élucidée.

- Pour l'historien Hérodote (ve siècle av. J.-C.), ce sont des Lyciens, venus donc d'Asie Mineure (actuelle Turquie), chassés par la famine.
- Pour l'historien Denys d'Halicarnasse (r^{er} siècle av. J.-C.), ils sont originaires de l'Italie même.

Les Étrusques sont passés du village à la cité-État (ville politiquement autonome).

Les Étrusques ont formé un pont entre la culture grecque et la culture romaine.

L'architecture

Les villes

Les maisons étaient construites en argile séchée au soleil, couvertes de charpente en bois sur lesquelles reposaient des tuiles.

Les temples

Ils reposaient sur un podium, comportaient une ou trois cellas (pièces) à la manière du temple grec ; construits en brique, ils n'ont pas résisté au temps.

Les nécropoles

Elles étaient installées en dehors des villes ; ces cimetières regroupaient principalement deux types de tombes :

- **le tumulus**, formé d'un tertre en forme de dôme, auquel on accède par un dromos, et dans lequel se trouve la chambre funéraire à demi enterrée, voûtée en encorbellement ;
- **l'hypogée** est plus élaboré ; la chambre funéraire est couverte d'un toit à rampants.

La sculpture

Elle est très fortement influencée par la Grèce.

Époque orientalisante

700 à 575 av. J.-C. : les personnages sont schématisés, présentent le caractère de la frontalité ; le canon est trapu.

Époque archaïque

VIe siècle av. J.-C. : les personnages présentent toujours le caractère de la frontalité, ont de grands yeux en amande, un sourire énigmatique, des cheveux longs et bouclés en anglaises, les mêmes caractéristiques que la statuaire grecque.

- *La choroplastie :* les Étrusques travaillaient volontiers la terre cuite.

L'art funéraire est particulièrement intéressant dans ce domaine : les couvercles des sarcophages étaient ornés de rondes-bosses représentant le ou les défunts à demi allongés ; il s'agit de gisants. Les cendres des défunts étaient placées dans des vases canopes dont le couvercle a la forme d'un visage (on ira petit à petit vers un véritable portrait).

- De nombreuses statuettes ont également été réalisées en *bronze.*

La peinture

Les fresques

Elles ornent l'intérieur des hypogées, recréant le cadre de vie familier du défunt : jeux sportifs, banquets, danses...

Les personnages sont généralement vus de profil (on a là aussi parfois de véritables portraits) ; la palette de couleur est assez étendue (rouge, ocre, bleu, vert).

Comme les vases grecs, ils sont réalisés suivant la technique de la figure noire, et représentent essentiellement des satyres, des ménades, des animaux fantastiques.

La mythologie

Les dieux

Les Romains adoptèrent la religion grecque, latinisant le nom des dieux.

Zeus devient **Jupiter**, dieu du Ciel.

Poséidon devient **Neptune**, dieu des Eaux.

Athéna devient **Minerve**, déesse de l'Intelligence et des Beaux-Arts.

Hadès devient **Pluton**, dieu des Enfers.

Arès devient **Mars**, dieu de la Guerre.

Hermès devient **Mercure**, dieu du Commerce et des Routes.

Dionysos devient **Bacchus**, dieu du Vin.

Héra devient **Junon**, protectrice des femmes, du mariage.

Déméter devient **Cérès**, déesse des Récoltes.

Hestia devient **Vesta**, déesse du Foyer.

Héphaïstos devient **Vulcain**, dieu du Feu, des Métallurgistes.

Aphrodite devient **Vénus**, déesse de l'Amour.

Artémis devient **Diane**, déesse des Bois et des Vierges, déesse de la Lune.

Chronos devient **Saturne**, dieu du Ciel (avant d'être détrôné par Jupiter).

Janus est un dieu proprement romain, à deux visages, c'est le dieu des Passages, de la Guerre et de la Paix.

Les divinités de la campagne

Les faunes

Divinités des champs et des vergers. Ils ont une forme humaine mis à part des oreilles et une queue, et ils sont représentés tenant un thyrse ou jouant de la flûte.

Divinités des bois. Ils portent une couronne de cyprès, de pin ou de lierre ; tiennent une serpe à la main.

- **Flore** : nymphe printanière, protectrice des fleurs.
- **Palès** : protectrice des troupeaux et des étables.
- **Pomone** : protectrice des fruits des vergers, représentée avec une corne d'abondance ou une corbeille de fruits, couronnée de pampres.
- **Terme** : protecteur des bornes des champs, représenté tout d'abord sous forme d'une pierre, puis d'une tête humaine sur une pierre.
- **Vertumne** : dieu de la Germination, de la Floraison, de la Maturation.

Les divinités des vents

- **Eole** roi des vents.
- **Zéphire** apporte la fraîcheur. Il est représenté sous les traits d'un beau jeune homme, avec des ailes de papillon et une couronne de fleurs.

Le monde des enfers

L'entrée des enfers était située soit dans le **lac Averne**, soit dans des grottes voisines de **Cumes**, près de Naples.

C'était une sorte d'antichambre dans laquelle erraient durant cent ans les ombres qui n'avaient pas reçu de sépulture. C'est là que séjournait **Cerbère**, chien à trois têtes et au cou hérissé de serpents, qui gardait la porte des Enfers. Y vivaient également les Trois Furies, vêtues de robes sanglantes, couronnées de vipères ; elles déclenchaient les guerres, les pestes...

C'était le lieu des supplices pour les mortels condamnés par les trois juges des Enfers : **Minos, Eaque et Rhadamanthe**.

C'était l'Enfer des dieux.

C'étaient le séjour bienheureux des âmes vertueuses.

On imaginait qu'un cocher nommé **Charon**, au prix de quelques oboles, faisait passer dans sa barque **le Styx** (fleuve dans lequel juraient les dieux) et **l'Achéron** aux ombres qui avaient reçu une sépulture, les conduisant ainsi dans les Champs-Élysées.

L'architecture

L'innovation technique

Les Romains vont innover dans deux domaines.

C'est un aggloméré de cailloux, de débris de pierres, de pouzzolane, de terre cuite, qui en séchant forme un ciment très solide.

Ils ont fait leur apparition en Grèce à la fin du IVe siècle av. J.-C. seulement.

Les Romains reprennent les principes de l'architecture grecque, en lui apportant quelques modifications.

Les ordres

- **Ordre dorique** : le fût est lisse et non plus cannelé.
- **Ordre ionique** : le fût est lisse.
- **Ordre corinthien** : c'est le plus employé.
- **Ordre toscan** : il est proprement romain ; le chapiteau ressemble au chapiteau dorique, mais est plus massif ; la frise est lisse et non plus rythmée de triglyphes et de métopes.

Les frontons sont plus souvent décorés d'une épigraphe que de statues.

L'architecture sacrée

Le temple (pl. V,1)

Il est assez semblable au temple grec, de plan rectangulaire ou circulaire ; il repose sur un épais soubassement qui abrite la salle des trésors **l'adyton** ; la **cella** occupe la largeur du podium dont le mur est plaqué de **pilastres** ou de colonnes engagées (demi-colonnes) au lieu d'être entourée d'une colonnade comme en Grèce ; ce plan est dit **pseudopériptère**. En ville, le temple est au centre d'un portique. Le Panthéon (temple dédié à tous les dieux) de Rome a une cella circulaire couverte d'une spectaculaire coupole à caissons sur tambour.

Le mausolée

Le tombeau adopte des formes très variées, de la simple stèle jusqu'à la copie d'une pyramide.

L'architecture triomphale

L'arc de triomphe (pl. V,2)

Il a une ou trois arches et, dans ce cas, l'arche centrale est plus grande que les arches latérales. Il est orné de reliefs narrant la victoire de l'empereur.

Exemple

L'arc de Constantin célébrant sa bataille du pont Milvius en 312 ap. J.-C.

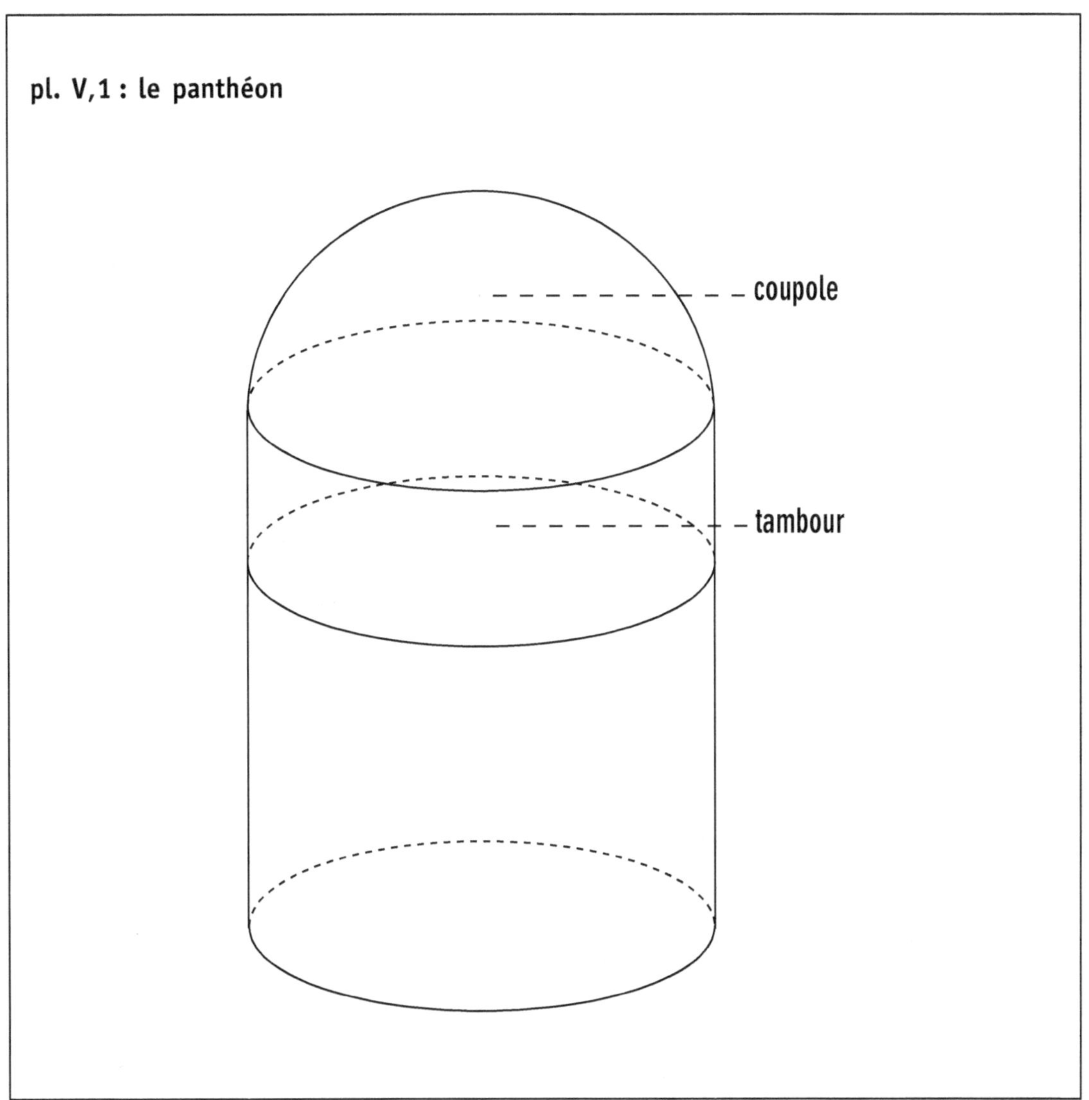

La colonne historique (pl. V,3)

Tout autour d'elle, s'enroulent, telle une bande, des reliefs en bronze célébrant la victoire de l'empereur dont la statue trône sur la terrasse de la colonne.

Exemple

La Colonne Trajane, élevée pour Trajan.

L'architecture publique

Les thermes (pl. V,4)

Les thermes, ou bains, étaient composés de trois bassins : le **caldarium** (eau chaude), le **tepidarium** (eau tiède) et le **frigidarium** (eau froide) ; l'eau était chauffée en sous-sol par **hypocauste** (niches délimitées par des pilettes en briques dans lesquelles brûlait un feu). De part et d'autre des bassins, on pouvait trouver des **palestres**, salles de gymnastique et de massage.

Les basiliques (pl. V,5)

Elles servaient de tribunal judiciaire ; de *plan basilical* (rectangulaire), elles étaient divisées par des colonnes en plusieurs **nefs** (allées) ; sur l'un des petits côtés était placée l'**abside** demi-circulaire.

La curie (pl. V,6)

Elle servait pour la vie politique ; de plan carré, elle était bordée de gradins sur trois côtés.

L'architecture des spectacles

Le théâtre

Il est identique au théâtre grec, mais ne s'adosse pas à flanc de colline ; il repose donc sur le **parados**, mur de soutènement. Il sert uniquement aux représentations théâtrales. On peut recouvrir le théâtre par un *velum*.

L'odéon

Il a le même plan qu'un théâtre, mais est plus petit. Il servait aux récitals de chant et de poésie.

L'amphithéâtre (pl. V,7)

Il est de plan elliptique ; on accède aux différentes parties de la **cavea** par des couloirs sous cette cavea nommés **vomitoria**. Au centre, l'arène de sable, ou comme au Colisée à Rome, une orchestra que l'on pouvait inonder pour donner des combats navals. L'amphithéâtre servait pour les combats de gladiateurs, les jeux violents ; c'est là que bon nombre de chrétiens furent martyrisés.

Le cirque (pl. V,8)

Il servait aux courses de chars. La piste était séparée au centre par un mur, la **spina**, orné à chaque bout d'un obélisque.

L'architecture utilitaire

L'entrepôt

Salle divisée en nefs par des piliers.

Le cryptoportique

Entrepôt souterrain.

Le pont

Le tablier repose sur une arche en plein cintre.

L'aqueduc (pl. V,9)

Il servait à transporter l'eau d'une source à une ville ; le canal de circulation étant toujours à l'horizontale, les vallées plus ou moins profondes étaient franchies grâce à un système d'arches.

L'architecture militaire

Les fortifications

Elles ceinturaient les villes ; l'enceinte se terminait par une couronne de créneaux et de merlons ; on entrait dans la ville par une porte dont l'arche était en plein cintre et flanquée d'une tour de chaque côté.

> **Exemple**
> La *Porta Nigra* à Trèves en Allemagne.

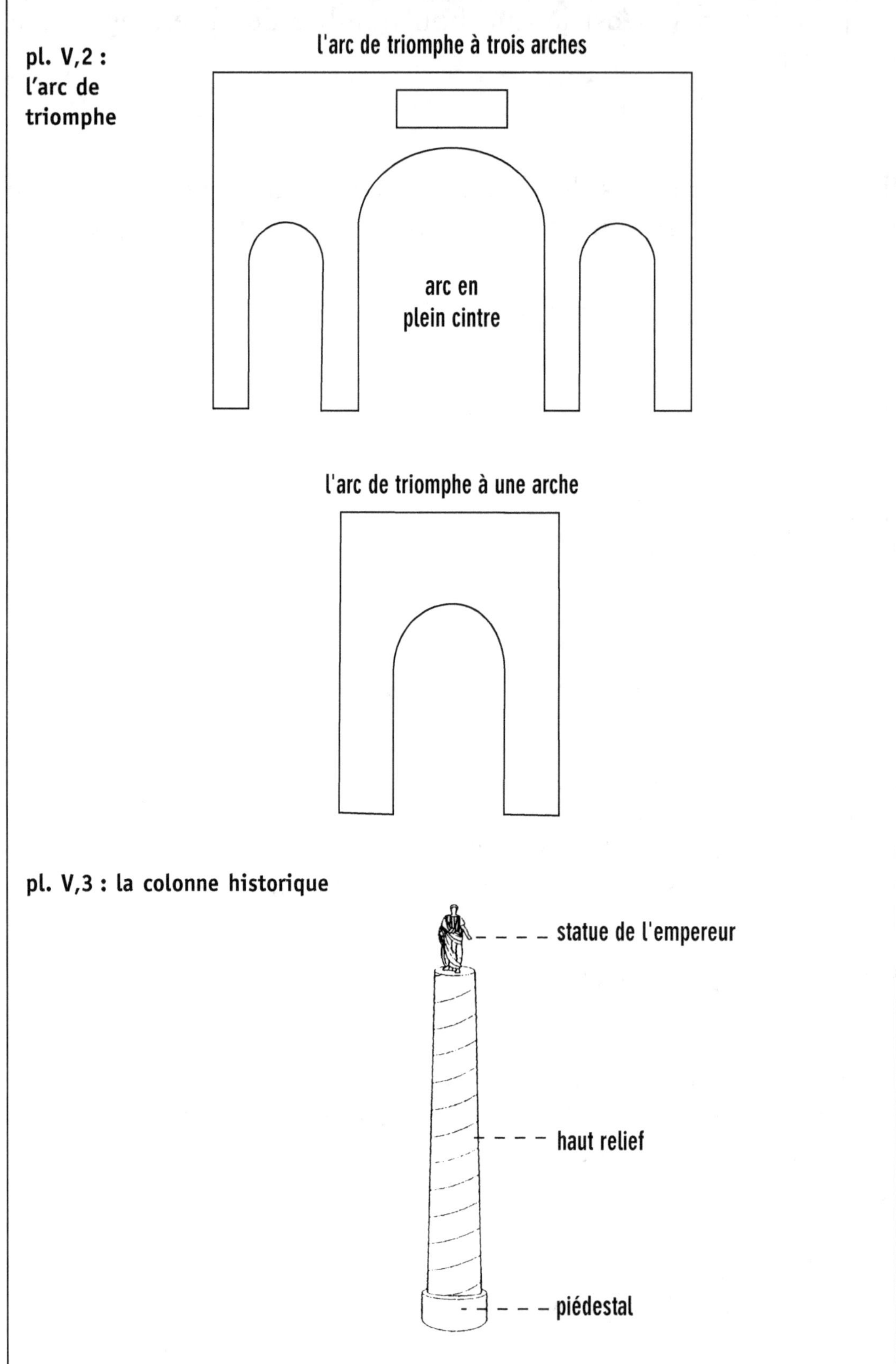

pl. V,2 :
l'arc de
triomphe
l'arc de triomphe à trois arches
arc en
plein cintre
l'arc de triomphe à une arche
pl. V,3 : la colonne historique
statue de l'empereur
haut relief
piédestal

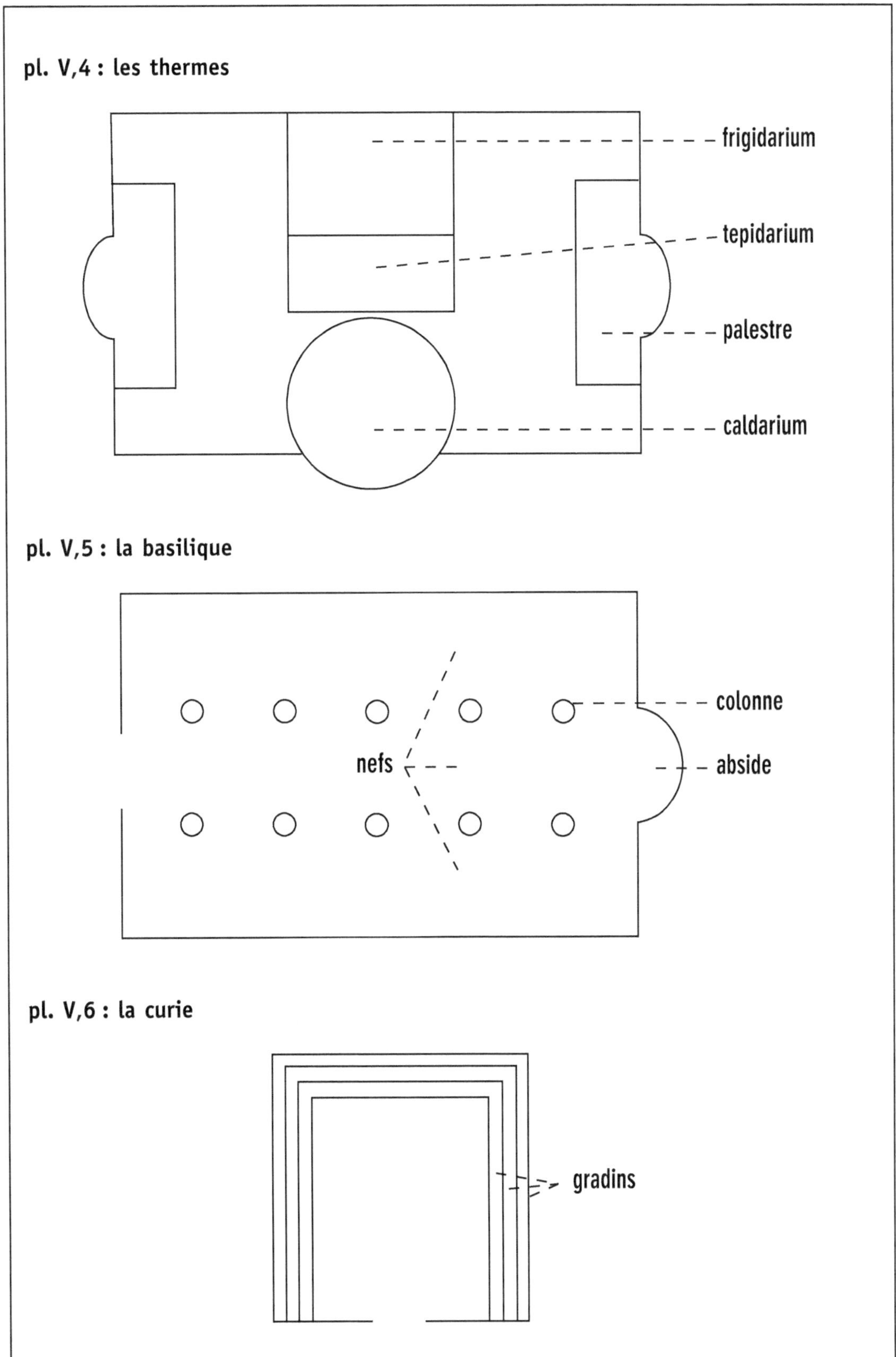

pl. V,4 : les thermes
frigidarium
tepidarium
palestre
caldarium
pl. V,5 : la basilique
colonne
nefs
abside
pl. V,6 : la curie
gradins

pl. V,7 : l'amphithéâtre

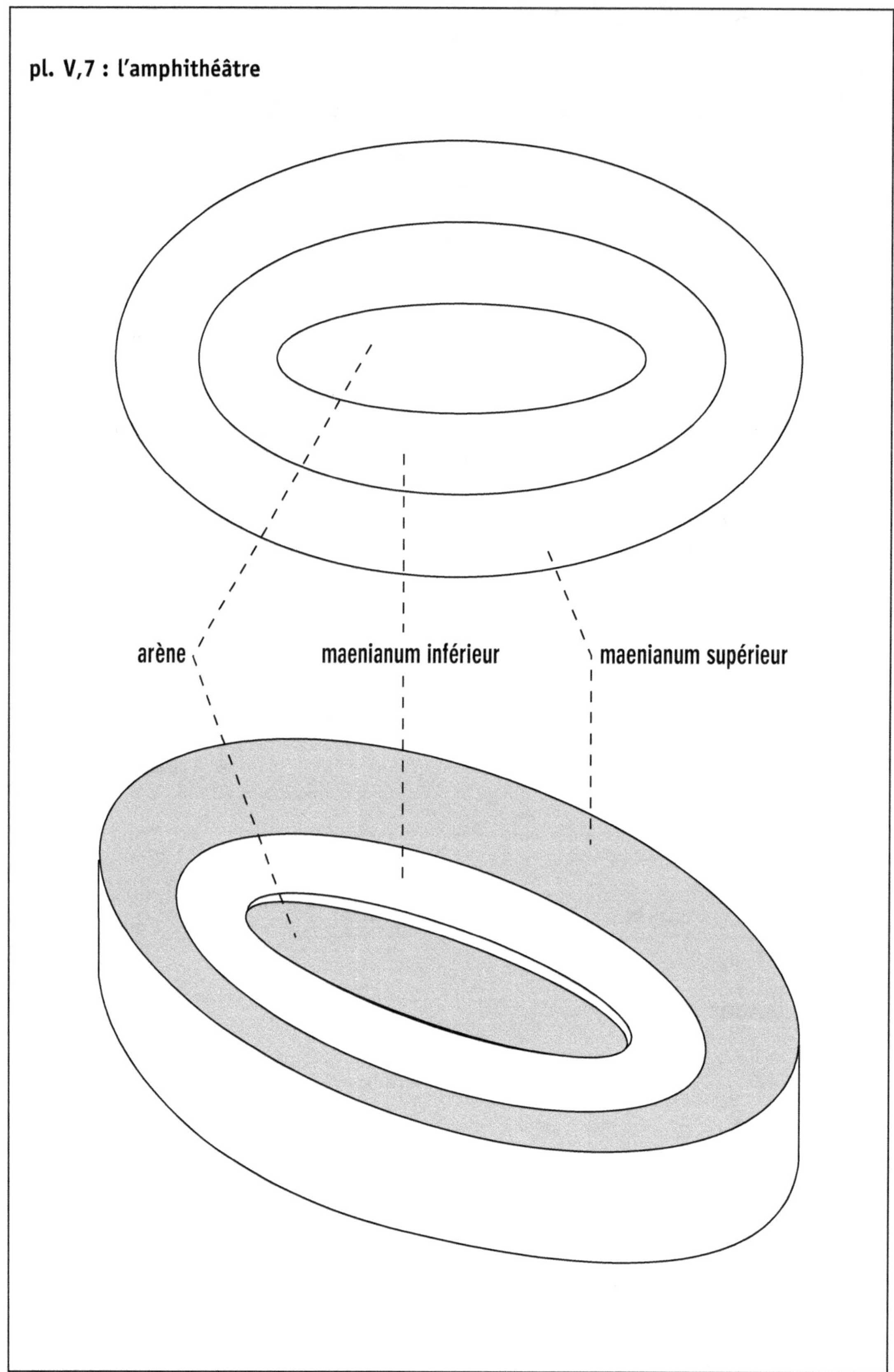

pl. V,8 : le cirque

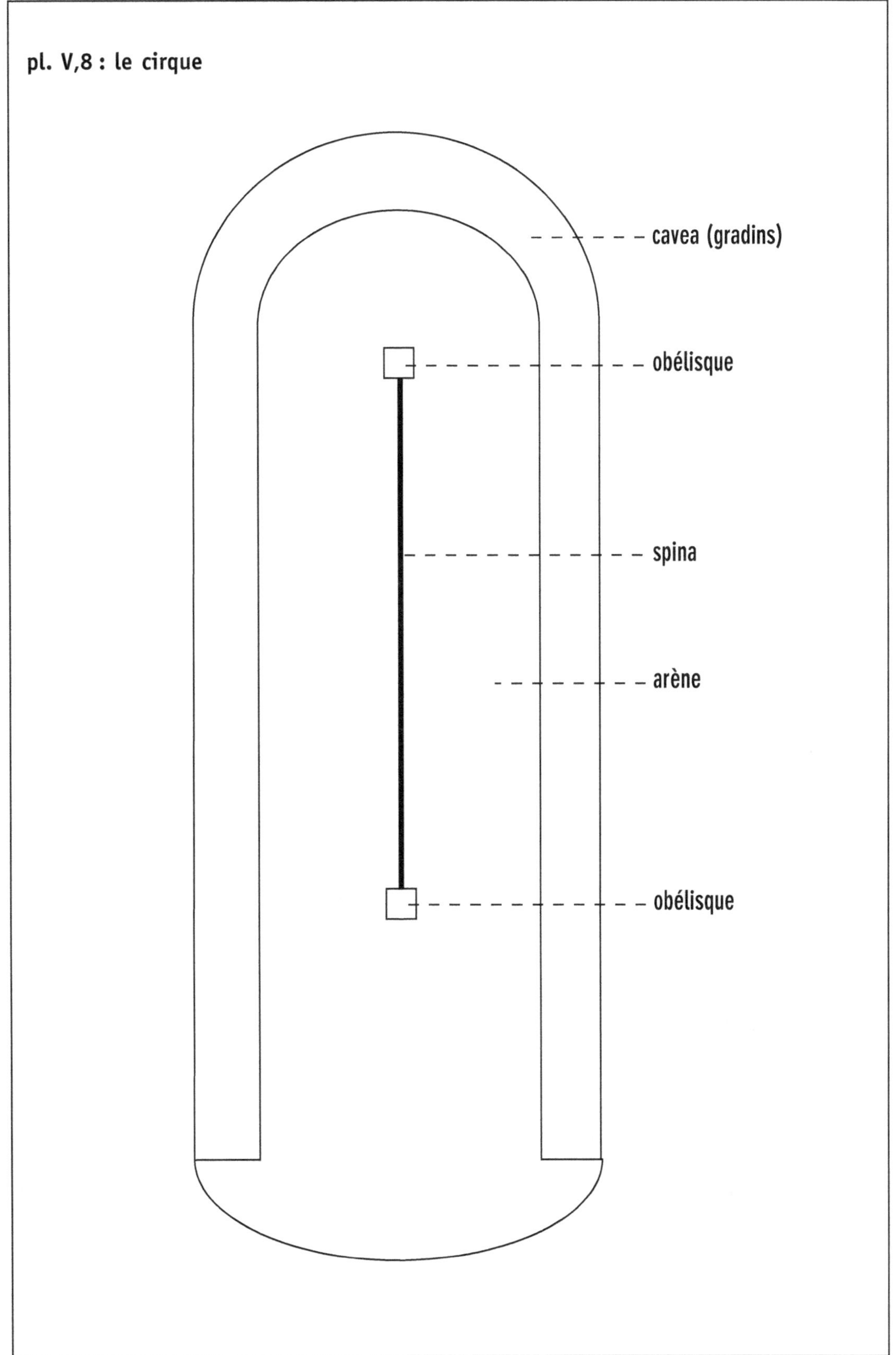

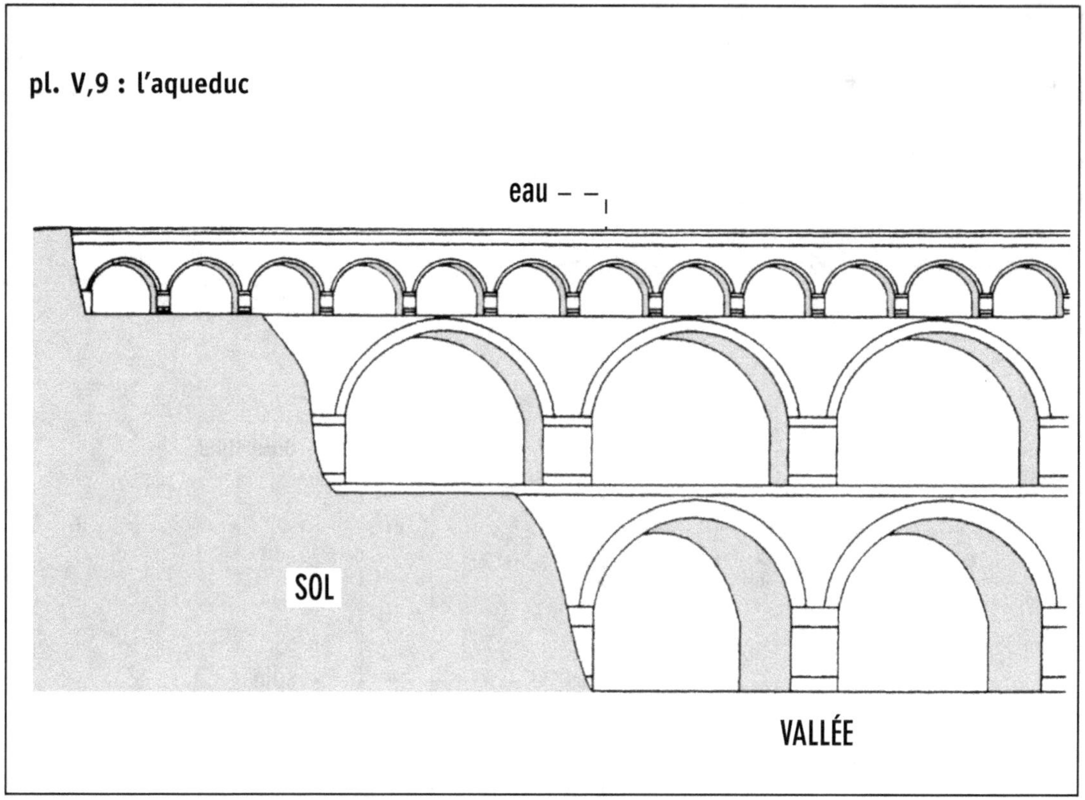

L'architecture privée

L'insula

C'est l'immeuble d'habitation collective.

La villa

Elle est de plain-pied, répartie autour d'un jardin intérieur où poussent de multiples plantes ; elle est bordée d'un péristyle ; parmi les pièces les plus caractéristiques, citons l'**atrium** dont le toit percé (le **compluvium**) permet aux eaux de pluie de tomber dans un bassin, l'**impluvium** ; le **triclinium** désigne à la fois la salle à manger et le meuble en U sur lequel les Romains s'allongeaient pour prendre leur repas. La ville de Pompéi enfouie sous les cendres du Vésuve en 79 nous offre un superbe témoignage de ces villas.

L'urbanisme

Plan en damier : deux grands axes sont tracés, l'un dans le sens est-ouest, le **decumanus**, et l'autre dans le sens nord-sud, le **cardo** ; à partir de ces deux voies, toutes les autres sont tracées en parallèle.

Les bâtiments publics étaient répartis autour d'une vaste place, le **forum** ; celui de Rome présente encore de beaux vestiges.

La peinture

Les fresques

Grâce aux villas de Pompéi, il a été possible d'étudier l'évolution des fresques qui en ornaient l'intérieur. L'archéologue allemand Mau les a réparties en quatre styles, d'où l'appellation « classification d'après les styles de Mau ».

1er style

Du milieu du IIe siècle av. J.-C. à 80 av. J.-C. Les fresques veulent imiter la structure du mur grâce à des panneaux rectangulaires peints en noir, vert, rouge.

2e style

De la 2e moitié du IIe siècle av. J.-C. à 20 ap. J.-C. Trompe-l'œil architectural : le mur est peint de colonnes et d'entablements avec un arrière-plan imitant un jardin.

3e style

De 20 à 40. De petites scènes sont peintes sur de grands fonds unis, souvent rouges.

4e style

De 40 à 68. Apogée du trompe-l'œil.

Les proportions, les modelés et la perspective sont parfaitement maîtrisés.

La **Domus Aurea** de Néron à Rome, du 4e style, présente un décor de rinceaux (enroulements de feuillages) dans lesquels évoluent de petits personnages et de petits animaux ; cette villa ayant été enfouie sous une colline artificielle, elle apparaît aujourd'hui un peu à l'état d'une grotte, d'où le nom de « grotesques » que l'on donne à ce genre de décor.

Par la suite, il n'y aura plus qu'un quadrillage linéaire.

La mosaïque

École romaine

Dessin linéaire, fond neutre, schématisation.

École syrienne

(Antioche, centre de production.) Les formes sont simplifiées, les proportions mal respectées.

École africaine

(Carthage, centre de production.) Elle a donné les plus beaux exemples, grâce à son sens de la perspective, du modelé, sa riche palette de couleurs.

Les thèmes sont empruntés à la mythologie essentiellement.

La sculpture

Les Romains ont fait beaucoup de copies d'œuvres grecques, surtout pour les statues en pied ; ils se sont quelque peu « spécialisés » dans les **bustes**, dont on suit l'évolution suivant l'histoire.

La République

De 509 à 27 av. J.-C.

Naturalisme réaliste.

Le Haut-Empire

Dynastie des Julio-Claudiens

27 av. J.-C. à 69 ap. J.-C.

Idéalisation des traits, sauf sous Néron où l'on note l'expressivité. Les hommes portent les cheveux courts, avec des mèches en virgule. Les femmes sont coiffées avec les cheveux ondulés sur le front.

Dynastie des Flaviens

De 69 à 96.

Les joues sont empâtées, les traits accentués.

Les hommes ont les cheveux courts et désordonnés. Les femmes sont coiffées en bandeau frisé.

Dynastie des Antonins

De 96 à 193.

Réalisme jusqu'au règne d'Hadrien.

À partir de 117, début du règne d'Hadrien, on revient à une certaine idéalisation.

Les hommes ont les cheveux bouclés et gonflants, portent la barbe. Les femmes ont des coiffures nattées.

La pupille de l'œil est désormais indiquée ; son trou forme une zone d'ombre qui donne de la vie au regard.

De 193 à 284.

Expressionnisme.

Les hommes portent la barbe.

Le Bas-Empire

De 284 à 476. Expressionnisme. Les hommes ne portent plus la barbe, ont les cheveux très courts.

Z o o m   s u r . . .

Apollon à la lyre
(statue antique du parc de Versailles
face au bassin d'Apollon)

C'est à l'architecte Le Nôtre que Louis XIV confia l'aménagement du parc de Versailles, parc à la française où les parterres symétriques alternent avec les pièces d'eau. Les plus grands sculpteurs de l'époque vont peupler le parc de statues, mais on y placera aussi des antiques.

Apollon est l'une des grandes divinités de l'Olympe, dieu grec, né à Délos où sa mère Léto, séduite par Zeus, vint se réfugier pour échapper à la jalousie d'Héra. À sa naissance, Zeus lui offrit une mitre en or, un char attelé de cygnes et une lyre. Inspirateur des poètes et des musiciens, il est la divinité tutélaire de tous les arts. C'est aussi lui qui chaque matin part avec son char pour faire passer le soleil au-dessus de la terre.

Cette ronde-bosse en marbre présente Apollon le bras droit à demi levé au ciel, appuyant sa lyre contre le tronc d'arbre qui soutient sa jambe gauche. Son corps adopte l'attitude du chiasme, ce hanchement qui donne à la composition une forme de S étiré. Son port de tête est altier, son profil grec, ses cheveux bouclés mi-courts. Sa musculature est quelque peu idéalisée. Il est seulement vêtu de sandales. Une feuille de vigne cachant son sexe a été pudiquement rajoutée ultérieurement.

Il s'agit là d'un exemple typique de la statuaire grecque de l'époque hellénistique (allant du milieu du IVe siècle à 30 av. J.-C.) et c'est très certainement une copie romaine, les marbres grecs originaux étant très rares.

Le décor versaillais est peuplé de divinités antiques. Louis XIV impose la comparaison entre le roi et le soleil, et le thème d'Apollon est naturellement le plus fréquent à Versailles.

Apollon à la lyre, statue antique du parc de Versailles (fig. 5)

L'art gallo-romain

La conquête de la Gaule par les Romains va entraîner, surtout en Gaule narbonnaise (Provence), la construction de bâtiments romains :

Citons encore dans d'autres régions, le théâtre, l'odéon et l'amphithéâtre de Lyon, le théâtre et les portes de ville d'Autun...

La céramique sigillée

C'est une céramique à vernis rouge plus ou moins brillant, soit à paroi lisse, soit à paroi moulée (à l'aide d'un moule) de figures animales, végétales, divines, et au fond de laquelle le potier a apposé sa signature. Cette production, que l'on retrouve partout en Europe, a essentiellement été réalisée à Lezoux (Puy-de-Dôme).

Les statuettes et les moules en terre cuite blanche

Les ateliers de production de ces figurines moulées, représentant des Vénus, des divinités, des animaux, étaient installés le long de l'Allier ; on retrouve ces statuettes dans toute l'Europe.

De même, on va retrouver des vestiges romains dans tous les pays du Bassin méditerranéen conquis par Rome.

Chapitre 6

L'art juif

Voir carte p. 338.

Il n'y a pas de style juif homogène, commun à toutes les œuvres. L'artiste vit dans un pays, à une époque donnée et s'inscrit donc dans les courants artistiques de ce pays et de cette époque.

Nous nous attacherons donc uniquement à la synagogue.

La période biblique (XIXe siècle av. J.-C.- Ier siècle ap. J.-C.)

C'est une période de troubles politiques, peu favorable au développement artistique.

On note des influences assyriennes et égyptiennes, puis hellénistiques à partir du VIe siècle av. J.-C.

Le temple de Salomon à Jérusalem (970-930 av. J.-C.)

Il comprend trois parties principales :

- le vestibule, **ulam**, devant lequel ouvre le porche d'entrée où se dressent deux colonnes de bronze (appelées Yakîn et Boaz) dont les chapiteaux sont ornés de fleurs destinées à porter la voûte étoilée de l'univers ;
- l'**hekal** : grande salle ;
- le **débir** est le Saint des saints où se trouve l'Arche d'alliance surmontée de deux anges ailés.

Dans la cour se trouve la **mer de bronze**, réservoir d'eau lustrale porté par 12 bœufs.

De ce temple, ne subsiste aujourd'hui que le mur occidental, dit « mur des Lamentations ».

Les palais

Le règne d'Hérode (37 av. J.-C.-4 ap. J.-C.) marque l'âge d'or de l'architecture. Trois palais sont construits, à Jéricho, à Jérusalem et à Massada. Celui de Massada se compose de trois unités : le quartier des habitations, le quartier de l'administration et la salle royale ; les bâtiments sont disposés autour de cours intérieures. Les colonnes sont ornées de chapiteaux corinthiens.

La période talmudique (IIe-Ve siècle)

Le Talmud est un livre incluant la Michna et son commentaire par les sages, la Guemara, rédigé vers le IIe siècle par le rabbi Yehouda ha-Nassi ; il s'agit de la compilation de la loi orale.

À partir du IIIe siècle av. J.-C. sont construites les premières synagogues, maisons d'assemblée dans lesquelles tous les fidèles peuvent venir prier.

Les premières **synagogues** ont été édifiées en Galilée.

Exemple

Hammat.

- La façade est doublée d'un péristyle ; elle est tournée vers Jérusalem, ce qui oblige les fidèles à faire un demi-tour pour se prier dans la direction de la ville sainte.

- L'intérieur, de plan carré, est bordé sur trois côtés d'une galerie sur colonnade réservée aux femmes.

- Le décor est basé sur des éléments végétaux (feuilles de vigne, feuilles d'acanthe), des motifs géométriques (hexagramme, étoile à six branches dite « étoile de David », pentagramme, étoile à 5 branches dite « sceau de Salomon ») et des scènes de la mythologie grecque alternant avec des thèmes religieux.

À partir du IVe siècle, une niche incrustée dans le mur en direction de Jérusalem, permet de ranger la Torah (ou Pentateuque, composée de 5 livres, allant de la création du monde à la mort de Moïse). Cette niche porte le nom d'**arche sainte** ; elle est éclairée par une lampe et fermée par un rideau.

La façade est désormais orientée à l'opposé de Jérusalem.

Le plan rectangulaire remplace le plan carré à partir du ve siè-cle : trois nefs se terminent par une abside orientée vers Jéru-salem. Les nefs latérales sont surmontées de galeries réservées aux femmes.

Au centre de la nef est placé le pupitre qui se dresse sur une estrade.

Le décor réside dans les mosaïques au sol, ornées de symboles religieux et d'épisodes bibliques, et les chapiteaux des colonnes.

La diaspora (à partir du VIe siècle)

Elle correspond à la dispersion de la communauté juive à tra-vers le monde qui a commencé dès le IIe siècle av. J.-C.

L'enluminure

À partir du XIVe siècle, les manuscrits sont richement ornés ; l'écriture hébraïque offre des caractères très décoratifs, mais ne compote pas de majuscules donc pas d'initiales enluminées.

Les pages sont agrémentées de motifs géométriques, floraux mais aussi de la représentation du Temple de Salomon et des instruments du culte.

L'architecture

Elle subit l'influence de l'art local.

- Le style gothique est inspiré des réfectoires monastiques : deux nefs séparées par une colonnade centrale ou une nef unique voûtée d'ogives.

En Espagne, on note une influence de la décoration musul-mane, avec les arcs outrepassés.

Exemple

La Blanca de Tolède.

- Le style baroque avec une ornementation exubérante.

Exemple

La synagogue de Cracovie, élevée par Francesco Olivieri en 1640.

- La période contemporaine simplifie les volumes, mais accentue les décors de sculptures, mosaïques, fresques, vitraux).

Exemple

La synagogue de l'hôpital Hadassa à Jérusalem dont les vitraux ont été exécutés par Marc Chagall (1887-1985) sur le thème des douze tribus d'Israël.

Hammat (Israël) : mosaïque de la synagogue

Commencé au Ier siècle, la synagogue de Hammat (près de Tibériade, en Galilée) a été remaniée jusqu'au VIe siècle. La mosaïque du pavement est datée du IVe siècle.

La scène regroupant des symboles religieux est encadrée d'une tresse, à la manière d'un tapis. Au centre se trouve l'arche sainte abritant la Torah, dont le style est proche de l'architecture grecque : colonnes corinthiennes portant un fronton triangulaire orné d'une coquille ; le rideau noué laisse voir la porte en bois. De part et d'autre se dresse une ménorah, chandelier sur pied à sept branches dont les flammes sont orientées vers le centre de la lampe. Les sept lampes de la ménorah, selon Zacharie, représentent les yeux de Dieu qui veillent sur la terre ; certains voient également dans son origine un arbre sacré antique ou l'arbre babylonien de la lumière.

D'autres objets cultuels flanquent l'arche sainte de part et d'autre. Le bouquet des quatre espèces est composé du loulav, branche de dattier, du hadass, rameau de feuilles de myrte, de l'aravah, branche de saule et de l'etrog, fruit du cédrat. Ce bouquet est secoué lors de la fête de Soukkot, fête des récoltes marquant la fin du cycle agricole, célébrée pendant huit jours en septembre ou en octobre. Le shofar, trompette confectionnée dans la corne d'un bélier, anime les fêtes de ses sons, en particulier celles de Rosh Hashanah (Nouvel an) et de la fin du Yom Kippour (le Grand pardon). La pelle à encens sert pour le ketoret, offrande de parfums brûlés dans le temple.

Le livre de l'Exode donne une description précise du chandelier d'or qui doit comporter des calices en forme d'amandes, des pommes, des fleurs que l'on retrouve ici sous forme de semis sur fond des tesselles blanches.

Cette scène est complétée par un grand médaillon où les signes du zodiaque encadrent le dieu Hélios.

Ces mosaïques de pavement étaient les pièces maîtresses de la décoration des synagogues antiques.

Synagogue de Hammat (Israël) : mosaïque. (fig. 6)

Chapitre 7

L'art paléochrétien

Du I^e siècle à 313, les chrétiens, persécutés, ont dû se cacher pour célébrer leur culte et enterrer leurs morts ; c'est la période des catacombes, souterrains aménagés pour conduire aux égouts (comme à Rome) ou dans d'anciennes carrières (comme à Lutèce – Paris).

Voir cartes p. 336, 337 et 338.

Les catacombes (pl. VII,1,2)

Le cimetière est souterrain ; les couloirs, **ambulacra**, sont creusés entre les parois dans lesquelles s'étagent les niches sépulcrales, fermées par une dalle portant le nom du défunt, les **loculi**.

Des tombes plus importantes, **cubiculi**, niches cintrées peuvent être aménagées ; au fond du cubiculum est percée la niche abritant la sépulture, l'**arcosolium**.

Les fresques

Elles peuvent décorer ces catacombes, représentant des scènes chrétiennes mêlées à des symboles chrétiens : le poisson, le chrisme, les colombes, l'alpha (Aα) et l'oméga (Ωω)...

La palette de couleurs est réduite à l'ocre, au rouge et au vert.

Constantin, par l'édit de Milan en 313, va permettre aux chrétiens de célébrer leur culte en paix. Ceux-ci vont s'installer dans les basiliques (tribunaux judiciaires).

Les basiliques (pl. VII,3)

Petit à petit, la basilique romaine va être aménagée de façon à adopter un plan en croix latine, grâce à l'adjonction du **transept**. À l'entrée, une partie est séparée, c'est le **narthex**, dans lequel doivent rester les catéchumènes en attente du baptême. Dans l'**abside** est aménagé le sanctuaire, fermé grâce au **chancel**, clôture de marbre ; l'autel est placé sous un dais, le **ciborium** ; le prêtre lit l'Epître ou l'Évangile, monté sur une estrade, l'**ambon**.

La nef est couverte d'une charpente, l'abside d'un cul-de-four (quart de sphère). Le sol peut être pavé de mosaïques.

À l'extérieur, contre l'église, s'appuie un **atrium**, cour entourée d'un **portique** (qui deviendra le cloître), avec au centre un **canthare** (fontaine d'ablutions), à l'origine du bénitier.

Tabigha : la multiplication des pains et des poissons

Tabigha est une ville d'Israël, près de Tibériade.

L'église se trouve à l'emplacement du miracle de la multiplication des pains et des poissons.

La mosaïque paléochrétienne du IVe siècle qui orne le sol fait référence au miracle relaté dans les Évangiles. Près de Bethsaïda, Jésus accomplissait des guérisons, attirant ainsi une foule nombreuse, que les apôtres voulurent renvoyer ; mais Jésus souhaita donner à manger à tous avant qu'ils ne rentrent chez eux ; il multiplia alors les 5 pains et les 2 poissons afin de rassasier les 5 000 personnes présentes.

Au centre, est placée une profonde corbeille en osier ; dessus, 4 pains sont marqués d'une croix ; de part et d'autre, un poisson semble dressé.

La composition est symétrique, linéaire ; la perspective est intellectualisée, on voit le côté mais aussi le dessus de la panière.

Les **tesselles** sont assez grandes, donc le modelé peu nuancé ; il s'agit d'un camaïeu d'orangé, allant du marron foncé à l'ocre jaune.

La vision du miracle est réduite au minimum (pains et poissons, pas de personnages) ; cette sobriété lui donne une grande force symbolique.

Tabigha : la multiplication des pains et des poissons (fig. 7)

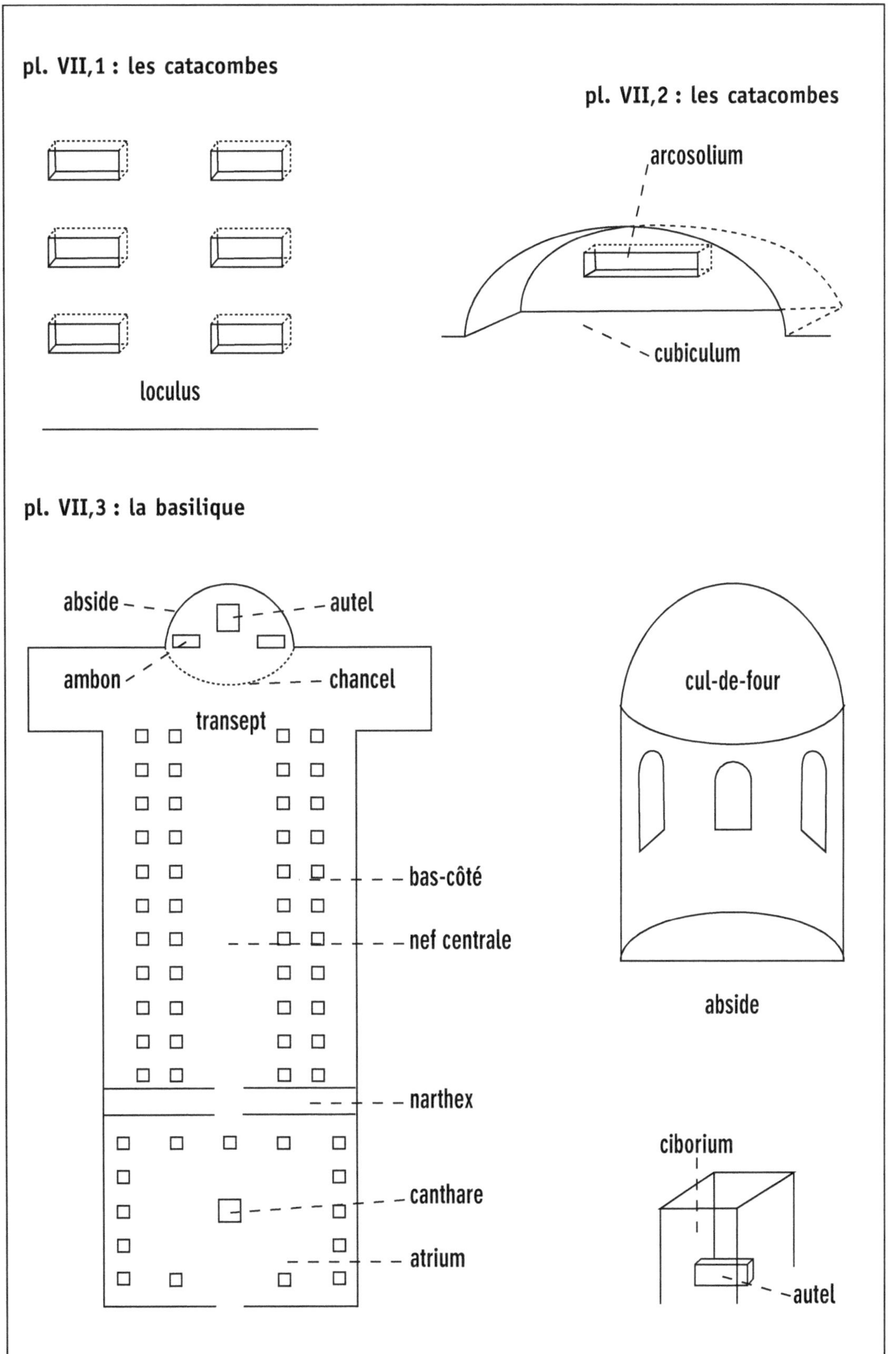
pl. VII,1 : les catacombes
loculus
pl. VII,2 : les catacombes
arcosolium
cubiculum
pl. VII,3 : la basilique
abside
autel
ambon
chancel
transept
bas-côté
nef centrale
narthex
canthare
atrium
cul-de-four
abside
ciborium
autel

Le baptistère

Les chrétiens ont été longtemps baptisés dans des bâtiments indépendants de l'église, les baptistères. Souvent de plan carré, ils abritent en leur centre une piscine, petit bassin permettant une immersion complète.

Chapitre 8

L'art byzantin

L'Empire chrétien byzantin est l'héritier de l'Empire romain d'Orient et a perduré de 330 à 1453. En 330, l'empereur Constantin fonde Constantinople (aujourd'hui Istanbul) sur le site de Byzance, ville qui sera prise par les Turcs en 1453. L'islam succédera alors au christianisme.

Voir cartes p. 336 et 338.

Les crises iconoclastes

La religion chrétienne orthodoxe accorde une grande place au culte des images. Mais de 717 à 802, sous la dynastie des Isauriens (avec les empereurs Léon III l'Isaurien, Constantin V Copronyme et Léon V l'Arménien), le culte des images est prohibé, c'est ce que l'on appelle la crise **iconoclaste** (briseur d'images) ; la représentation et la vénération de ces images du Christ et des saints était considérée comme idolâtre. C'est sous la dynastie d'Amorion, en 843, grâce à l'impératrice Théodora, que le culte des images est rétabli ; les adorateurs d'images sont appelés **iconodoules.**

L'architecture

Les édifices religieux

Le plan basilical (pl. VIII,1)
Il est tout d'abord utilisé.

Le plan centré (pl. VIII,2,3)
Il lui succède, parfois combiné avec lui.

> **Exemple**
>
> *Saint-Vital* de Ravenne a un plan centré, octogonal. *Sainte-Sophie* de Constantinople a un plan combiné, c'est un édifice grandiose, bâti sur l'ordre de Justinien par Anthémius de Tralles et Isodore de Milet, entre 532 et 537.

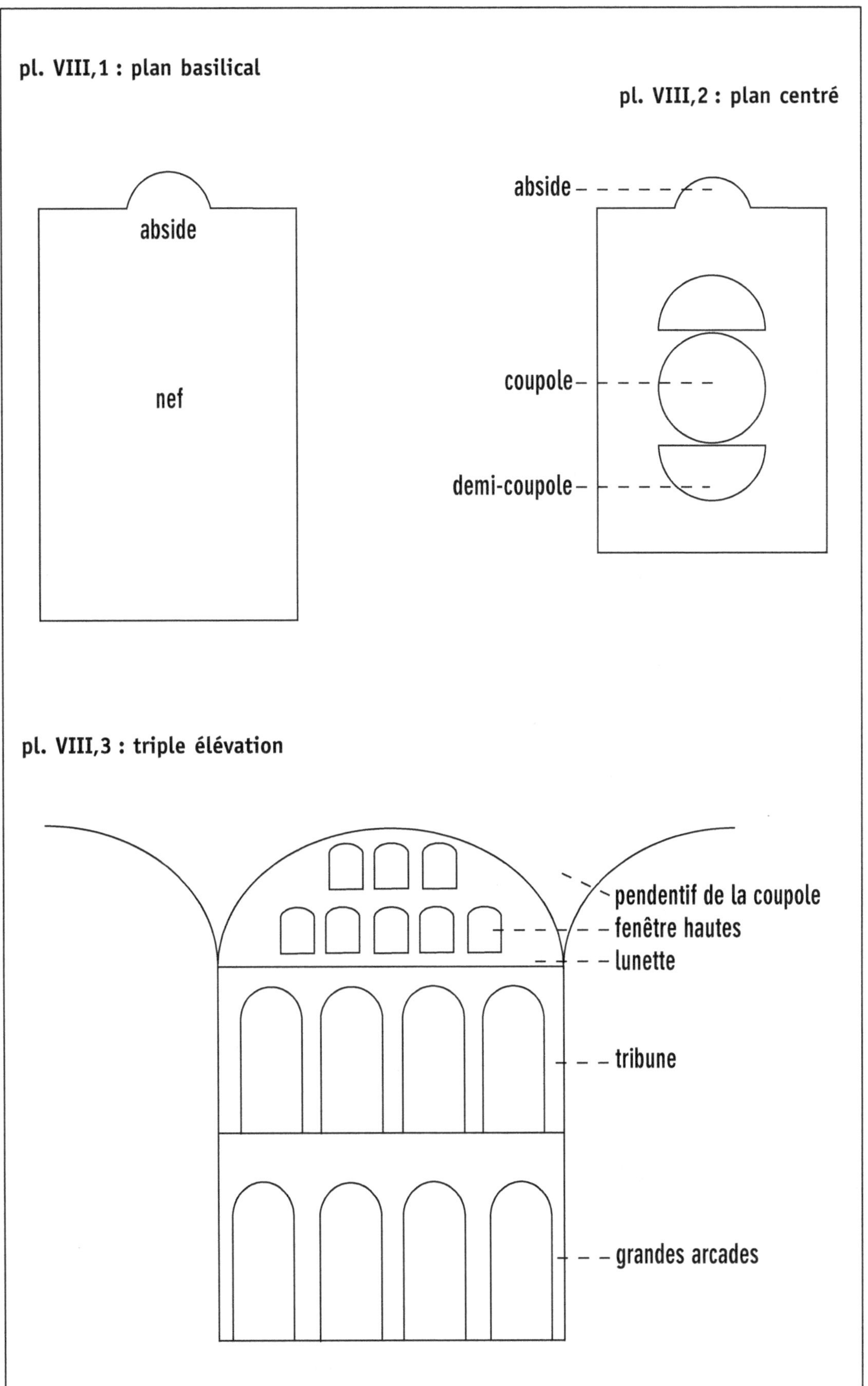

pl. VIII,1 : plan basilical
pl. VIII,2 : plan centré
abside
nef
abside
coupole
demi-coupole
pl. VIII,3 : triple élévation
pendentif de la coupole
fenêtre hautes
lunette
tribune
grandes arcades

Le plan en croix grecque (pl. VIII,4)

Il est adopté par la Russie.

Les coupoles

Les édifices sont couverts de coupoles auxquelles se rattachent des symboles : 3 coupoles symbolisent la Trinité (le Père, le Fils, le Saint Esprit), 5 coupoles symbolisent Jésus et les quatre évangélistes (saint Jean, saint Marc, saint Luc, saint Matthieu), 13 coupoles symbolisent Jésus et les 12 apôtres.

En Russie, les coupoles demi-sphériques seront remplacées par des bulbes dont la terminaison effilée rappelle les casques des guerriers. Les couleurs ont leur signification : la coupole dorée symbolise l'éternité, la coupole bleue à étoiles dorées le ciel et la Vierge, la coupole argent la pureté de l'âme et le deuil (présence dans l'église d'une crypte avec des sépultures), la coupole verte l'espoir.

À l'intérieur de l'édifice, la coupole repose sur des **pendentifs** qui permettent de passer du plan circulaire au plan carré. À Sainte-Sophie de Constantinople, il y a une triple élévation : les grandes arcades (correspondant au rez-de-chaussée), les tribunes (étage réservé aux femmes), les fenêtres hautes inscrites dans la lunette (espace demi-circulaire).

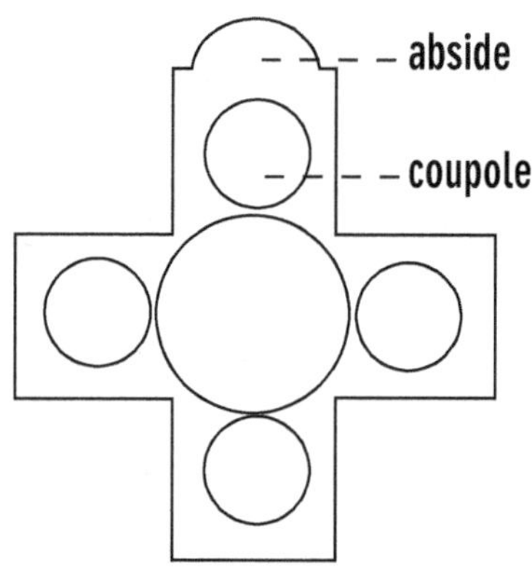

pl. VIII,4 : plan en croix grecque

La sculpture

La ronde-bosse

Elle tend à disparaître.

Les chapiteaux et les balustrades s'ornent en **broderie**, et non en relief ; l'intérieur de la pierre est évidée, l'ornementation est plate.

Elle est appréciée ; elle rappelle la plastique grecque, mais avec un aplatissement plus prononcé, les modelés sont schématiques, les attitudes immobiles, les personnages placés sous arcades.

Exemple

La chaire de l'évêque Maximien de Ravenne.

La peinture

Les fresques

Elles sont souvent assez naïves.

Au XVe siècle, en Russie, Andreï Rublev introduit un art plus naturaliste. Du XIIe au XVe siècle, c'était le langage des yeux qui primait. Rublev lui, introduit le langage des gestes, le mouvement, le goût du quotidien (par exemple les personnages sont assis sur des bancs et non plus sur des sièges individuels, les barbes sont plus courtes suivant la mode de l'époque) ; cela entraîne une certaine humanisation.

Les miniatures

Elles ont un côté pittoresque ; on note beaucoup de répétitions et une schématisation des formes.

Les icônes

Ce sont des tableaux peints sur bois de tilleul ; les personnages sont statiques ; les fonds sont dorés à la feuille, ou les vêtements et les auréoles sont en feuilles d'or ou d'argent appliquées sur le bois ; des pierres précieuses ou des perles peuvent aussi être enchâssées dans ces icônes.

Les icônes sont essentiellement placées dans un mur de séparation entre la nef et le chœur (propre au rite orthodoxe), l'**iconostase**. Elles représentent de haut en bas, par registres :

- les patriarches (ancêtres du peuple d'Israël) et au centre Dieu, Jésus et la colombe de l'Esprit Saint ;
- les prophètes (qui ont annoncé la venue du Christ), et au centre la Vierge et l'Enfant ;
- au centre la **Dëisis** (le Christ en Majesté entouré des évangélistes) et autour la Vierge, saint Jean, les archanges (Michel, Gabriel, Raphaël), saint Pierre et saint Paul ;
- les fêtes du monde chrétien ;
- les saints locaux ;
- au centre, la porte royale qui permet au prêtre d'accéder au chœur.

La mosaïque

Elle habille les murs et les culs-de-four qui couvrent les absides. Elle est régie suivant des conventions :

- les fonds sont dorés, étincelants pour enlever au fidèle toute illusion naturaliste de façon à suggérer la présence de l'au-delà ;
- les attitudes sont solennelles, figées, répétitives ;
- les compositions sont symétriques ;
- la nature est stylisée ou même disparaît ;
- on assiste à une hiérarchie dans la création divine ; l'homme est toujours plus grand que l'animal qui est lui-même plus grand que la végétation ;
- l'empereur étant le « lieutenant » de Dieu, lui et son épouse sont représentés avec une auréole.

Exemple
Les mosaïques des églises Saint-Vital et Saint-Apollinaire à Ravenne.

L'impératrice Théodora et sa suite,
église Saint-Vital de Ravenne, 1ʳᵉ moitié du VIᵉ siècle

Ravenne, en Italie du Nord-Est, est devenue un important foyer d'art byzantin, après avoir été conquise par les Byzantins en 540, qui en firent la capitale d'un **exarchat**, résidence des préfets byzantins en Italie.

Les églises byzantines se couvrent d'un luxueux décor : la mosaïque, composée de **tesselles**, petits cubes de pierre.

L'impératrice Théodora est représentée avec deux hommes à sa droite dont l'un soulève une portière et l'autre reçoit une coupe d'offrandes de la part de la souveraine ; il s'agit de dignitaires ecclésiastiques. À sa gauche sont placées sept de ses suivantes. De l'autre côté, un canthare posé sur une colonne corinthienne cannelée.

La composition est très rigoureuse : les personnages debout forment une succession de lignes verticales interrompues par quelques courbes données par les rideaux drapés et l'abside sur laquelle se détache l'impératrice.

Les couleurs dominantes sont le vert, le jaune et le violet, couleurs complémentaires qui créent un effet chatoyant et dynamique, beaucoup de blanc, ce qui rend la scène lumineuse, d'autant plus que, comme il se doit dans l'art byzantin, les tesselles du fond sont dorées à la feuille. La petitesse des tesselles a permis d'obtenir des dégradés et des modelés assez réalistes dans les visages, les drapés des vêtements.

Les perles de la couronne de l'impératrice ont été réalisées en nacre de façon à leur donner un aspect plus réel.

La lumière vient de face, il n'y a pas d'ombres.

La mosaïque est le décor préféré des byzantins et elle répond à des conventions précises que nous retrouvons ici : raideur des personnages, visage coupé d'un T (formé par l'arête du nez qui rejoint la ligne des sourcils), majesté des attitudes qui sont presque toutes similaires, pas d'effet de profondeur, de perspective, tesselles du fond dorées à la feuille, tout cela pour transporter le fidèle loin de la réalité quotidienne, dans un monde divin merveilleux et luxueux. Les souverains, représentant Dieu sur terre, portent une auréole.

L'impératrice Théodora et sa suite, église Saint-Vital de Ravenne,
1re moitié du VIe siècle (fig. 8)

Chapitre 9

L'art musulman

La période primitive

- **Califat des Omeyyades : 665 à 750, à Damas.**

Les églises chrétiennes sont transformées en mosquées.

Emprunts à l'art hellénistique et à l'art byzantin.

- **Califat des Abassides : 750 à 1000, à Bagdad.**

Décors de stuc.

Travail du cuivre, du bronze, du bois, des tissus.

La période médiévale

- **xie siècle : Invasions turques et mongoles.**

Essor de la miniature persane.

Décors de faïence émaillée.

- **Les Fatimides : 970 à 1169, au Caire.**

- **Les Aiyoubides : 1169 à 1250, au Caire.**

- **Les sultans mamelouks : 1250 à 1520, au Caire.**

- **Les Almoravides : 1055 à 1147, au Maghreb et en Espagne.**

- **Les Almohades : de 1147 à 1269, au Maghreb et en Espagne.**

Création en Espagne du style mudéjar, mélange d'art musulman et d'art gothique.

La période moderne

- **Les Safavides : 1514 à 1720, en Perse.**

Le chah Abbas 1er (1587-1628) fait reconstruire la ville d'Ispahan.

Tabriz, en Azerbaïdjan devient le siège de l'école officielle de miniaturistes.

- **Dynastie mongole : 1520 à 1800, en Inde.**

Grand essor architectural (en particulier, le Taj Mahal d'Agra, tombeau de Mumtaz Mahal, épouse du chah Djahan, 1630-1647).

- **Empire ottoman : xve s. à 1923, sur l'Empire byzantin.**

Sainte-Sophie de Constantinople influence les mosquées.

Voir carte p. 338.

L'Islam

La religion islamique a été révélée par le prophète Mahomet, né vers 570 et mort en 632. L'Islam est à la fois une religion, un ensemble juridique et politique. Le **Coran** est le livre sacré qui renferme les révélations reçues par Mahomet entre 612 et 632 à La Mecque, puis à Médine. Allah est le dieu unique.

L'architecture

La mosquée (pl. IX,1)

C'est le principal édifice religieux, le lieu de prière. La salle de prière se nomme le **haram** ; elle est généralement divisée en plusieurs nefs par des colonnes, et couverte de coupoles. Le musulman devant prier face à La Mecque, une niche creusée dans le mur, le **mihrab**, lui en indique la direction. À côté se dresse une chaire à prêcher, le **minbar**, étroit escalier terminé par un dais sous lequel l'**imam** ne se tient jamais, cette place étant symboliquement réservée à Mahomet ; aujourd'hui une tribune, la **dikka**, remplace le minbar. Avant de pénétrer dans le haram, le fidèle traverse une cour, le **shan**, bordé d'un portique, le **liwan**, au centre de laquelle il trouve la **midha**, fontaine à laquelle il doit obligatoirement faire ses ablutions avant d'aller prier. Le mur de la mosquée tourné vers La Mecque se nomme la **qibla**. Du haut du **minaret** (tour circulaire, carrée, rectangulaire ou hélicoïdale), le **muezzin** lance l'appel à la prière cinq fois par jour ; le nombre de minarets varie suivant l'importance de la mosquée de 1 à 7.

En Turquie, l'église byzantine Sainte-Sophie de Constantinople fut transformée en mosquée, et de ce fait les autres mosquées adoptèrent le même plan centré. Sinan, au XVIᵉ siècle, est le plus célèbre architecte musulman.

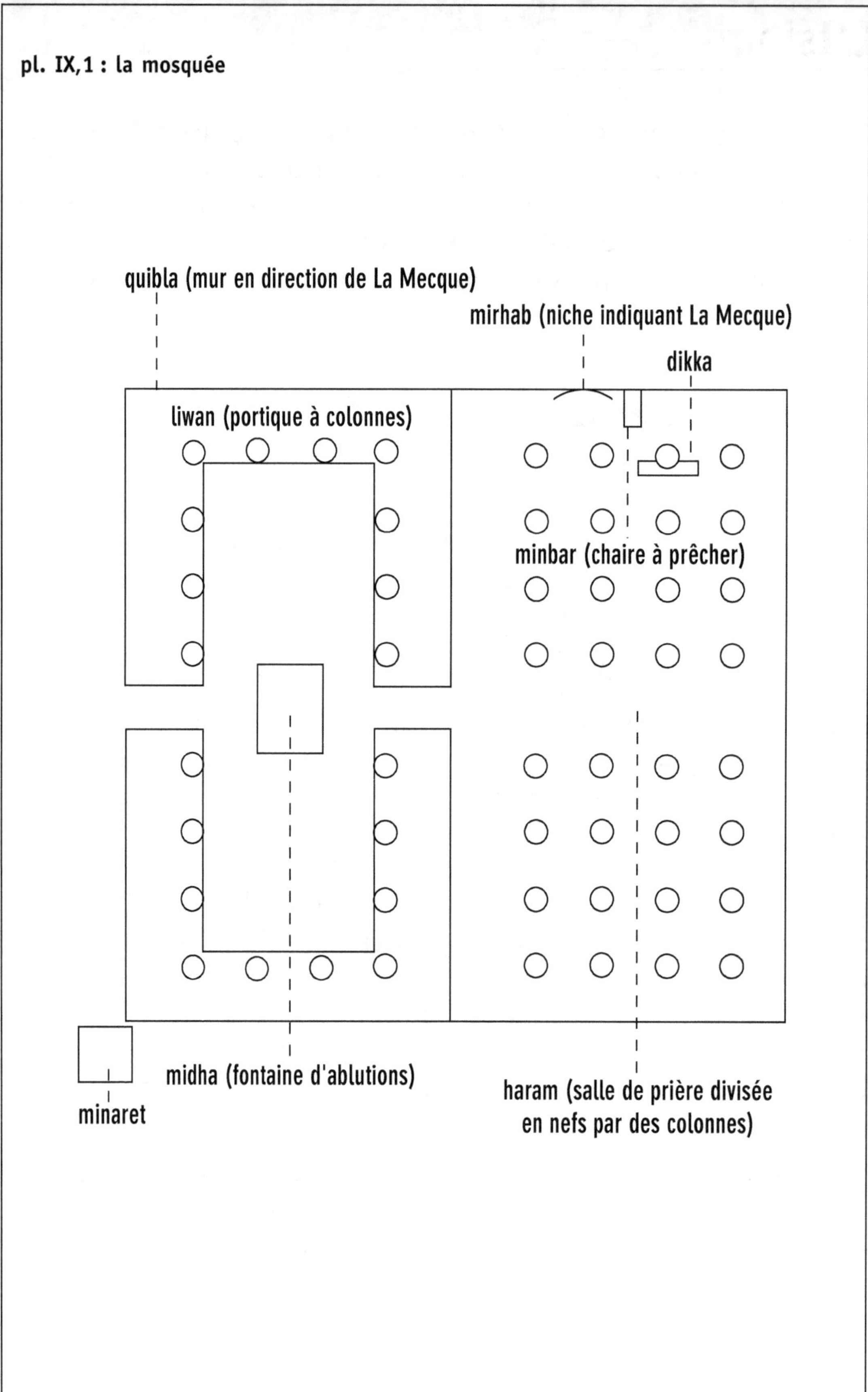
quibla (mur en direction de La Mecque)
mirhab (niche indiquant La Mecque)
dikka
liwan (portique à colonnes)
minbar (chaire à prêcher)
midha (fontaine d'ablutions)
minaret
haram (salle de prière divisée
en nefs par des colonnes)

Le ribat

C'est un monastère, avec une mosquée et les bâtiments pour les religieux.

La medersa

C'est la mosquée-école, centre d'enseignement religieux.

Les mausolées

Ils sont de plans circulaires ou carrés, couverts d'une coupole. Le Taj Mahal d'Agra en est un superbe exemple.

Le palais

Il est divisé en deux parties :

- le **sérail** regroupant les pièces consacrées à la vie publique, dont éventuellement une salle du trône nommée le **diwan** ;
- le **harem** regroupant les pièces réservées à la vie privée.

Les ouvertures sur l'extérieur sont rares et fermées par des grilles de bois, les **moucharabiehs.**

Les bâtiments sont répartis autour de jardins intérieurs où poussent des plantes odorantes et où se dressent des fontaines.

Le palais de Topkapi à Istanbul et l'Alhambra de Grenade nous offrent de superbes témoignages de ces palais.

Le caravansérail

C'était le lieu d'accueil réservé aux commerçants qui parcouraient les pistes avec leur bétail et leurs marchandises. Il y avait des **caravansérails** tous les 70 km environ, distance que parcourt un chameau dans une journée.

De plan carré, ils sont bordés sur trois côtés de bâtiments, les cellules individuelles pour les commerçants, les dortoirs pour les domestiques, les écuries ; dans la cour des plus grands se dresse une petite mosquée. En ville, l'équivalent du caravansérail est le **funduk,** qui sert aussi de bourse de commerce.

La décoration

Elle tient une place capitale dans l'art musulman et est indissociable de l'architecture.

Il est à noter que dans les bâtiments à caractère religieux il n'y aura jamais de représentation humaine ou animale, afin de ne pas rivaliser avec la création divine.

À l'intérieur comme à l'extérieur, les bâtiments peuvent être habillés de carreaux de faïence, nommés les **kachis**, représentant des fleurs stylisées, des étoiles ou des versets du Coran, l'arabe étant une écriture très décorative.

Les arcs adoptent des formes complexes : surhaussés, entrecroisés, outrepassés, polylobés, festonnés, à lambrequins...(pl. IX,2)

Les coupoles peuvent être ornées de mukarnas, stalactites de stuc. Les portes sont souvent en bronze ciselé.

Z o o m s u r . . .

Marrakech :
entrée de la salle de prière de la medersa Ben Youssef

Marrakech est la ville impériale la plus au sud du Maroc.

La **medersa** Ben Youssef, école coranique, a été fondée en 1565 sous la dynastie saadienne.

Les bâtiments de la **medersa** sont répartis autour d'une cour intérieure ; l'un des côtés abrite un **haram**, salle de prière.

L'entrée se fait par une porte en bois dont l'arc est en **dents de scie**.

Le bas mur est plaqué de **kachis** poly-chromes, le haut de **stuc** ; le motif de l'étoile est omniprésent ; entre les deux parties, également en **kachis** et en **stuc**, deux registres de versets du Coran.

Ce mur est percé d'une arcade **cintrée**, **surhaussée** et **festonnée**.

Ce document témoigne de la volonté de décor de l'art musulman : polychromie des **kachis**, finesse des **stucs** formant une véritable dentelle, utilisation de la calligraphie...

Marrakech : entrée de la salle de prière de la medersa Ben Youssef (fig. 9)

Les miniatures

L'école Abasside

L'école Abasside de Mésopotamie (XIIe-XIIIe siècles) présente des personnages au type sémite accentué ; les coloris sont restreints, et la facture est large.

L'école des princes mongols

L'école des princes mongols en Perse (du XIVe au XVIe siècle) est particulièrement florissante ; l'essor littéraire, poétique, historique et scientifique a provoqué une abondance de livres qu'il a fallu décorer. L'influence chinoise est profonde (dans les types physiques, les costumes). On adopte la perspective panoramique (sorte de vue aérienne sans profondeur, les sujets étant « empilés »). Le miniaturiste le plus célèbre fut **Behzad** (fin XVe siècle-début XVIe siècle) ; il travailla d'abord à Hérat puis à Tabriz, où il fonda une école d'artistes ; il introduisit l'art du portrait.

L'école des empereurs mongols

Cette école, en Inde (XVIe-XVIIe siècles), a subi à la fois une influence perse et une influence européenne par l'intermédiaire des jésuites en mission en Inde. C'est ainsi que la perspective européenne (rendu de la profondeur) va remplacer la perspective panoramique ; les effets d'atmosphère, avec une lumière différente suivant l'heure de la journée, sont désormais rendus ; les thèmes érotiques vont se développer sous l'influence de l'Inde.

Les miniatures étaient réalisées sur papier, technique connue grâce à la proximité de la Chine.

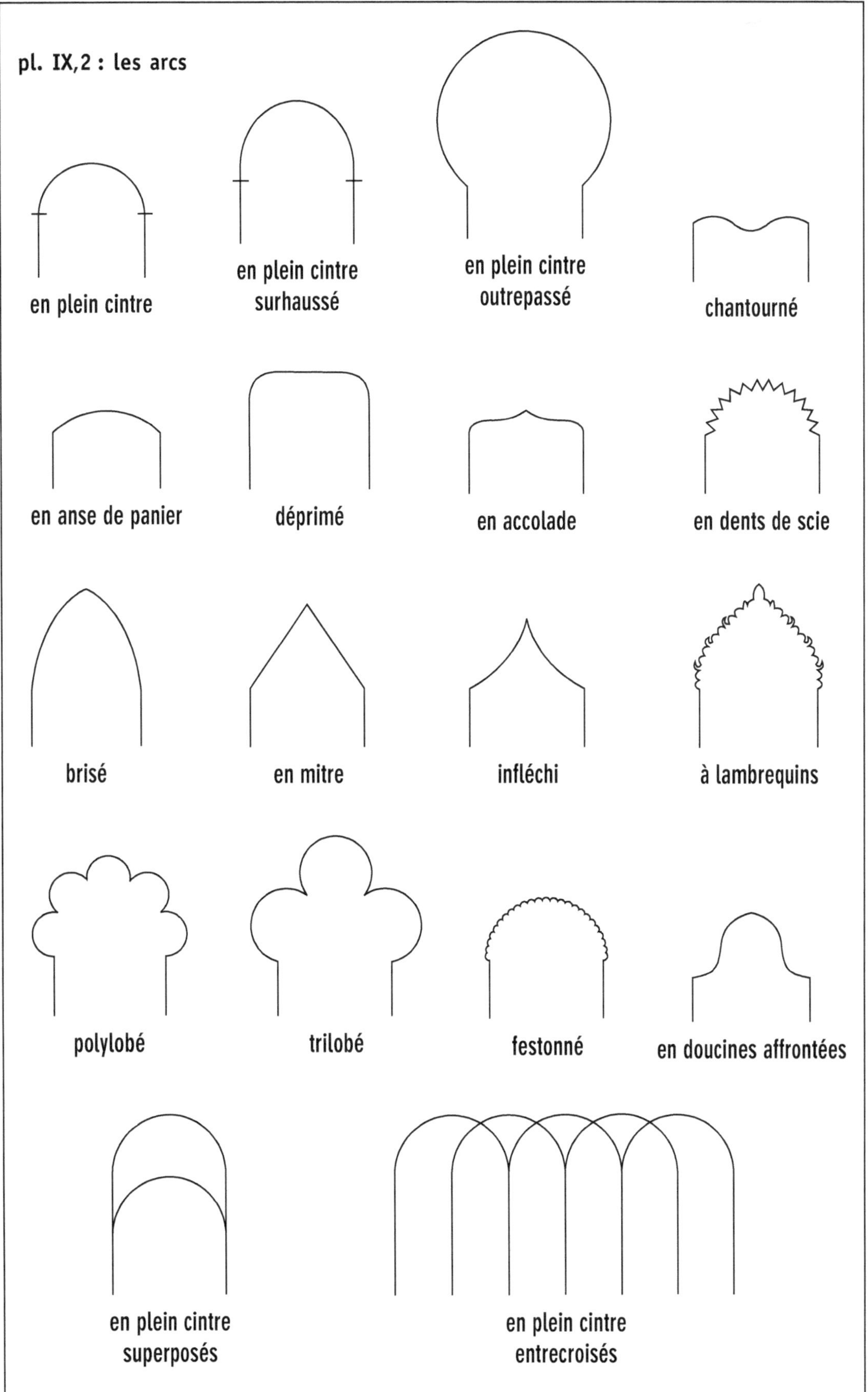

pl. IX,2 : les arcs
en plein cintre
en plein cintre surhaussé
en plein cintre outrepassé
chantourné
en anse de panier
déprimé
en accolade
en dents de scie
brisé
en mitre
infléchi
à lambrequins
polylobé
trilobé
festonné
en doucines affrontées
en plein cintre superposés
en plein cintre entrecroisés

Le Moyen Âge

Haut Moyen Âge

- **Époque mérovingienne : vi[e] et viie siècles.**

De « Mérovée », première dynastie des rois francs.

- **Époque carolingienne : du viiie au xe siècle.**

De Carolus Magnus (Charlemagne), le plus célèbre souverain de cette période.

Bas Moyen Âge

- **Époque romane : du xe au xiie siècle.**

De « roman », langue parlée à cette époque.

- **Époque gothique : du xiiie au xve siècle.**

De « goth », terme péjoratif désignant les Barbares du Nord.

Le Moyen Âge débute en 476, date de la chute de l'Empire romain d'Occident, et se termine, selon les historiens, en 1453, date de la prise de Constantinople par les Turcs musulmans, ou 1492, date de la découverte de l'Amérique par Christophe Colomb.

Voir cartes p. 339 et 340.

Le Haut Moyen Âge

L'époque mérovingienne

Elle fait suite aux invasions barbares des IVe et Ve siècles, donc les arts majeurs ne sont pas très florissants.

Architecture

Les églises ont un plan basilical et sont ornées de mosaïques au IVe siècle, puis de fresques au Ve siècle.

Le baptistère, séparé de l'église, a un plan centré (plan en rotonde à Fréjus, plan en croix grecque pour le baptistère Saint-Jean de Poitiers).

Sculpture

Elle s'inspire de la sculpture antique.

Peinture

L'enluminure se développe ; c'est l'art monastique par excellence, qui a pris naissance chez les coptes (chrétiens d'Égypte).

La décoration est surtout ornementale, faite de motifs géométriques et d'entrelacs ; il y a peu de représentations figurées. Les moines irlandais et anglo-saxons ont produit les plus belles œuvres.

> **Exemple**
>
> *Les Évangéliaires de Kells, de Durrow, de Lindisfarne.*

L'art carolingien

Ce terme est utilisé pour l'art français ; en Allemagne, on parle **d'art ottonien** (dynastie fondée au Xe siècle) ; les caractéristiques sont sensiblement les mêmes.

On utilise le terme de « Renaissance » pour cette période, car Charlemagne va puiser ses modèles en Italie, et on aura un rappel des traditions de l'Empire romain.

- **Les églises** adoptent le plan basilical ; le plan en croix grec-que (à Germigny-des-Prés) ; le plan centré, octogonal (la chapelle palatine – du palais – de Charlemagne à Aix-la-Chapelle est un rappel de Saint-Vital de Ravenne).
- Création du **monastère** dont le plan type a été donné par celui de Saint-Gall (Suisse) au IXe siècle : les bâtiments sont répartis autour d'un **cloître** (jardin intérieur servant à la méditation) accolé au flanc de l'église : **salle du chapitre** (pour la réunion des moines formant le « chapitre »), **scriptorium** (bibliothèque, salle « d'écriture »), **réfectoire, cuisine, dortoir.**

Les premiers moines ont été des défricheurs, ils ont mis les terres qui leur étaient offertes en valeur, en défrichant les forêts et en cultivant les terres. À côté des bâtiments « religieux », il y a des bâtiments à vocation agricole.

Les moines sont cultivés, ce sont eux qui enseignent.

Les moines soignent les malades, recueillent les contagieux ; il y a donc une infirmerie, voire un hôpital (à l'origine de l'hôtel-Dieu) dans le monastère.

Peinture

- **Les fresques** décorent les églises : la palette de couleurs est restreinte (ocres), les proportions et la perspective ne sont pas maîtrisées.

Exemple

Les fresques de la crypte de Saint-Germain d'Auxerre.

- **Les miniatures** : les représentations figurées sont désormais plus nombreuses. Elles sont assez proches de la tradition byzantine (traits du visage et drapés accentués). Les couleurs sont chatoyantes ; on n'hésite pas à utiliser la feuille d'or (par exemple pour les auréoles). La perspective n'est pas maîtrisée.

Les quatre évangélistes avec ou sous la forme de leur symbole (ce que l'on nomme le **tétramorphe** – de « tétra », quatre et

« morphe », figure), sont souvent représentés ; à savoir : saint Jean et l'aigle, saint Matthieu et l'ange, saint Luc et le taureau, saint Marc et le lion (ces symboles ont dû être choisis car chacun commence son Évangile en évoquant son symbole).

Les invasions normandes du Xe siècle en France provoquent un arrêt de ce développement artistique, qui continue en revanche en Italie et en Allemagne.

L'art roman

Il se prolonge jusqu'au début du XIIIe siècle.

L'architecture religieuse (pl. X,1 à 15)

Elle se développe considérablement : peur de l'an mil, développement des pèlerinages, fin des invasions.

L'église romane est d'une manière générale sobre, relativement petite (il n'y a que des bourgs à cette époque). Les architectes n'osent pas encore faire de trop hautes élévations ni de trop grandes ouvertures. L'église symbolise Dieu qui s'est fait homme et qui est descendu parmi les hommes, elle est donc à l'échelle humaine.

Elle est bâtie suivant les proportions du nombre d'or (1,618).

L'église type se présente ainsi :

- plan en **croix latine** ;
- **chœur** tourné à l'est (à toutes les périodes) ; la naissance du jour symbolise la Résurrection du Christ, et ainsi le sanctuaire est la première partie à être éclairée chaque jour ;
- on entre par le **narthex**, partie plus basse que la nef, dans laquelle les catéchumènes ne sont plus relégués, mais que l'on continue à construire par tradition ;
- **arcs en plein cintre** ;
- en principe, il y a trois nefs ; une **nef centrale** encadrée de **bas-côtés** (les nefs latérales sont donc moins hautes que la

123

nef centrale) ou de **collatéraux** (les nefs latérales sont de même hauteur que la nef centrale, on peut alors parler d'église-halle) ; la nef est séparée en travées (partie délimitée par quatre piles) ;

- la nef centrale est généralement couverte d'une **voûte en berceau**, les bas-côtés de **voûtes en demi-berceau** ou de **voûtes d'arêtes** (entrecroisement de deux voûtes en berceau) ;
- il peut y avoir une seule élévation, les **grandes arcades** ou une double élévation, les **grandes arcades** et les **tribunes** (étages au-dessus des bas-côtés dans lesquels les fidèles pouvaient assister aux offices) ou une triple élévation, les **grandes arcades**, les **tribunes** et les **fenêtres hautes** ;
- la **croisée du transept** est couverte d'une **coupole sur trompes** ou sur **pendentifs** ; de part et d'autre les **croisillons du transept** débordent pour donner à l'église son plan en croix latine ; dans les grandes églises, les croisillons peuvent être munis de chapelles nommées **absidioles** ;
- le chœur peut n'être qu'une simple **abside** demi-circulaire (pour les petites églises de campagne), voûtée d'un **cul-de-four** ou s'intégrant dans un chevet avec un chœur pouvant comporter une ou plusieurs travées droites et un rond-point couvert d'un cul-de-four, ceinturé par un **déambulatoire**, couloir menant à des chapelles rayonnantes ;
- si l'église est déjà dédiée à la Vierge, il n'y a pas de chapelle axiale ; si l'église est dédiée à un saint, il y a une chapelle axiale dédiée à la Vierge.

Cependant, chaque région va développer des particularismes, si bien que l'on parle d'« écoles » ; nous pouvons en citer sept des plus célèbres.

L'école normande

La nef reste couverte d'une charpente. La croisée du transept est surmontée d'une tour-lanterne (la base de la coupole est percée de fenêtres, ce qui permet un éclairage de la croisée du transept).

Exemple

L'abbaye aux Hommes et l'abbaye aux Dames à Caen.

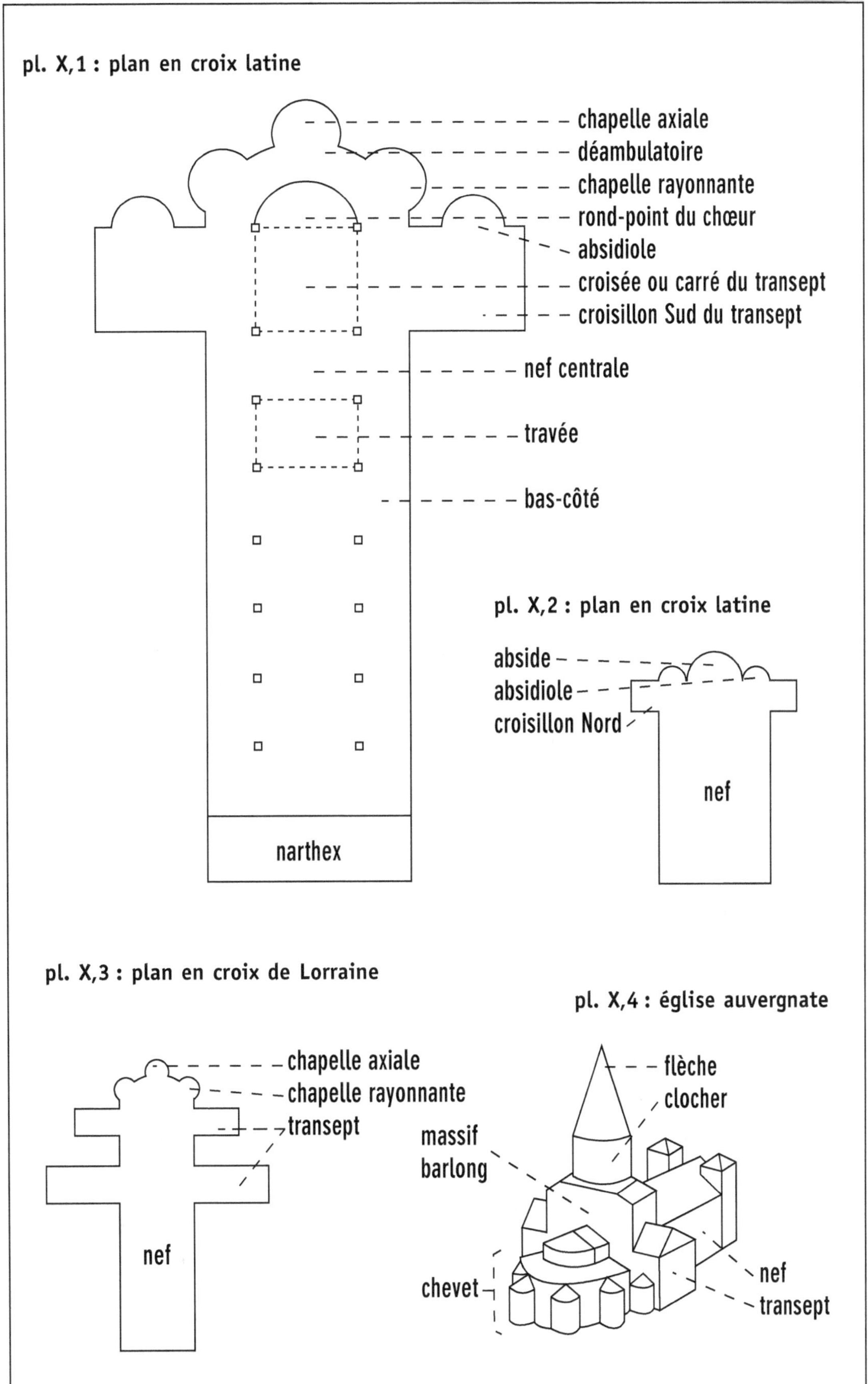

pl. X,1 : plan en croix latine
chapelle axiale
déambulatoire
chapelle rayonnante
rond-point du chœur
absidiole
croisée ou carré du transept
croisillon Sud du transept
nef centrale
travée
bas-côté
narthex

pl. X,2 : plan en croix latine
abside
absidiole
croisillon Nord
nef

pl. X,3 : plan en croix de Lorraine
chapelle axiale
chapelle rayonnante
transept
nef

pl. X,4 : église auvergnate
flèche
clocher
massif barlong
chevet
nef
transept

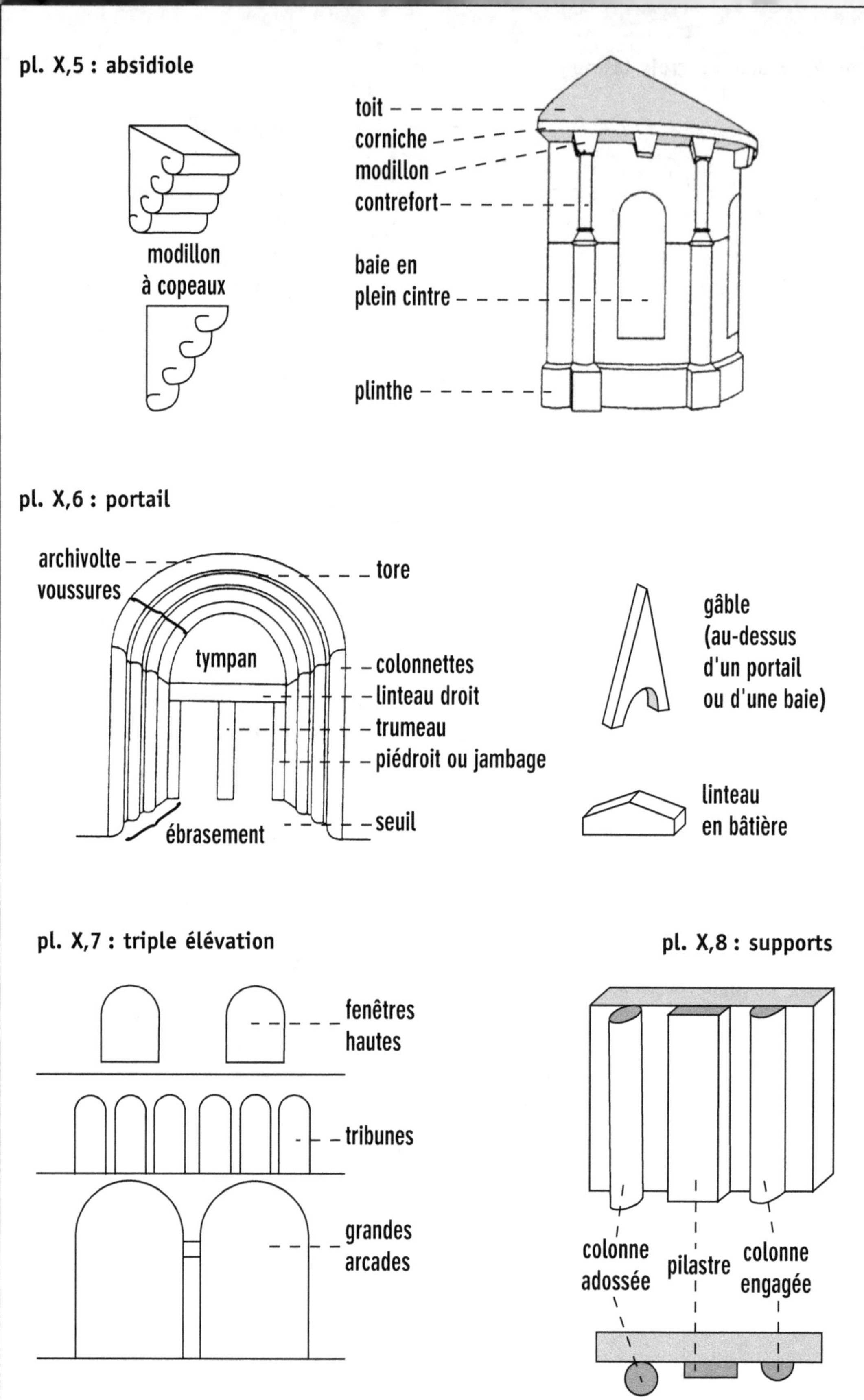

pl. X,5 : absidiole

modillon
à copeaux

toit
corniche
modillon
contrefort
baie en
plein cintre
plinthe

pl. X,6 : portail

archivolte
voussures
tympan
ébrasement
tore
colonnettes
linteau droit
trumeau
piédroit ou jambage
seuil

gâble
(au-dessus
d'un portail
ou d'une baie)

linteau
en bâtière

pl. X,7 : triple élévation

fenêtres
hautes
tribunes
grandes
arcades

pl. X,8 : supports

colonne
adossée
pilastre
colonne
engagée

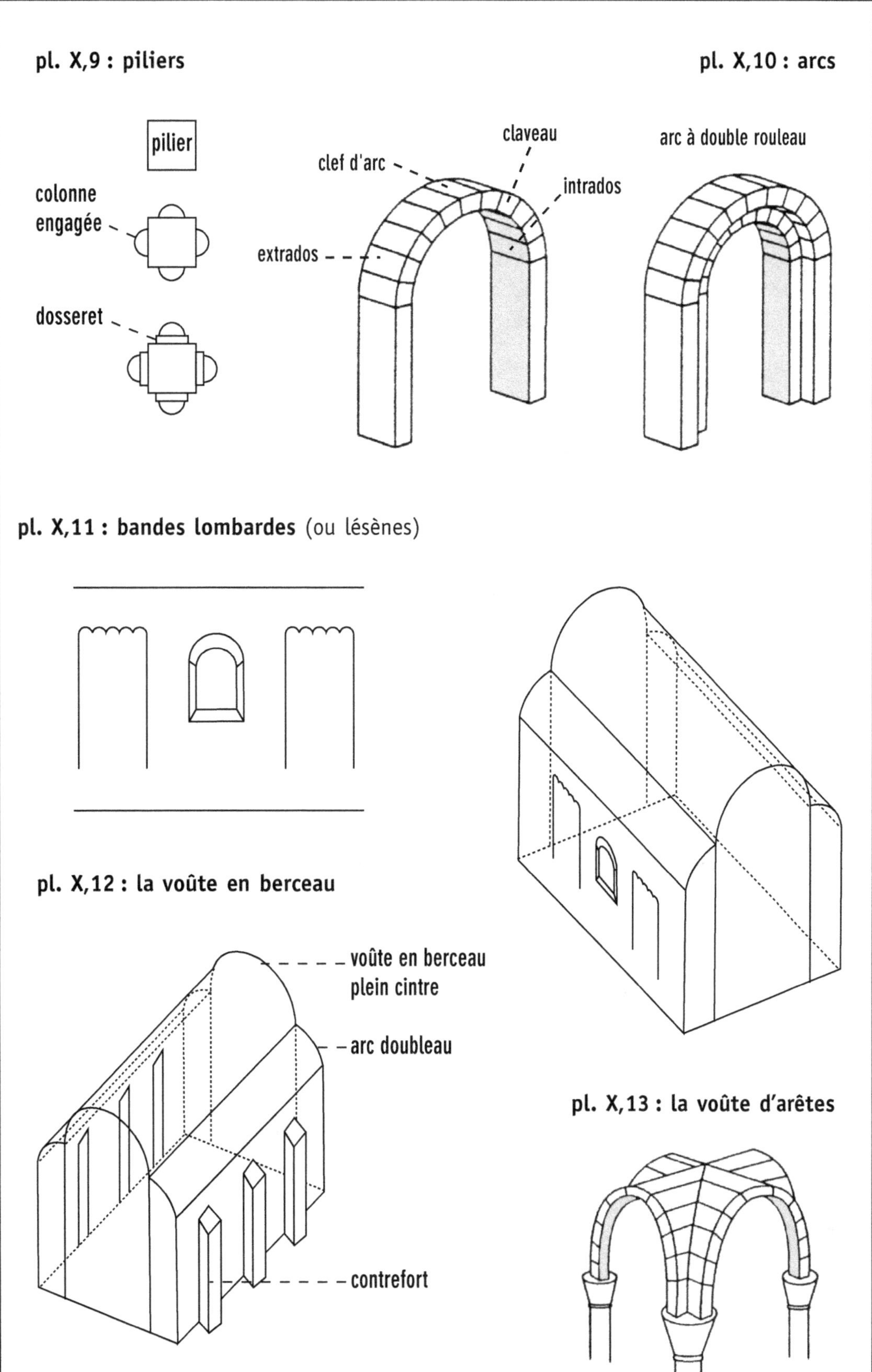

pl. X,9 : piliers
pl. X,10 : arcs
pilier
colonne engagée
dosseret
clef d'arc
claveau
intrados
extrados
arc à double rouleau
pl. X,11 : bandes lombardes (ou lésènes)
pl. X,12 : la voûte en berceau
voûte en berceau plein cintre
arc doubleau
contrefort
pl. X,13 : la voûte d'arêtes

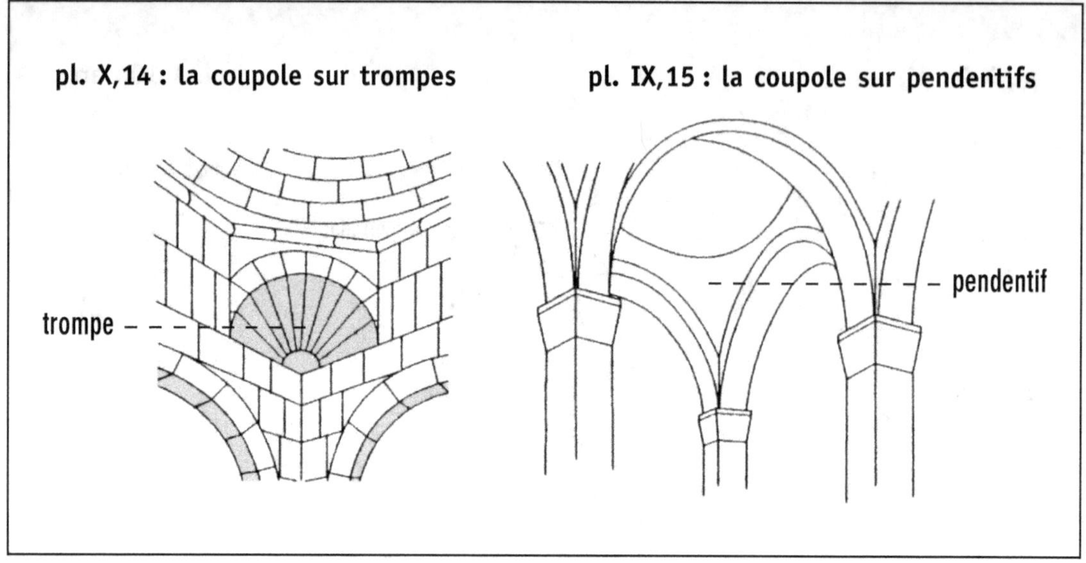

L'école provençale

Inspiration de l'Antiquité due à la nombreuse présence des vestiges romains ; les portails sont conçus et décorés à la manière des arcs de triomphe.

Exemple

Saint-Trophime d'Arles.

L'école poitevine

Les trois nefs sont d'égale hauteur. Il y a une profusion de décor sur la façade.

Exemple

Notre-Dame-la-Grande à Poitiers.

L'école du Sud-Ouest

La nef unique est couverte à chaque travée d'une coupole sur pendentifs.

Exemple

Saint-Front de Périgueux.

L'école alsacienne

- Construction en grès rose.
- Murs épais, contreforts puissants.
- Murs plaqués de bandes lombardes.

Exemples

Rosheim, Marmoutier.

L'école auvergnate

- Double élévation (grandes arcades et tribunes), d'où un éclairage indirect (la lumière ne vient que des bas-côtés).
- Coupoles sur trompes à la croisée du transept.
- Arcs du rond-point du chœur en plein-cintre surhaussés.
- Arcs en mitre à l'extrémité des bras du transept.
- À l'extérieur, pignons séparant les toitures des chapelles rayonnantes de celle du déambulatoire.
- Décor de pierres polychromes à la base de la toiture du rondpoint du chœur.
- Massif barlong (parallélépipédique) au-dessus de la croisée du transept, abritant la coupole, et soutenant le clocher.

Exemples

Notre-Dame-du-Port à Clermont-Ferrand, Notre-Dame d'Orcival, Saint-Nectaire, Saint-Austremoine d'Issoire, Saint-Julien de Brioude.

L'école bourguignonne

- Arcs brisés, voûtes en berceau brisé.
- Décor inspiré de l'Antiquité (influence d'Autun) avec des chapiteaux corinthiens et des pilastres cannelés.

Exemples

Paray-le-Monial, Autun.

L'ordre bénédictin, né au VIe siècle, et dont l'abbaye la plus célèbre est Cluny, développe le faste et l'abondance de l'ornementation. Cluny était la plus grande église de la chrétienté avant la construction de Saint-Pierre de Rome, avec de doubles bas-côtés et un double transept (plan en croix de Lorraine).

Mais devant cette abondance de luxe va naître une réaction à Cîteaux au XIe siècle, d'où la création de **l'ordre cistercien** ; la simplicité va être de rigueur dans les églises ; pas de décor sculpté ou peint qui pourrait distraire le fidèle de sa prière, pas de trop grandes ouvertures qui pourraient donner une lumière favorisant les illusions, pas de grands clochers trop prétentieux.

Exemples

Fontenay, et trois abbayes cisterciennes implantées en Provence : Le Thoronet, Silvacane, Sénanque.

Z o o m   s u r . . .

Vue intérieure
de l'église de l'abbaye cistercienne de Noirlac

Elle a été édifiée durant la seconde moitié du XIIe siècle et voûtée durant la première moitié du XIIIe siècle.

L'abbaye a été construite durant l'époque romane, et voûtée à l'époque du gothique primitif. Elle se trouve en Berry.

L'ordre cistercien a été fondé en 1098 par Robert de Molesmes, las des fastes bénédictins ; il se retire donc à Cîteaux, en Bourgogne, pour revenir à l'observance de la règle de saint Benoît.

Nous voyons 5 travées de la nef centrale, flanquée de bas-côtés. Elle présente une double élévation : de grandes arcades brisées et des fenêtres hautes brisées.

La nef est couverte d'une voûte d'ogives quadripartite.

Au fond, le mur diaphragme délimitant la croisée du transept est percé d'une baie brisée.

Le chœur est à chevet plat percé de trois baies brisées et au-dessus d'un oculus polylobé annonçant les roses gothiques.

Les piliers carrés de la nef se terminent par une imposte.

La seule décoration réside dans les nervures des voûtes qui reposent sur un dosseret supportant une colonne engagée prolongeant les arcs doubleaux. Ces colonnes engagées se terminent par un chapiteau dont la corbeille ébauche le feuillage gothique. Au niveau des impostes, les colonnes engagées se terminent par un culot en encorbellement.

Cette église traduit bien la sobriété voulue par les Cisterciens : chevet plat, absence de décor, peu d'éclairage, pas de vitraux colorés ; rien ne doit pouvoir distraire le moine de sa prière.

L'ordre cistercien étant né en Bourgogne, les abbayes cisterciennes, même en dehors de la Bourgogne, présentent les caractéristiques du roman bourguignon, avec les arcs brisés.

De grandes abbayes cisterciennes subsistent en Bourgogne, à Fontenay ; en Provence, au Thoronet, à Silvacane, à Sénanque.

Intérieur de l'église de l'abbaye cistercienne de Noirlac (fig. 10)

L'architecture civile

Les maisons
Elles étaient en pierre avec des ouvertures en plein cintre.

Le château
Il était sur une motte artificielle ou naturelle ; ce n'était qu'un donjon en bois, entouré d'une palissade en bois et d'un fossé. Les premiers donjons en pierre sont apparus à la fin de l'époque romane (Beaugency).

La sculpture

Il s'agit essentiellement de **reliefs** (bas et moyens) qui vont orner les tympans et les chapiteaux des églises. À côté d'un décor géométrique, végétal, il y a les scènes de l'Ancien et du Nouveau Testament, de la vie des saints, des thèmes moraux, la sculpture ayant un rôle didactique (d'enseignement) auprès d'une population en grande partie illettrée ; c'est pour cela qu'on l'a surnommée la « Bible des pauvres ».

Ces reliefs pouvaient être peints mais le temps a eu raison des couleurs.

Son but est avant tout de faire passer un message et non d'avoir une valeur esthétique, ce qui explique que sa qualité (maîtrise des proportions, de la perspective, profondeur du relief) soit très variable ; à côté d'œuvres naïves, d'autres relèvent d'une grande maîtrise. Suivant les régions apparaissent des caractéristiques spécifiques.

En Provence
Inspiration de l'Antiquité.

En Bourgogne
Personnages étirés, aux attitudes souples, voire dansantes, au modelé assez plat.

Personnages petits et râblés.

La **ronde-bosse** fait son apparition en Auvergne, avec les **Vierges de Majesté,** toujours présentées de la même façon : la Vierge est assise sur un trône à colonnettes, vêtue d'une tunique à plissés concentriques, l'air très sévère ; elle tient sur ses genoux (parfois sans le toucher) l'Enfant Jésus au visage d'adulte qui bénit d'une main et tient les Saintes Écritures de l'autre. C'est la représentation majestueuse de la Mère de Dieu présentant le Sauveur à l'Humanité. Ces Vierges sont en bois (parfois marouflé), parfois polychrome, ou comme à Orcival, recouvert de plaques d'argent et de vermeil (dorure sur argent). Quant aux Vierges noires, elles ont été noircies à partir du XVe siècle dans le but de convertir les infidèles (à l'époque les Maures à peau sombre) au christianisme.

Clermont-Ferrand :
portail du bas-côté sud de l'église de Notre-Dame-du-Port

Notre-Dame-du-Port est l'une des églises majeures de l'art roman auvergnat, située à Clermont-Ferrand, au pied du Puy-de-Dôme.

Le **linteau** est en **bâtière**, caractéristique assez fréquente en Auvergne. La forme va donc devoir s'adapter au fond.

À gauche, on voit l'adoration des mages ; 3 chevaux entrecroisés sont placés dans la partie la plus basse ; les 3 mages couronnés s'avancent vers la Vierge assise sur un trône tenant Jésus sur ses genoux (rappelant ainsi les Vierges en majesté). Au centre, le Temple est représenté sous forme d'une arcade cintrée surmontée d'un lanternon ; dessous, une lampe suspendue éclaire l'autel drapé. À côté, c'est la présentation au Temple : près de Joseph, Marie porte Jésus et le présente au vieillard Siméon. La dernière scène est celle du baptême du Christ : Jésus est plongé dans les eaux du Jour-

dain simulées par des ondulations ; Jean-Baptiste lui touche l'épaule ; un ange agenouillé (il n'aurait pu tenir debout) lui tend un linge.

Un texte explicatif en latin a été gravé sur le pourtour du **linteau**.

Le **tympan** évoque la vision d'Isaïe : bien que très endommagé, on voit le Christ en majesté, assis sur un trône et entouré du tétramorphe (lion de saint Marc et taureau de saint Luc à ses pieds) ; de part et d'autre se tiennent des séraphins (anges à 6 ailes).

Le nettoyage au laser réalisé en 1992 a permis de faire réapparaître une partie de la polychromie d'origine, en particulier le bleu du fond.

L'iconographie est caractéristique de l'époque romane : Christ en gloire et scènes narratives de la vie du Christ. La disposition des personnages témoigne des styles des XIe et XIIe siècles.

Clermont-Ferrand : portail du bas-côté sud de l'église de Notre-Dame-du-Port (fig. 11)

135

La peinture

Les fresques

Elles ornent l'intérieur des églises. Comme les sculptures, elles ont un rôle didactique.

La palette de couleurs est assez restreinte : rouge, bleu, vert, ocre, jaune. La perspective et les proportions ne sont pas maîtrisées.

Le fond n'est ni un paysage ni architecturé, mais composé de bandes horizontales ou de damiers.

La peinture est posée par aplat, les figures n'ont donc pas de modelé. Elle est linéaire.

> **Exemples**
>
> Berzé-la-Ville en Bourgogne, et Saint-Savin-sur-Gartempe en Poitou.

Les miniatures

Les couleurs sont vives, la peinture est linéaire, les techniques de proportions et de perspectives pas maîtrisées. Les majuscules s'ornent de personnages aux lignes tourmentées adoptant la forme de la lettre.

Les miniatures les plus anciennes ont été réalisées en Espagne ; il s'agit **d'Apocalypses** inspirées des *Commentaires de l'Apocalypse* de l'abbé Béatus (784).

Les mosaïques

Elles sont rares, inspirées du modèle gallo-romain.

Les vitraux

Les plus anciens datent du XIIe siècle. Les baies sont assez petites. Les verres sont coupés à petits éléments. Les coloris sont puissants. Le plomb robuste accentue les silhouettes.

- L'iconographie porte sur l'Ancien et le Nouveau Testament, la vie de la Vierge, la Passion, la vie des saints.

- Le dessin garde un tracé byzantin ; tout superflu est éliminé. Les personnages sont petits et expressifs. Les proportions et la pesanteur ne sont pas représentées.
- Les scènes sont enfermées dans des carrés ou des cercles ; les intervalles sont ornés de motifs empruntés à la flore, à la faune, aux éléments géométriques.
- Les grisailles ne présentent pas de sujets ; elles sont translucides ; les plombs forment des entrelacs.
- La grisaille, moins coûteuse que le vitrail historié était souvent utilisée ; elle l'était systématiquement dans les églises cisterciennes.

Exemples

Chartres, Saint-Denis, Lyon, Strasbourg.

L'art gothique

Il commence au milieu du XIIe siècle, et se prolonge jusqu'au milieu du XVIe siècle, donc au début en parallèle avec l'art roman, et à la fin avec l'art de la Renaissance.

L'architecture religieuse (pl. X,16 à 19)

L'église gothique est plus grande que l'église romane (les villes naissent à cette période), plus haute, percée de plus grandes baies car les techniques architecturales se sont améliorées. L'élévation des tours gothiques symbolise l'élévation de l'âme du fidèle vers Dieu.

L'église gothique type se présente ainsi :

- plan en croix latine, mais le transept déborde souvent très peu, car le long des bas-côtés, on a rajouté des chapelles qui ont élargi la partie nef ;
- l'orientation est toujours à l'est ;

- le narthex est remplacé par l'**avant-nef** ou **massif antérieur** et se distingue de moins en moins du reste de l'église ;
- la tribune est remplacée par le **triforium**, simple passage auquel les fidèles n'ont pas accès ;
- les arcs sont brisés ;
- les voûtes sont en ogives : deux nervures se croisent, délimitant ainsi quatre **voûtains** ;
- la croisée du transept est voûtée **d'ogives** ;
- le chœur est ceinturé du **déambulatoire** menant aux chapelles rayonnantes ; le culte marial étant très répandu à cette époque, il peut y avoir une chapelle axiale (donc dédiée à la Vierge), même si l'église est déjà dédiée à la Vierge ;
- l'église peut avoir un **chevet plat.**

L'art religieux s'est développé en quatre temps.

Le gothique primitif : 1150-1230

Il est aussi appelé style de transition ou gothique roman.

- *Extérieur :* la grande rose est enveloppée par un arc en plein cintre.
- *Intérieur :*
  - voûte d'ogive sexpartite, ce qui entraîne une alternance de piles fortes et de piles faibles ;
  - la tribune subsiste ;
  - les chapiteaux sont ornés de crochets, sortes de feuillages ayant la forme de bourgeons ;
  - les fenêtres ne remplissent pas tout l'espace délimité par les arcs **formerets.**

L'apogée : 1230-1300

Il ne subsiste plus de traces de l'influence romane.

- *Extérieur :*
  - la grande rose occidentale est enveloppée sous un arc brisé ;

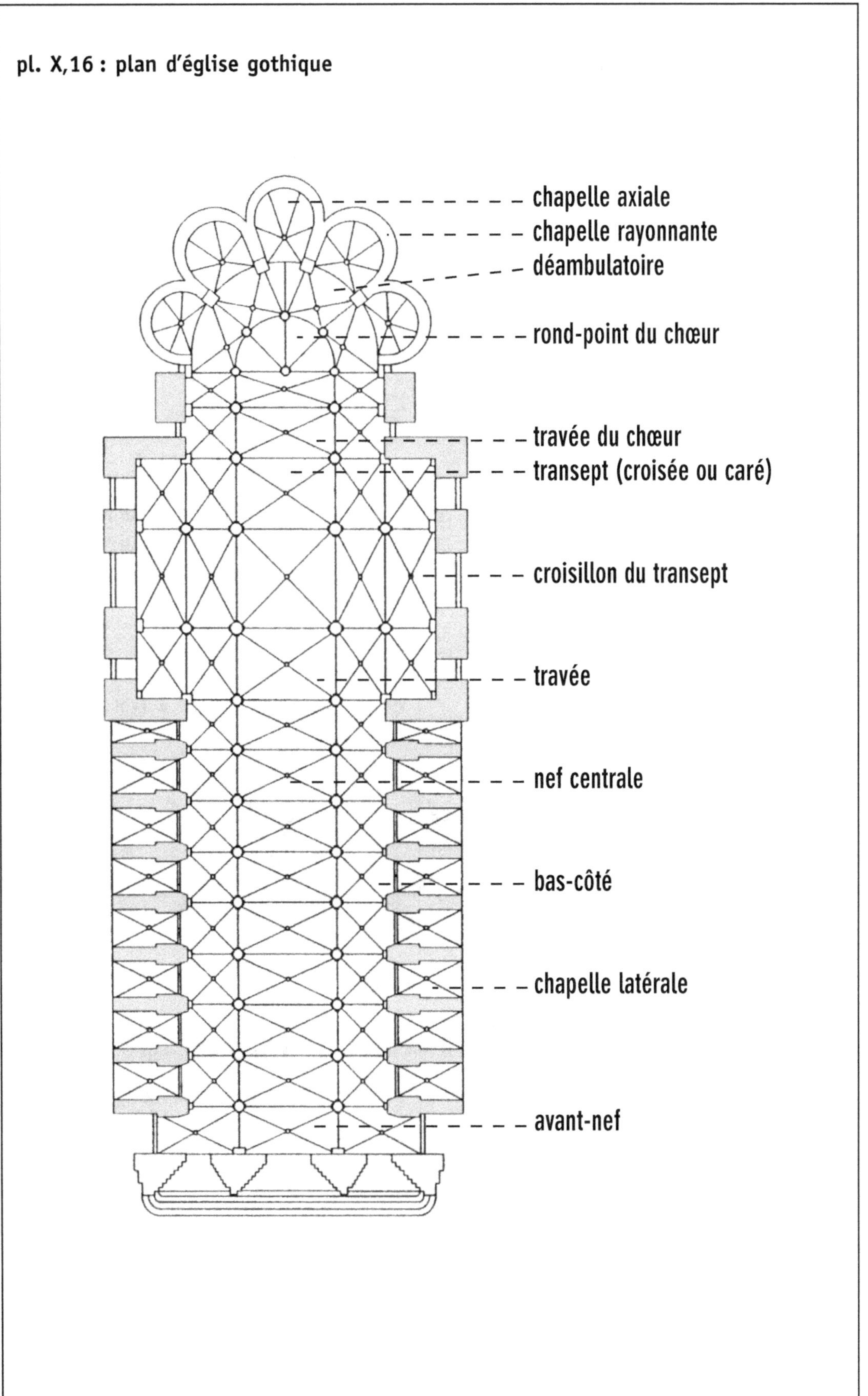

pl. X,16 : plan d'église gothique
chapelle axiale
chapelle rayonnante
déambulatoire
rond-point du chœur
travée du chœur
transept (croisée ou caré)
croisillon du transept
travée
nef centrale
bas-côté
chapelle latérale
avant-nef

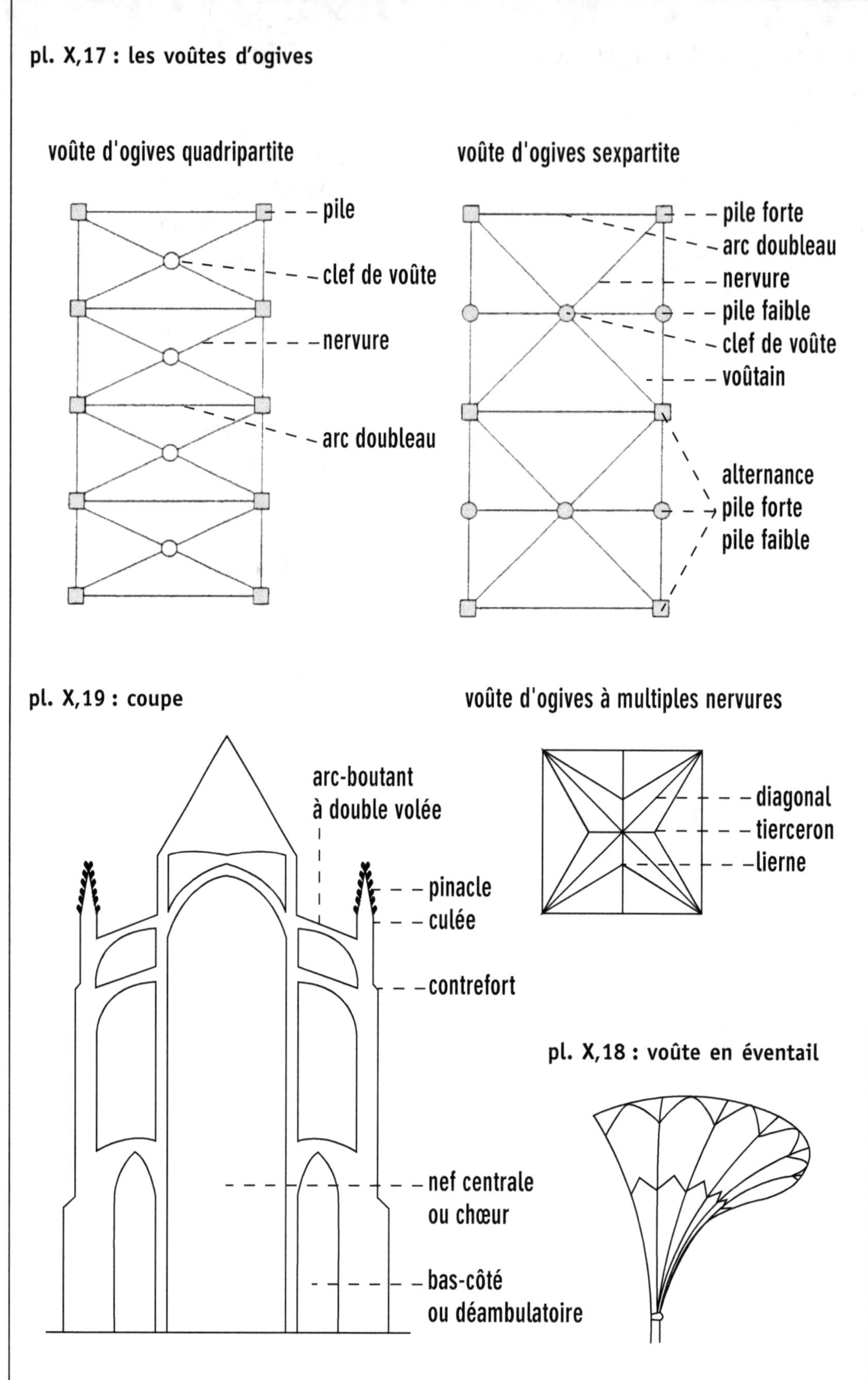

pl. X,17 : les voûtes d'ogives

voûte d'ogives quadripartite
pile
clef de voûte
nervure
arc doubleau

voûte d'ogives sexpartite
pile forte
arc doubleau
nervure
pile faible
clef de voûte
voûtain
alternance
pile forte
pile faible

pl. X,19 : coupe
arc-boutant
à double volée
pinacle
culée
contrefort
nef centrale
ou chœur
bas-côté
ou déambulatoire

voûte d'ogives à multiples nervures
diagonal
tierceron
lierne

pl. X,18 : voûte en éventail

  – l'arc-boutant contrebute la nef ou le chœur permettant une plus grande élévation.

  ■ *Intérieur :*
  – voûte d'ogives quadripartite ;
  – le **triforium** remplace la tribune ;
  – les baies remplissent tout l'espace délimité par les arcs formerets.

Le gothique rayonnant : XIVe siècle

■ Les arcs se prolongent le long des piliers grâce à un faisceau de colonnettes, les piles sont alors dites « fasciculées ».

■ Les crochets des chapiteaux font place à des bouquets de feuillages.

■ Chaque ouverture du triforium est couronnée d'un gâble qui se marie avec les remplages des fenêtres hautes.

■ Le remplage des roses dessine une roue.

Le gothique flamboyant : XVe siècle

■ Les arcs pénètrent directement dans les piliers ou se prolongent le long du fût.

■ Les chapiteaux sont remplacés par une bague.

■ Les voûtes sont découpées en petits panneaux à multiples nervures grâce aux **liernes** et aux **tiercerons**.

■ Le triforium est supprimé ; les fenêtres hautes descendent jusqu'au niveau des grandes arcades, donnant un éclairage encore plus intense.

■ Prédominance de l'arc en accolade orné de crochets de feuillages.

■ Les meneaux des fenêtres adoptent un tracé sinueux comme une flamme.

Le XVIe siècle

■ Piliers formés de colonnes soudées et raccordées entre elles par des courbes ; ce sont les piliers à ondulations.

- Arc en accolade en contre-courbes brisées.
- Longues clefs pendantes.
- Surabondance de la décoration (arcatures, pinacles…).

Notons quelques caractéristiques régionales, moins marquées cependant que dans l'art roman.

- **En Bourgogne et en Champagne :** l'arc formeret est doublé entre les contreforts, donc le mur de clôture est indépendant de la voûte ; ce mur devient alors une cloison légère que l'on peut ajourer complètement.
- **En Normandie :** la tour-lanterne couronne la croisée du transept.
- **En Anjou, style Plantagenêt :** les voûtes sont surhaussées en forme de dômes, les nervures ne sont plus des supports, mais des ornements ; ce sont des voûtes domicales.

Parmi les grandes cathédrales gothiques françaises, citons : *Saint-Denis, Notre-Dame de Paris, Chartres, Bourges, Reims, Strasbourg, Clermont-Ferrand, Sens, Bayeux…*

L'art gothique en Europe

- **L'Angleterre**
  - 1200-1260 : gothique normand *(Salisbury)*.
  - 1260-fin XIVe siècle : le **curvilinear** ou **décorated** : style flamboyant *(Exeter)*.
  - XVe siècle : le **perpendicular**, voûtes en éventail *(chapelle de Henri VII à Westminster à Londres)*.
- **L'Allemagne** est influencée par le style flamboyant français *(Cologne)*.
- **L'Espagne** crée le style **mudéjar** : mélange de gothique flamboyant et d'art musulman *(Séville)*.
- **Le Portugal** crée le style **manuélin** à la fin du XVe siècle, à l'époque des grandes conquêtes maritimes ; il va donc donner naissance à un abondant décor de coquillages, de cordages, d'algues, de sphères armillières… *(Batalha, Tomar)*.

Ils sont désormais séparés en deux parties :

- la clôture réservée aux moines ayant fait vœu de vivre retranchés du monde ;
- les bâtiments pour les ouvriers, les hôtes et les religieux qui peuvent établir des contacts avec l'extérieur.

Au sein de la première enceinte, on trouve le logement du frère-portier, l'aumônerie (pour accueillir les pauvres), l'hôtellerie (logis pour les hôtes, parfois logis somptueux pour les grands seigneurs de passage), les celliers, la boulangerie, la buanderie, l'infirmerie (isolée à cause des contagions), le noviciat (école des moines) les habitations des ouvriers agricoles.

Au sein de la clôture, on trouve l'église et les bâtiments conventuels disposés autour du cloître.

Les hôtels-Dieu

Ils sont construits autour d'une cour bordée de galeries sur laquelle donnent la salle des malades, les bâtiments de service (cuisine, pharmacie, buanderie), le logement des religieux.

La salle des malades est conçue comme une nef d'église, voûtée ou couverte d'une charpente apparente (en carène de vaisseau renversée). L'une des extrémités est convertie en chapelle afin que de tous les lits on puisse voir l'autel. Les fenêtres sont placées en hauteur de façon à bien aérer la salle sans gêner les malades.

Exemple

Les Hospices de Beaune.

L'architecture civile

Le château fort (pl. X,20 à 24)

Il est construit en pierre. Il est entouré d'une enceinte couronnée d'un **chemin de ronde** (hourds en bois puis mâchicoulis de pierre) bordé de créneaux et de merlons ; cette enceinte est ponctuée de **tours** rondes, en fer à cheval, en éperon, carrées ou rectangulaires, percées de **meurtrières** et d'**archères**. L'entrée forme la **barbacane**, et l'on franchit le fossé devant l'enceinte grâce à un **pont-levis**.

Le mur du château en lui-même se nomme la **courtine** et plonge dans les **douves** en eau.

Le château est séparé en deux parties : la **basse-cour** dans laquelle on trouve des bâtiments à vocation agricole ; c'est là que les habitants des alentours viennent se réfugier en cas d'attaque.

La **cour d'honneur**, elle, est pavée, et occupée par le **donjon** qui n'a qu'une pièce par étage. Pour des raisons de sécurité, il n'y avait pas d'ouvertures au niveau de son rez-de-chaussée, et on accédait au niveau de son premier étage par une échelle, de même qu'à l'intérieur, on passait d'un étage à l'autre par des échelles que l'on pouvait retirer, ou d'une manière plus commode par un escalier à vis. Les soldats vivaient au rez-de-chaussée, le seigneur et sa famille au-dessus. Il y avait aussi une chapelle, et à partir du XIVe siècle, un bâtiment en longueur servant de salle des fêtes. Ces demeures inconfortables n'étaient souvent que des postes de garnison que le seigneur rejoignait en cas de danger.

La ville

Elle est entourée de **murailles** ponctuées de tours.

Le tracé des rues est généralement irrégulier, sauf dans le Sud, où les **bastides** présentent un plan en damier inspiré du plan de l'Antiquité.

Les maisons (pl. X,25,26)

Elles sont souvent à pans de bois, mais le rez-de-chaussée reste maçonné pour être plus solide et moins humide. Les maisons sont souvent à encorbellement, chaque étage avançant par rapport au précédent. Les pans de bois forment des dessins différents et sont garnis par un hourdis de briques ou de torchis (terre sèche). Les fenêtres sont à meneaux. Souvent, ces maisons présentent sur rue leur pignon, et non leur côté le plus long.

pl. X,20 : plan du château fort
douves
tour ronde
donjon
aile d'habitation
cour d'honneur
tour demi-circulaire
basse-cour
tour en éperon
fortifications
de l'entrée
pont-levis
barbacane
pl. X,22 : l'échauguette
échauguette
pl. X,21 : organes défensifs
créneau
merlon
corbeau
mâchicoulis
enceinte
courtine
braie (palissade)
écharpe
(rocher)
douves
(en eau)
baille
bretêche
meurtrière
archère
pl. X,23 : tour
hourds
en bois
talus de
maçonnerie
pl. X,24 : escalier à vis
vis
escalier

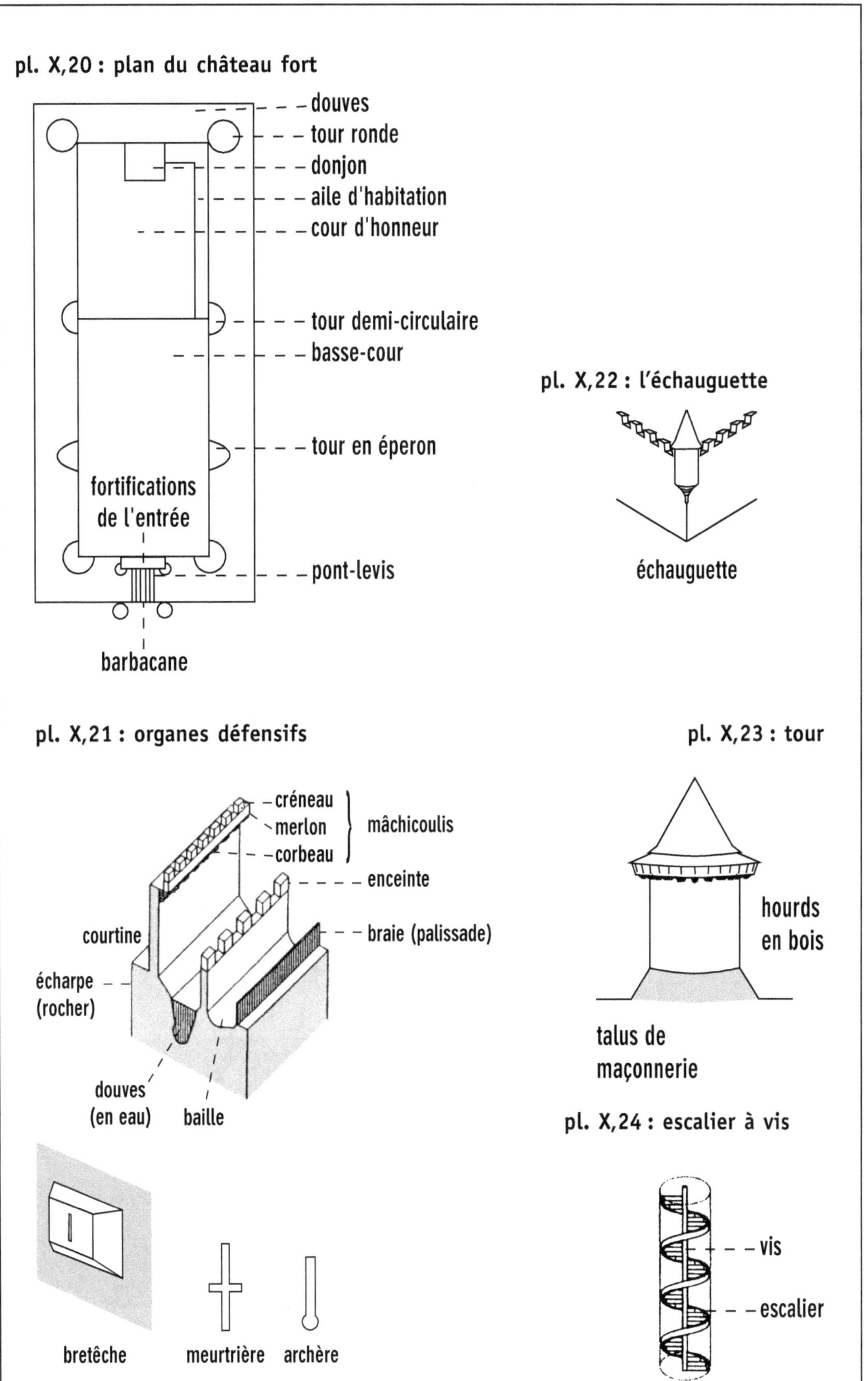

145

pl. X,25 : pignon de face de la maison à pans de bois

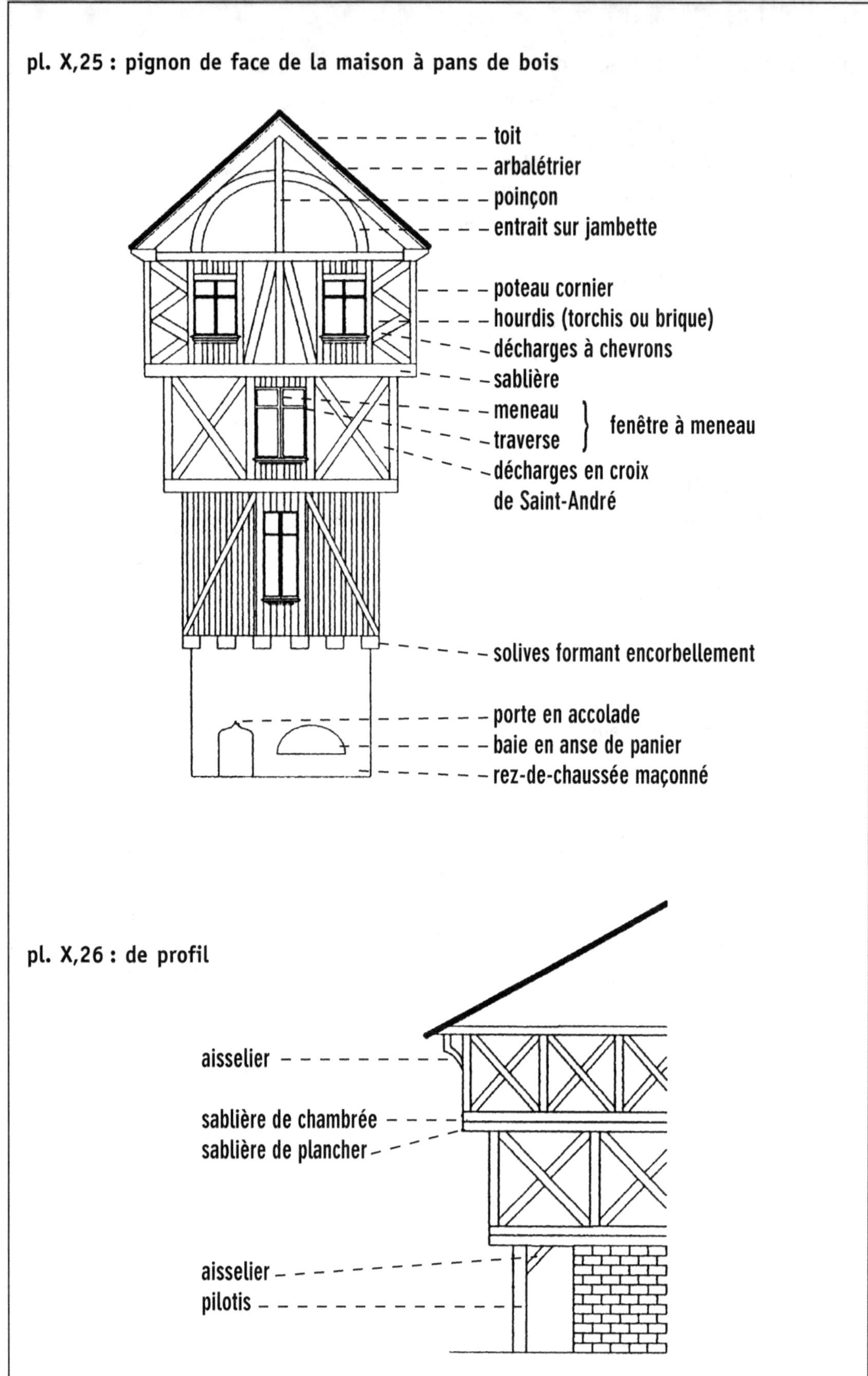

toit
arbalétrier
poinçon
entrait sur jambette
poteau cornier
hourdis (torchis ou brique)
décharges à chevrons
sablière
meneau
traverse
} fenêtre à meneau
décharges en croix
de Saint-André
solives formant encorbellement
porte en accolade
baie en anse de panier
rez-de-chaussée maçonné
pl. X,26 : de profil
aisselier
sablière de chambrée
sablière de plancher
aisselier
pilotis

Dans le cas de maisons de commerçants ou d'artisans, les baies du rez-de-chaussée sont larges, en cintre surbaissé, servant ainsi d'étal.

L'hôtel particulier

Il fait son apparition en ville avec la naissance d'une riche bourgeoisie commerçante.

Il est en pierre, réparti autour d'une cour intérieure. Les façades extérieures sont assez austères. Les façades intérieures sont percées de grandes baies et décorées de reliefs. Quelques éléments comme les tourelles, mais qui n'ont ici aucune fonction de défense, traduisent le désir de la part de cette bourgeoisie de s'attribuer les signes de la noblesse.

> **Exemple**
>
> Le palais Jacques-Cœur à Bourges.

L'hôtel de ville

L'époque gothique voit l'affranchissement des villes ; le seigneur se dégageant ainsi de l'administration de la ville, les municipalités vont naître.

L'hôtel de ville offre une **salle de réunion** pour les conseillers, un **greffe** pour la rédaction et la conservation des documents ; un **balcon** pour parler au peuple ; une **chapelle**, une cuisine, les élections donnant lieu à de grands banquets. L'hôtel de ville est surmonté du **beffroi** qui abrite les cloches appelant aux réunions municipales.

Dans les villes n'ayant pas les moyens de faire édifier un hôtel de ville, le beffroi est placé au-dessus de la porte de la ville. Il symbolise la puissance de la ville et sa réaction vis-à-vis de l'église qui s'était opposée à ce que l'on sonne ses cloches à des fins laïques.

Les halles

Elles se composent d'une ou plusieurs nefs intérieures soutenues par des piliers de bois, couvertes d'un toit très pentu.

En ville, il est bordé de boutiques.

> **Exemple**
>
> Le Ponte Vecchio à Florence.

En dehors de la ville, il est fortifié grâce à une tour à chaque extrémité et parfois même en son centre.

> **Exemple**
>
> Le pont Valentré à Cahors.

La sculpture

Notons qu'à l'époque gothique, les chapiteaux ne présentent plus de sujets historiés, car placés très haut, ils deviennent illisibles.

La période gothique privilégie la ronde-bosse au détriment du relief. Les œuvres étaient souvent polychromes.

Les notions de proportions et de perspective sont acquises durant la période gothique.

La seconde moitié du XIIe siècle

Le portail royal de Chartres est réalisé en 1140 ; le modelé est encore plat, mais les visages présentent une certaine expression.

Le XIIIe siècle

Les gestes sont ennoblis, les figures idéalisées, habillées d'amples draperies. Les visages sont tantôt empreints de gravité (le « Beau Dieu » d'Amiens), tantôt souriants (la « Vierge dorée » d'Amiens, l'« ange au sourire » de Reims).

L'art funéraire se développe, avec les gisants, représentations du défunt allongé sur son sarcophage.

Le relief se détache des tympans, tend vers la ronde-bosse.

Les personnages sont hanchés.

Les détails (cheveux) sont exécutés avec minutie.

La sculpture est de plus en plus naturaliste.

Les drapés sont plus souples.

L'iconographie met l'accent sur la Vierge.

Les tombeaux sont de plus en plus ouvragés. Sur les tympans, on représente souvent le Jugement dernier ; cet accent mis sur la mort s'explique par la guerre de Cent Ans et la peste de 1348 qui ont confronté quotidiennement l'homme avec la mort.

L'artiste sort de son anonymat : **Michel Colombe** (1430-1512) réalise le tombeau de François II, duc de Bretagne (cathédrale de Nantes). **Claus Sluter** (Flamand v. 1340-1405) travaille à Dijon à la cour des ducs de Bourgogne ; il réalise entre autres le « puits de Moïse » à la Chartreuse de Champmol à Dijon.

La peinture

Les fresques

Dans les églises désormais, l'ajourement des murs ne laisse que peu de place à la décoration peinte.

Comme pour la sculpture, on note un goût pour le macabre, avec un côté moralisateur face à la mort ; on représente ainsi des *danses macabres* (La Chaise-Dieu en Velay) où des squelettes symbolisant la mort donnent la main à des vivants, de toutes classes sociales et de tous âges ; le poème des *Trois morts et des trois vifs* (Ennezat en Auvergne) est aussi mis en peinture : il raconte l'histoire de trois cavaliers, jeunes, beaux et riches, qui rencontrent la mort en chemin qui leur explique que leur jeunesse, leur beauté et leur richesse sont éphémères. Le but est de montrer l'égalité de tous face à la mort.

On note l'apparition d'un art profane dès le xIV^e siècle. Des scènes de chasse et de pêche peintes par l'Italien **Matteo Giovanetti** ornent les appartements du palais des Papes d'Avignon.

Dans les châteaux, l'iconographie fait appel aux légendes, aux romans courtois, aux tournois, à la chasse, à l'héraldique (avec les blasons des propriétaires).

La palette de couleurs est assez variée, le modelé et les proportions assez bien représentés. Par contre, la perspective reste mal maîtrisée.

La peinture de chevalet

Elle devait être très répandue, mais la pauvreté des témoignages peut s'expliquer par la fragilité des panneaux peints et par les changements de goût qui ont contribué à leur destruction.

Les techniques sont de mieux en mieux maîtrisées, que ce soit dans le travail des couleurs, ou des modelés, des proportions, des perspectives.

De nombreuses œuvres gardent de la tradition byzantine des fonds ou des éléments dorés à la feuille (le portrait de Jean le Bon par **Girard d'Orléans** vers 1360).

Les artistes sortent de l'anonymat.

L'école du Sud

- **Enguerrand Carton**, d'Avignon (entre 1444 et 1466).
- **Louis Bréa** (v. 1458-v. 1523), de Nice.

L'influence italienne se fait sentir dans le traitement des paysages, le modelé.

L'école du Val de Loire

Avec des artistes attachés à la Cour :

- **Jean Fouquet** (v. 1420-v. 1481), auteur du portrait de Charles VII, considéré comme le premier portrait psycholo-

gique, car, sur les traits du roi, on peut lire tous les soucis
qui l'accablent ;

- **Jean Péréal** (v. 1445-1530) ;
- **Le Maître de Moulins** (entre 1480 et 1500) (désigné ainsi
  car on a perdu son nom, mais on connaît celui de la ville
  dans laquelle il travaillait).

Là, on note des influences flamandes dans le traitement des
intérieurs, la minutie accordée aux détails.

En Europe, deux pays offrent des productions particulièrement
intéressantes.

La Flandre

Avec un très grand souci du détail et une maîtrise parfaite des
modelés :

- **Van der Weyden** (v. 1400-1464) ;
- **Van der Goes** (v. 1440-1482) ;
- **Hans Memling** (v. 1435-1494) ;
- **Jean Van Eyck** (v. 1390-1441), l'inventeur de la peinture à
  l'huile.

L'Italie

Certains artistes restent dans la tradition byzantine avec les
fonds dorés à la feuille et les personnages statiques :

- **Cimabue** (v. 1240-ap. 1302) ;
- **Duccio** (v. 1255-v. 1318).

D'autres annoncent la Renaissance par la simplification des
paysages, la maîtrise de la perspective :

- **Giotto** (v. 1266-1337) ;
- **Simone Martini** (1284-1344) ;
- les frères **Lorenzetti** (Ambroise mort v. 1348 et Pierre v.
  1280-1348).

Lorsqu'un tableau est en plusieurs panneaux et peut être
refermé, on le nomme **polyptyque** (diptyque : 2 panneaux, trip-

tyque : 3 panneaux). Au verso sont peintes des grisailles représentant une Annonciation, les saints patrons des donateurs...

La miniature

Vers 1230, on maîtrise les notions de perspective. **Jean Fouquet** (v. 1420-v. 1481) orne les *Heures d'Étienne Chevalier* (un livre d'Heures est un livre de prières à réciter suivant les périodes de l'année) ; **Jean Bourdichon** (1457-1521) orne les *Très Riches Heures d'Anne de Bretagne* ; les frères **Limbourg** (Flamands, **Pol** mort après 1416, **Jean** mort avant 1439) ornent les *Très Riches Heures du duc de Berry,* avec les célèbres mois de l'année où les travaux des champs sont mis en correspondance avec le zodiaque.

Les vitraux

Ils prennent une importance de plus en plus grande avec l'agrandissement des baies, l'apparition des rosaces.

• **Au XIIIe siècle** : à côté de l'iconographie religieuse apparaît une iconographie profane grâce aux corporations qui offraient des vitraux aux églises et se faisaient ainsi représenter avec leurs attributs.

Les scènes sont enfermées dans des quadrilobes, sur fonds végétaux, géométriques ou héraldiques. Les paysages sont représentés de façon conventionnelle.

Les roses étant placées très haut, elles sont difficiles à lire ; au centre, on représente donc la Vierge ou le Christ, et autour des angelots, des attributs... La rose du croisillon sud du transept est toujours dans une tonalité de rouge, celle du croisillon nord dans une tonalité de bleu.

> **Exemple**
>
> Les cathédrales de Beauvais, Bourges, Chartres, Clermont-Ferrand, Lyon, Notre-Dame de Paris, la Sainte-Chapelle de Paris.

• **Au XIVe siècle** : on invente le jaune d'argent pour décorer les verres incolores, vivifier des détails (cheveux, galons, architecture). Le décor architectonique, par souci de vérité, écrase souvent les personnages.

Les fonds sont damassés (décor en ton sur ton).

Des progrès sont réalisés dans le traitement de la perspective, du modelé, des draperies.

Exemple

Les cathédrales de Chartres, Clermont-Ferrand, Lyon, Strasbourg.

• **Au XVe siècle :** les verres sont plus minces et coupés à grands éléments. Parfois le verre est doublé : on plaque deux feuilles de verre, chacune teintée d'une couleur primaire, ce qui donne une couleur binaire (exemple : une feuille bleue et une feuille jaune donnent l'illusion d'une feuille verte).

Certaines parties sont gravées au rouet (auréoles, galons...).

Sur le plan iconographique, la Vierge a une place dominante.

Les donateurs se font représenter avec leurs armoiries.

Les scènes sont placées dans des polylobes aux contours moulurés. Les fenêtres hautes sont ornées de grands personnages pour faciliter la lisibilité.

Différentes dispositions sont adoptées : un grand personnage au centre, et autour des médaillons racontant sa vie ; des scènes présentées en registres horizontaux.

Le décor architectonique s'encombre de détails.

On voit l'apparition d'un décor sylvestre, dit aussi « bois allemand », où la végétation s'enroule autour de l'architecture.

Les nuages sont représentés de façon conventionnelle, groupés en ligne ou en couronne.

Les visages sont représentés avec un certain réalisme.

Exemples

Cathédrales de Bourges, Chartres, Moulins, *la Sainte-Chapelle* de Riom.

Les tapissiers sont groupés dans les villes de Flandre, d'Artois et d'Ile-de-France. Bruges, Courtrai, Bruxelles et Arras fournissent l'Europe entière.

Les tapisseries sont faites de laine (venant de Picardie), de soie (venant d'Italie), de fils d'or et d'argent. Il existe de 12 à 16 tons par couleur ; c'est le tapissier qui teint ses fils.

Le commanditaire impose son sujet, la dimension de la pièce. Le tapissier fait établir un carton par un peintre.

L'iconographie porte sur l'Ancien et le Nouveau Testament, les histoires sacrées, la vie des saints.

Au XVe siècle apparaissent des sujets profanes, avec la représentation du seigneur et de sa dame assistant à un bal, à une chasse, se promenant dans la forêt. Il s'agit, en principe, de tapisseries à semis ou mille-fleurs, le fond uni étant parsemé de fleurettes.

La perspective est maladroite : les personnages sont superposés par rangées. Ils sont habillés à la mode de l'époque (sauf les religieux qui portent des vêtements conventionnels).

Exemple

L'*Apocalypse* d'Angers réalisée au XIVe siècle à la demande de Louis d'Anjou sur un carton de Jean de Bruges ; elle est composée de cinq panneaux de 25 mètres sur 5 mètres comprenant chacun 25 tableaux.

Le cycle de la Passion de l'église Saint-Martin de Jenzat en Bourbonnais : l'entrée à Jérusalem, xve siècle

Les murs gouttereaux des bas-côtés de l'église romane de Jenzat ont reçu, au xve siècle, une décoration sur le thème de la Passion. Un peu comme dans une bande dessinée, chaque scène est présentée dans un panneau rectangulaire délimité par un cadre jaune surligné d'un trait rouge, cadre dont la partie inférieure porte des inscriptions en caractères gothiques commentant la scène.

Dans cette entrée à Jérusalem, on voit au centre, descendant du mont des Oliviers, le Christ bénissant à califourchon sur un âne blanc, comme le veut la tradition, cette couleur étant celle du triomphe. Ses pieds ballants touchent presque le sol. Il porte le nimbe crucifère, et pour souligner son importance il est plus grand que les autres personnages. Il est vêtu d'une tunique blanche. Debout derrière lui, trois apôtres l'accompagnent. Devant l'âne, un enfant, beaucoup plus petit, étend un vêtement, tandis qu'un autre tient le tronc de l'arbre sur lequel un troisième est grimpé afin de couper des rameaux ; ils chantent Hosanna. Au fond à droite, un pont dormant mène à la porte en plein cintre de Jérusalem percée dans une tour surmontée d'une tourelle et flanquée de deux tours plus petites d'où des gardes surveillent les alentours ; ces tours sont couronnées de mâchicoulis.

Les lignes de composition sont essentiellement des verticales formées par les personnages, l'arbre et les tours. Les têtes des personnages s'inscrivent sur une oblique qui dirige notre regard vers la porte de la ville.

La peinture est linéaire, les contours sont marqués d'un trait noir. La palette de couleurs est restreinte au rouge, jaune, vert. Le vert et le rouge forment un contraste de complémentaires qui anime la scène, animation renforcée par la présence des couleurs chaudes comme le rouge et le jaune.

Le fond est neutre.

La perspective est maladroite. Les deux obliques délimitant le pont ne sont pas parallèles. La perspective des mâchicoulis de la tour centrale est inversée.

Les personnages saints sont habillés et coiffés à la mode antique. Par contre, les enfants portent le costume de la période gothique, pourpoint et hauts de chausses. Quant à l'entrée de Jérusalem, elle reprend le principe du château fort. Il était fréquent à la période gothique de replacer les scènes religieuses dans le contexte contemporain, les personnages saints, quant à eux, étant obligatoirement vêtus et coiffés à l'antique. On donnait ainsi un aspect plus humain aux scènes divines. L'âne fronce les nasaux dans une attitude amusante.

Pour la période gothique, la palette de couleurs est pauvre, mais elle permet une meilleure lisibilité des nombreuses scènes qui ornent les murs. La perspective était déjà mieux maîtrisée chez de nombreux artistes. On a là affaire à un artiste local qui malgré des maladresses sait donner un côté vivant et touchant à des scènes divines.

Le cycle de la Passion de l'église Saint-Martin de Jenzat en Bourbonnais : l'entrée à Jérusalem, xvᵉ siècle (fig. 12)

Chapitre 11

La Renaissance

En Italie

XVe siècle : le Quattrocento

XVIe siècle : le Cinquecento

En Europe

XVIe siècle (début dans les années 1495)

Voir cartes p. 336, 341 et 342.

L'esprit de la Renaissance

L'humanisme

L'homme de la Renaissance s'enthousiasme pour l'Antiquité ; les étudiants apprennent le grec et le latin, les artistes réadoptent les formes de l'Antiquité romaine ; on comprend que ce courant soit né en Italie, où les exemples antiques étaient nombreux.

L'humaniste est d'une curiosité insatiable, voyage, étudie, s'intéresse à l'économie et au commerce, aux sciences humaines ; la médecine progresse grâce aux expériences anatomiques. Les sciences, telles les mathématiques, l'astronomie, la géographie sont en plein développement. Tout concourt à mettre en valeur la grandeur et la dignité de l'homme.

Les débuts de l'imprimerie, à la fin du XVe siècle, vont permettre la diffusion des nouveaux courants de pensée dans toute l'Europe, avec une grande rapidité.

Les mécènes

L'époque gothique avait déjà vu des grands du royaume s'intéresser à l'art et en favoriser le développement ; cette pratique va s'accentuer à la Renaissance.

En Italie, on peut citer la famille de Médicis, banquiers, à Florence (en particulier Cosme l'Ancien et Laurent) ; à Rome, les papes (Nicolas V, Sixte IV, Alexandre VI, Jules II, Léon X) ; à Urbino, le duc Frédéric de Montefeltre ; à Milan, François Sforza et Ludovic le More ; à Mantoue, François II et Frédéric II de Gonzague.

Des centres urbains se spécialisent : Padoue (en épigraphie et en archéologie), Florence (en philosophie et en philologie – étude des langues anciennes), Urbino (en mathématiques) ; dans ce cas, les protecteurs sont bien sûr nécessaires pour entretenir artistes et savants.

En France, Guillaume Budé fonde le Collège de France en 1530.

La Réforme

Au XVIe siècle apparaît un schisme au sein du christianisme. Certains dénoncent l'emprise de la papauté et son immoralité, souhaitant revenir au texte originel des Écritures. Luther et Calvin vont être les deux personnalités les plus marquantes de cette Réforme dont le centre principal sera Genève. Sur le plan artistique, ces protestants refusent la représentation des personnages divins, les décors dans les lieux de culte.

Entre 1545 et 1563 aura lieu le Concile de Trente, à l'instigation des catholiques afin de contrer la montée du protestantisme. Sur le plan artistique, on réaffirmera le luxe dans les édifices religieux afin de célébrer pleinement les louanges de Dieu.

La Renaissance en Italie

La Renaissance est née en Italie au XVe siècle, au Quattrocento, et elle s'étendra jusqu'au XVIe siècle, le Cinquecento.

Le Quattrocento

La capitale artistique est Florence.

L'architecture

Le théoricien est l'architecte **Alberti** qui publie en 1446-1451 *De re aedificatoria,* ouvrage dans lequel il conseille le retour aux principes de l'Antiquité gréco-romaine ; en particulier les colonnes corinthiennes, les entablements, les frontons, les pilastres cannelés, les arcs en plein cintre.

- **Brunelleschi** (1377-1446) réalise une prouesse avec la coupole de la cathédrale Sainte-Marie-des-Fleurs à Florence ; la poussée s'exerce sur les nervures et non sur le tambour qui peut être ainsi percé d'**oculi**.
- **Michelozzo** (1396-1472) met au point le palais florentin type ; relativement fermé sur l'extérieur, les fenêtres donnent sur une cour intérieure à arcades, rappelant ainsi la maison romaine. Il forme une masse cubique couronnée par une imposante corniche, où l'on retrouve souvent la superposition des ordres (dorique au rez-de-chaussée, ionique au premier étage, corinthien au second étage). Le rez-de-chaussée était souvent réservé pour le commerce, le premier étage, ou étage noble, abritait les pièces de réception, les étages supérieurs les appartements privés.

La sculpture

Elle va essayer de conquérir les trois dimensions. Les sculpteurs jouent sur le haut, le moyen et le bas relief pour créer les effets de profondeur. La décoration est fondée sur les rinceaux de feuillages et les putti (enfants).

- **Ghiberti** (1378-1455) réalise les portes en bronze doré du baptistère de la cathédrale de Florence en les illustrant du thème de la Genèse.
- **Luca della Robbia** (1399-1482) se spécialise dans les médaillons en céramique polychromes servant à orner les façades.

La peinture

L'élément essentiel est la maîtrise de la perspective réalisée de façon scientifique, à partir de données géométriques précises ;

160

et du raccourci (réduction des dimensions de certains éléments) afin de créer l'illusion de la profondeur. **Paolo Uccello** (1397-1475), **Piero della Francesca** (v. 1416-1492), **Mantegna** (1431-1506) sont à l'origine de ces recherches.

Les architectures sont proportionnées aux personnages. Les ombres sont portées.

Si beaucoup d'œuvres, fresques ou peintures de chevalet, présentent des sujets religieux, l'influence de l'Antiquité se traduit par des sujets à thèmes mythologiques, comme *La Naissance de Vénus* de **Botticelli** (1445-1510).

Léonard de Vinci (1452-1519) ouvre la voie à la peinture moderne, picturale et non plus linéaire, grâce à la technique du « sfumato » qui consiste à passer d'un plan à un autre grâce à un dégradé de couleurs, éliminant ainsi le trait qui séparait nettement chaque plan.

Le Cinquecento

La capitale artistique est Rome.

L'architecture

Elle continue la tradition florentine. Les principes de l'Antiquité ne sont plus seulement repris dans le décor, mais dans la structure. C'est ainsi que **Bramante** (1444-1514) édifie l'église Saint-Pierre-au-Mont à Rome sur le plan d'une tholos dorique.

La réalisation la plus importante est la basilique Saint-Pierre de Rome, à laquelle travaillent successivement **Bramante, Michel-Ange** (1475-1564), **Giacomo della Porta** (1540-1602), **Maderna** (1556-1629). Le plan initial en croix grecque a été transformé en croix latine, et le décor s'inspire de l'Antiquité.

Jules Romain (v. 1499-1546) et **Andrea Palladio** (1508-1580) vont se spécialiser dans l'édification de somptueuses villas, essentiellement en Vénétie.

Sandro Botticelli (1445-1510)
La Naissance de Vénus, toile, Galerie des Offices à Florence

Botticelli est l'un des peintres les plus célèbres du Quattrocento (première Renaissance italienne, au XVe siècle dont la capitale artistique était Florence, animée par les mécènes les Médicis). Après avoir obtenu la faveur des Médicis, il travaille à Rome pour le pape Sixte IV au décor de la chapelle Sixtine.

Le thème choisi ici est celui de la mythologie gréco-romaine. Vénus est née de la mer ; l'un des dieux du Vent Zéphire, l'a poussée sur le rivage assisté de Cupidon ailé, le dieu de l'Amour qui s'éprendra de la déesse de l'Amour (et ils auront pour première demeure une coquille Saint-Jacques) ; sur le rivage, Flore, la déesse du Printemps, épouse de Zéphire, attend Vénus pour la vêtir, car jaillissant de sa coquille, elle n'a que sa longue chevelure rousse pour cacher pudiquement sa nudité.

La composition est fermée. Elle forme une pyramide dont les obliques sont données par Zéphire et Cupidon d'un côté, Flore de l'autre. Vénus forme une ligne verticale, axe de symétrie au centre du tableau.

La mer dessine une ligne horizontale.

Les couleurs offrent un contraste thermique : le paysage est bleu-vert, couleurs froides, qui reculent au profit des personnages aux chairs orangées, couleurs chaudes.

Il y a aussi un contraste de complémentaires entre l'orangé et le bleu, et le rouge et le vert, qui crée un effet chatoyant et dynamique. La lumière vient de face car il n'y a pas d'ombre, sauf à gauche de la coquille (anomalie).

Notons le bel effet de « coup de vent », grâce aux personnages qui flottent dans les airs, à l'envolée des drapés et des chevelures, aux fleurs qui tombent en pluie.

Ce tableau se rattache encore à l'art gothique : c'est une peinture linéaire et il y a un côté naïf dans le dessin des petites vagues.

Mais on sent déjà l'esprit de la Renaissance dans le choix d'une scène mythologique traduisant le goût pour l'Antiquité ; Cupidon, avec ses grandes ailes, fait penser à un ange de la religion chrétienne.

Il s'agit là d'un art propre à Botticelli avec les chairs nacrées, les longues chevelures rousses, la robe de Flore (qui est une invention de l'artiste et non un vêtement de l'époque), l'air langoureux de Vénus qui adopte une attitude de chiasme, faisant ainsi référence à la statuaire de l'Antiquité.

Sandro Botticelli (1445-1510)
La Naissance de Vénus (fig. 13)

Michel-Ange (1475-1564) est le sculpteur le plus célèbre. De ses personnages émane une force herculéenne telle qu'elle entraîne parfois une véritable déformation musculaire. Il admire la statuaire antique, et *David* rappelle les statues de l'époque hellénistique.

La fin du XVIe siècle voit un étirement des formes et des attitudes théâtrales qui conduiront à l'art baroque. Ce style est nommé **maniérisme**. On le trouve chez des artistes comme **Jean de Bologne** (1529-1608) et **Benvenuto Cellini** (1500-1571).

Les personnages religieux ont un caractère de plus en plus humain, dans leurs vêtements, leurs attitudes, l'auréole peu à peu disparaît.

Les thèmes issus de l'Antiquité sont de plus en plus nombreux. Des rapprochements sont opérés entre la religion païenne et la religion chrétienne (par exemple, sur la voûte de la chapelle Sixtine, Michel-Ange alterne les sybilles qui prédisaient l'avenir au nom d'Apollon avec les prophètes qui annonçaient la venue du Christ sur terre).

- **Raphaël** (1483-1520) crée un type de madone idéalisé, impersonnel ; il participe à la décoration des loges du Vatican.
- **Michel-Ange** (1475-1564) transpose des reliefs sur une surface plane ; on retrouve dans ses tableaux et ses fresques la même volonté de puissance que dans ses sculptures.

Comme dans le domaine de la sculpture, on trouve à la fin du siècle un étirement des formes, des torsions ; le **maniérisme** ouvre la voie à la peinture baroque, et les principaux représentants en sont **Le Parmesan** (1503-1540), **Primatice** (1504-1570), **Rosso** (1494-1540).

164

La Renaissance en Europe

La France

 (pl. XI,1,2)

Les rois de la fin du XVe siècle, en guerre contre l'Italie, découvrent dans ce pays des formes nouvelles, et ramènent des artistes en France. Le premier souverain à s'éprendre de la Renaissance fut Charles VIII, suivi de Louis XII et de François Ier. Les premières réalisations artistiques « Renaissance » furent réalisées dans les années 1495.

Depuis Charles VII, les souverains avaient une prédilection pour le Val de Loire et de nombreux châteaux médiévaux vont être transformés. Leur rôle défensif n'étant plus indispensable en raison de l'unification du royaume, ils sont percés de grandes fenêtres ; l'escalier à rampes droites remplace l'escalier à vis, et souvent une ou plusieurs ailes sont abattues de façon à créer une ouverture sur des jardins « à l'italienne », avec parterres géométriques et symétriques, nymphée (grotte artificielle), charmilles. Louis XII fait ainsi remanier les châteaux de **Blois, Amboise, Chaumont, Gaillon,** François Ier, celui de **Blois** ; mais il désire réaliser une œuvre intégrale, le château de **Chambord** qui conserve néanmoins une structure médiévale : puissantes tours, et partie centrale formant un donjon.

Ayant choisi de faire de **Fontainebleau** sa résidence officielle, il y crée un foyer d'italianisme. Il confie l'aménagement intérieur (dont la galerie François Ier avec ses lambris et ses fresques entourées de personnages en stuc) aux artistes italiens **Le Primatice** (1504-1570), **Rosso** (1494-1540), **Nicolò dell' Abbate** (v. 1509-v. 1571).

Pierre Lescot (v. 1515-1578) réalise les transformations du **Louvre, Philibert Delorme (v. 1510-1570)** construit les châteaux d'**Anet** et des **Tuileries**.

L'intérêt pour les formes de l'Antiquité est grand. C'est ainsi que **Jean Goujon** (v. 1510-v. 1566) traduit le *De re architectura* de Vitruve (architecte du Ier siècle).

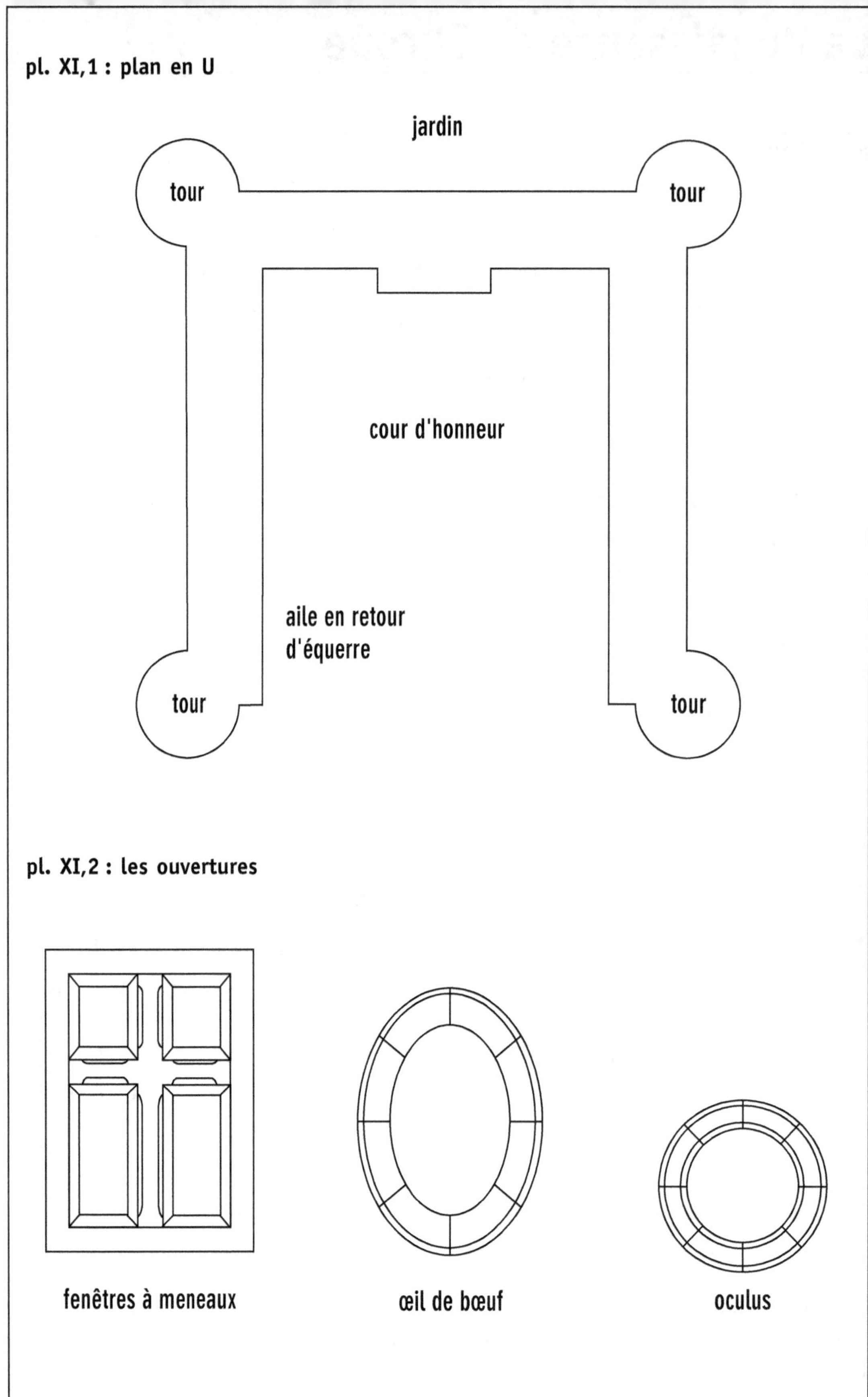

pl. XI,1 : plan en U
jardin
tour
tour
cour d'honneur
aile en retour
d'équerre
tour
tour
pl. XI,2 : les ouvertures
fenêtres à meneaux
œil de bœuf
oculus

Elle reprend elle aussi la tradition de l'Antiquité. **Philibert Delorme** (v. 1510-1570) et **Pierre Bontemps** (v. 1506-v. 1570) conçoivent le tombeau de François Ier dans la basilique de Saint-Denis comme un arc de triomphe.

Les tombeaux offrent souvent une double représentation des défunts ; sur la plate-forme, en orants, en train de prier, et en dessous en transis, le corps décharné par la mort, montrant ainsi l'intérêt que l'on porte à l'anatomie.

Les divinités gréco-romaines, en particulier Diane, déesse de la chasse, sont souvent représentées.

On retrouve, dans les rondes-bosses et les reliefs, les attitudes de la statuaire grecque.

La peinture

- **La première école de Fontainebleau** (sous le règne de François Ier est marquée par les personnalités de **Rosso** (1494-1540) et de **Primatice** (1504-1570). On apprécie les thèmes mythologiques galants, les thèmes cynégétiques (ayant trait à la chasse).
- **La deuxième école de Fontainebleau** (sous le règne de Henri IV) est plus maniériste. **Ambroise Dubois** (1543-1614), **Toussaint Dubreuil** (v. 1561-1602) et **Martin Fréminet** (1567-1619) en sont les principaux représentants.

L'art du portrait est un art typiquement français, portrait psychologique révélant les traits de caractère. **Les Clouet** (Jean v. 1475-1541 et François v. 1515-1572) ont réalisé de nombreux portraits des grands du royaume.

Le vitrail

Les œuvres sont désormais signées et datées par les auteurs des cartons et par les verriers. Les ressources pécuniaires sont plus importantes et le clergé n'a plus la main-mise sur la création.

Le vitrail devient un tableau transparent, les coloris sont délicats, la perspective est respectée. Les scènes sont présentées en registres superposés et non plus en médaillons. Les bordures se raréfient.

Le vitrail religieux présente souvent des scènes de martyres qui permettent d'étaler des nudités. On mêle personnages légendaires et allégories. Les inscriptions sont très nombreuses, sur des **frises**, des **phylactères** (banderolles), des **cartouches**, mais aussi sur les galons des rideaux, des vêtements, les ceintures, les bordures des boucliers.

Le vitrail civil fait son entrée dans les palais, les châteaux, les sièges des confréries et des corporations. Il est de dimensions modestes et représente des scènes de chasse, des batailles, des épisodes de chevalerie, des fables.

Elle se rapproche de la peinture.

Vers 1530, François Ier crée à Fontainebleau la première manufacture royale de tapisserie dont le directeur est **Primatice** ; maintenue sous Henri II, elle disparait vers 1560.

Les plus belles tapisseries sont de laine et de soie incrustées de fils d'or et d'argent.

L'iconographie est fondée sur la mythologie et l'épopée romaine. Les scènes sont entourées d'une bordure d'**arabesques** et de **grotesques**.

En Flandre

C'est l'art dominant. Les peintres sont influencés par Mantegna, Léonard de Vinci, Michel-Ange, Raphaël.

- **Jérôme Bosch** (v. 1450-1516) crée un monde imaginaire, peuplé de personnages fantastiques, qui influenceront les peintres surréalistes du XXe siècle.
- **Pierre Brueghel l'Ancien** (v. 1525-1569) réalise souvent des paysages panoramiques.

Les artistes les plus importants travaillent à Bruxelles et continuent la tradition du Moyen Âge, mais avec une composition simplifiée. **Van Aelst** réalise en 1519, à la demande du pape Léon X, *Les Actes des apôtres* à partir d'un carton de Raphaël.

L'Allemagne

- **Hans Holbein le Jeune** (1497-1543) réalise des portraits psychologiques de savants et de philosophes.
- **Albert Dürer** (1471-1528) est comparable à Léonard de Vinci avec son esprit curieux de tous les aspects de l'univers, il réalise aussi des traités sur les proportions du corps humain.
- **Lucas Cranach** (1472-1553) introduit les nudités mythologiques.

L'Espagne

- **Herrera** (1530-1597) réalise pour Philippe II l'Escorial dans les environs de Madrid, vaste complexe architectural regroupant un monastère, un palais, un séminaire, une université, une bibliothèque, un musée, un hôpital, et abritant les tombeaux des souverains.

- **Le Greco** (v. 1541-1614) se place dans le courant maniériste, avec l'allongement démesuré de ses formes ; sa palette présente des coloris altérés ou très lumineux ; sa facture est large, très moderne par rapport à ses contemporains.

Chapitre 12

L'art baroque

Le terme de « baroque » vient du terme portugais *barroco* qui signifie « perle irrégulière ». L'art baroque se développe aux XVIe et XVIIe siècles.

En effet, à partir des formes développées à la Renaissance, l'art baroque va accentuer les lignes courbes, les formes ondulantes, l'aspect de mouvement, l'abondance du décor, le côté théâtral. Ce mouvement a été annoncé par le maniérisme, à la fin du XVIe siècle.

L'art baroque est né en Italie.

Voir cartes p. 342, 343 et 344.

L'Italie

L'architecture religieuse

On recherche les effets de puissance, on accentue le volume et le décor.

- Retour au plan basilical (rectangulaire), donc absence de transept ; suppression du déambulatoire ; murs en courbes et contre-courbes ; voûte en berceau et coupoles.
- Le décor se complique si le plan se simplifie : utilisation de l'ordre ionique et de l'ordre corinthien ; colonnes **salomoniques** (le fût est torsadé et autour s'enroulent des feuilles de vigne – ce nom de salomonique vient de ce que l'on a retrouvé ce type de colonnes dans les vestiges du temple de Salomon découverts lors de la construction de Saint-Pierre de Rome) ; baies chantournées (le contour forme des courbes et des contre-courbes) ; dorures ; peintures en trompe-l'œil.
- On considère qu'un tel art appuie les principes du concile de Trente réuni à la demande du pape Paul III de 1545 à 1563, et qui avait pour but de combattre la Réforme et d'affirmer les principes du catholicisme, en particulier la célébration du culte dans le faste.

- Le Bernin (1598-1680) aménage l'intérieur de *Saint-Pierre* de Rome et conçoit le parvis elliptique entouré d'un péristyle (à partir de 1629).
- Francesco Borromini (1599-1667) réalise *Saint-Charles-aux-Quatre-Fontaines* en 1640 à Rome.
- Longhena (1598-1682) édifie *l'église de la Salute* à Venise de 1631 à 1656.

L'architecture civile

Les façades ondulent et le décor est fourni, de même type que dans l'architecture religieuse.

La sculpture

Le Bernin (1598-1680) est l'un des meilleurs représentants de la sculpture baroque. Il cherche, grâce à des jeux de compositions reposant sur les lignes courbes et à des expressions théâtrales, à traduire le mouvement, la violence des passions, le désordre physique.

Il crée un nouveau type de tombeau, où un squelette côtoie le défunt sous les traits d'un orant, dans une cascade de drapés, créant là encore un effet théâtral *(le tombeau d'Urbain VIII* en 1642 et *le tombeau d'Alexandre VII* en 1672 à Saint-Pierre de Rome).

La peinture

Le Caravage (1571-1610) est le peintre baroque par excellence. Il fonde ses compositions sur les lignes obliques, donne aux saints et aux héros les visages des humbles, introduit le clair-obscur.

Au xviiie siècle, Venise sert de modèle aux peintres ; par la variété de ses constructions, elle offre des paysages « baroques » traduits par **Canaletto** (1697-1768), **Francesco Guardi** (1712-1793).

Le trompe-l'œil est une forme d'expression baroque par excellence, et l'on va ainsi orner de fresques murs et plafonds, afin de créer l'illusion de l'espace.

Exemples

Andrea Pozzo (1642-1709), Tiepolo (1696-1770).

La Flandre

L'architecture

Les pignons forment courbes et contre-courbes, les façades sont richement sculptées et les ornements peuvent être relevés d'or.

Exemple

La Grand-Place de Bruxelles.

La peinture

Rubens (1577-1640) est certainement le plus grand peintre baroque, construisant ses compositions sur les obliques, les tourbillons, créant une explosion gestuelle.

L'Espagne

L'architecture

José Churriguera (1665-1725), par l'exubérance de ses façades ornées de guirlandes, de fleurs, de fruits, de festons, de moulures, de cartouches, de médaillons, d'étoffes simulés, va donner son nom à un style d'architecture : **le churrigueresque.**

La sculpture

Les retables sont ornés avec luxe, peints, dorés, porteurs de tableaux ou de sculptures, ils montent jusqu'aux voûtes de l'église, et empruntent aux décors de théâtre.

Les images religieuses créent un effet d'illusionnisme ; les statues en bois sont peintes au naturel, leurs yeux sont en émail ou en agathe, leurs cheveux, cils et sourcils naturels ; elles sont vêtues de vêtements et parées de bijoux. Parmi les créateurs les plus célèbres, citons **Gregorio Fernandez** (1576-1636) et **Martinez Montañez** (1568-1699).

Le Portugal

L'architecture

Les édifices sont couverts, à l'intérieur comme à l'extérieur, d'**azulejos**, carreaux de faïences, tout d'abord polychromes avec des dessins décoratifs au XVIIe siècle, puis au XVIIIe siècle, sous l'influence de la faïence de Delft (en Hollande), bleus à dessins figuratifs.

L'Amérique latine

L'architecture

Le pays a été conquis au XVIe siècle par les Espagnols et les Portugais. L'influence baroque y est importante, d'autant que ce sont des artistes de ces pays qui vont y travailler.

Les cathédrales présentent toutes les caractéristiques de l'art baroque, que ce soit au Mexique (Mexico, Puebla, Merida, Oaxaca), au Pérou (Cuzco, Lima), en Colombie (Bogota)...

L'Europe centrale

L'architecture

L'art baroque est exalté, avec des formes ondoyantes, des façades richement sculptées et peintes.

De nombreuses églises voient leur flèche remplacée par un bulbe.

- **Fischer von Erlach** (1656-1723) travaille à Vienne (Autriche) ; il réalise en particulier *l'église Saint-Charles-Borromée, le palais de Schoenbrunn.*
- **Lukas von Hildebrandt** (1668-1745) édifie *le palais du Belvédère* à Vienne.
- **Jacob Prandtauer** (1660-1726) construit *le couvent de Melk* (Autriche).
- **Knôbelsdorff** (1699-1753) réalise *le château de Sans-Souci* à Postdam (Allemagne).

Johann-Michael Fischer (1692-1766). Façade de l'église de l'abbaye bénédictine d'Ottobeuren (1748-1766) en Bavière

L'ordre bénédictin, né de la règle de saint Benoît au Ve siècle, a très vite été adopté par la majorité des congrégations religieuses et les édifices en relevant sont nombreux. Pour les bénédictins, les louanges à Dieu doivent être célébrées dans le faste, la magnificence ; l'art baroque, issu de la Renaissance, né en Italie au XVIIe s. convient parfaitement à cet ordre. L'art baroque illustre bien les principes du concile de Trente, qui s'est déroulé à la fin du XVIe siècle, et qui a réaffirmé les positions du catholicisme face à la montée de la Réforme protestante.

L'église d'Ottobeuren est l'œuvre la plus célèbre de Fischer (qui en a repris les travaux en 1748, succédant ainsi à Simpert Kraemer qui l'avait commencée en 1737).

La partie centrale, convexe, présente une double élévation. L'entrée se fait par trois portails en plein cintre, celui du centre étant beaucoup plus grand. Au-dessus s'ouvrent trois baies en plein cintre, dont la partie supérieure est couronnée par un fronton triangulaire brisé ; elles sont rythmées par des colonnes engagées doriques, sur dosserets.

Cet ensemble est surmonté d'un fronton convexe, demi-curviligne ; une niche en plein cintre, au centre, abrite une statue et est flanquée de deux pilastres ioniques.

De part et d'autre, une tour-clocher carrée présente une quadruple élévation, les baies des étages inférieurs et supérieurs étant en plein cintre. Les angles sont renforcés de pilastres présentant une superposition des ordres : dorique, ionique et corinthien. Les clochers sont à bulbe.

Le décor est abondant : sculptures au-dessus du portail central, de la baie centrale, rondes-bosses aux angles des frontons, telles des acrotères ; peintures en trompe-l'œil : appareil régulier peint au rez-de-chaussée, culots peints sous les baies.

Cette structure murale convexe et ce décor peint en trompe-l'œil traduisent bien l'esprit baroque : art du mouvement du dynamisme, de l'effet théâtral. Cet art a connu un grand succès en Allemagne, en particulier en Bavière (Munich, Ettal, Wies...).

Johann-Michael Fischer (1692-1766). Façade de l'église
de l'abbaye bénédictine d'Ottobeuren (1748-1766) en Bavière (fig. 14)

Chapitre 13

L'art classique

L'art classique s'est également développé aux xviie et xviiie siècles. Lui aussi est né des formes de la Renaissance, mais au contraire du baroque, il va développer les lignes droites, les compositions rigoureuses et symétriques, une certaine sobriété.

La France est le pays classique par excellence.

Voir cartes p. 341, 342, 343 et 344.

La France

L'architecture religieuse

Les jésuites, sous l'impulsion de l'un des leurs, architecte, le père **Martellange** (1569-1641) vont introduire le plan à nef unique et la sobriété du décor (baies cintrées, colonnes doriques, fronton triangulaire) ; il réalise entre autres *Saint-Paul-Saint-Louis* à Paris en 1627.

- **Jacques Lemercier** (1585-1654) édifie *l'église de la Sorbonne* à Paris.
- **François Mansart** (1598-1666) édifie *l'église du Val-de-Grâce* à Paris.
- Au xviiie siècle, **Soufflot** (1713-1780) construit le *Panthéon* et s'inspire de l'architecture romaine en plaquant contre la façade une colonnade surmontée d'un entablement et d'un fronton triangulaire ; on retrouve aussi une colonnade autour du tambour de la coupole.

L'architecture civile (pl. XIII,1,2)

Les commandes sont importantes : royales (Louis XIV) mais émanant aussi de la noblesse enrichie, de la bourgeoisie parlementaire.

- Au début du xviie siècle, c'est le style Louis XIII ; les constructions sont en brique avec des parements (encadrements des portes et fenêtres) en pierre. À partir du règne de Louis XIV, les constructions sont entièrement en pierre.

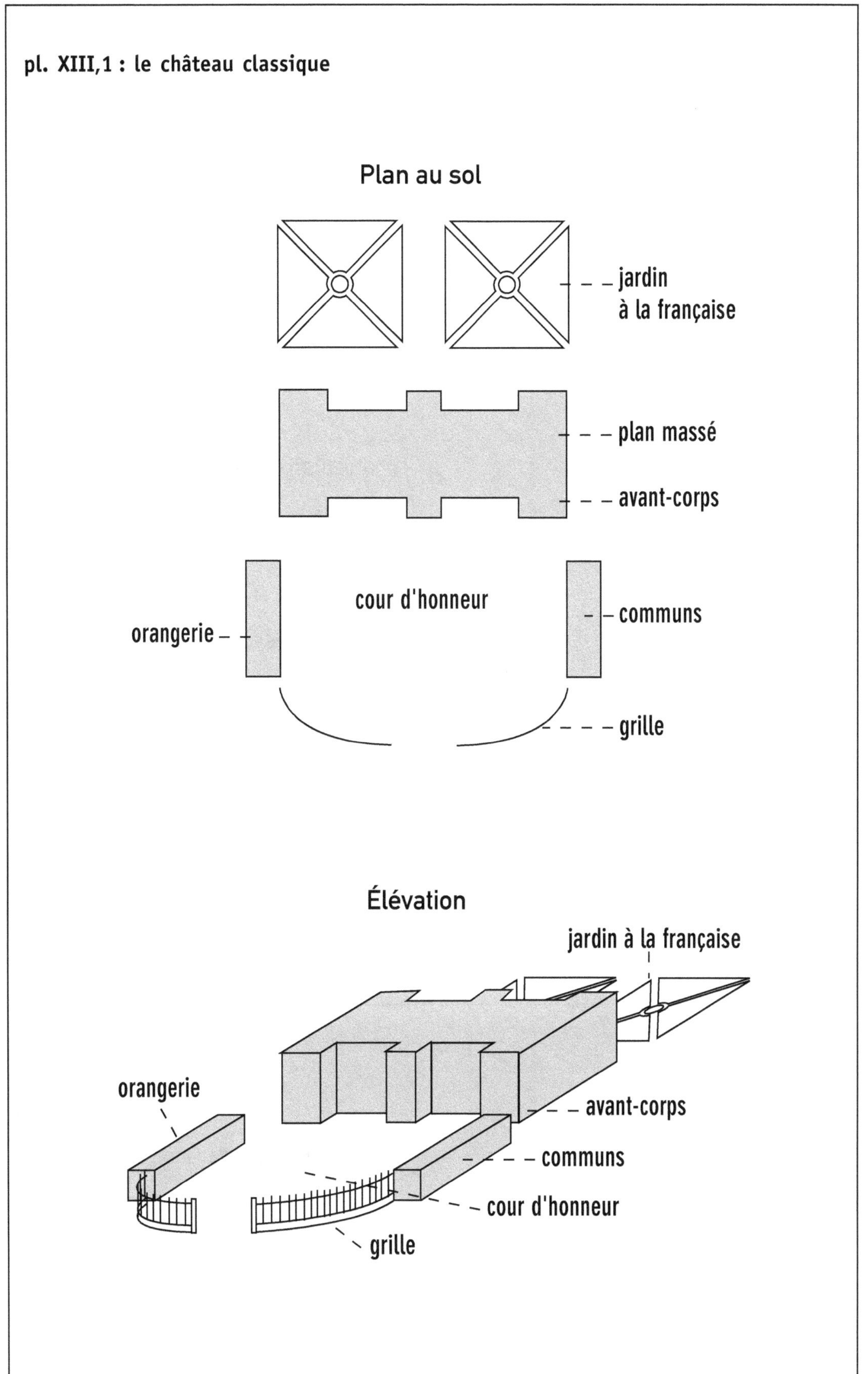
Plan au sol
jardin
à la française
plan massé
avant-corps
cour d'honneur
orangerie
communs
grille
Élévation
jardin à la française
orangerie
avant-corps
communs
cour d'honneur
grille

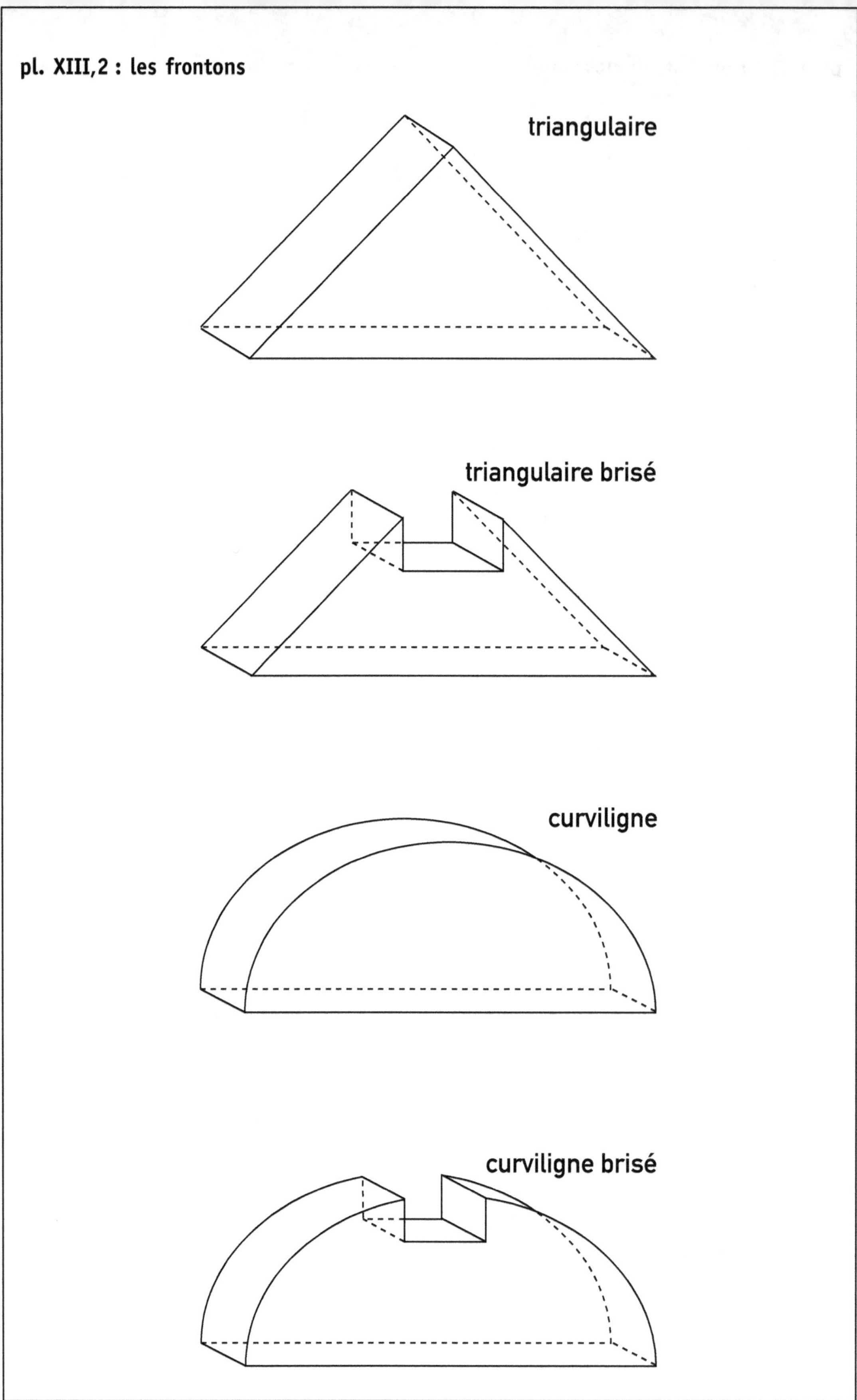
triangulaire
triangulaire brisé
curviligne
curviligne brisé

fig. 1

fig. 2

fig. 4

fig. 3

fig. 1 – Vue du site de Stonehenge

fig. 2 – Persépolis, escalier est de l'apadana

fig. 3 – Le temple d'Abydos

fig. 4 – La tholos de Théodoros, Delphes,
380 av. J.-C.

fig. 5

fig. 6

fig. 5 – Apollon à la lyre, statue antique du parc de Versailles

fig. 6 – Mosaïque de la synagogue d'Hammat

fig. 7 – Tabigha : la multiplication des pains et des poissons

fig. 7

fig. 8

fig. 8 – L'impératrice Théodora et sa suite, église Saint-Vital de Ravenne, 1re moitié du VIe siècle
fig. 9 – Marrakech : entrée de la salle de prière de la medersa Ben Youssef
fig. 10 – Intérieur de l'église de l'abbaye cistercienne de Noirlac

fig. 9

fig. 10

fig. 11 – Clermont-Ferrand : portail du bas-côté sud de l'église de Notre-Dame-du-Port

fig. 12 – Le cycle de la Passion de l'église Saint-Martin de Jenzat en Bourbonnais :
l'entrée à Jérusalem, xvᵉ siècle

fig. 13 – Sandro Botticelli (1445-1510), *La Naissance de Vénus*

fig. 14 – Johann-Michael Fischer (1692-1766). Façade de l'église, de l'abbaye bénédictine d'Ottobeuren (1748-1766) en Bavière

fig. 15 – Façade sur jardin du château de Versailles (détail de la partie centrale) commencée par Le Vau en 1668 et terminée par Hardouin-Mansart en 1678

fig. 16

fig. 16 – Villeneuve-les-Cerfs : pigeonnier

fig. 17 – Frédéric-Auguste Bartholdi (1834-1904)
La fontaine de la place des Terreaux à Lyon,
1887-1889

fig. 18 – Pablo Ruiz Picasso (1881-1973),
Les demoiselles d'Avignon

fig. 17

fig. 18

fig. 19

fig. 21

fig. 19 – Temple de Parshvanatha, Khajurâho

fig. 20 – Bouddha monumental, Grottes de Yungang

fig. 21 – Andô Hiroshighe (1797-1858), *Le Fuji vu du pont Itchikoku de Yedo*

fig. 20

fig. 22

fig. 22 – La pyramide de la Lune, Téotihuacan

fig. 23 – Machu-Picchu (Cuzco, Pérou)

fig. 24 – Masque Bamiléké (Cameroun)

fig. 23

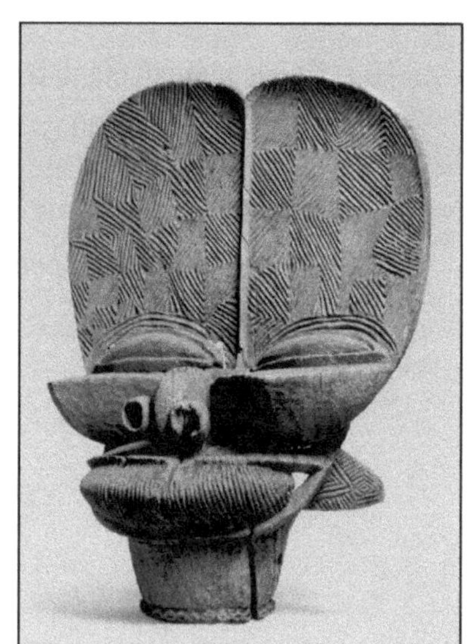

fig. 24

- Le château adopte un plan massé, c'est-à-dire presque parallélépipédique ; les ailes en retour d'équerre disparaissent au profit d'avant-corps central et latéraux formant une légère saillie et couronnés de frontons triangulaires.

À l'intérieur du château, l'accent est mis sur la galerie en longueur, sur les salons lambrissés. On recherche le confort au niveau des lieux d'aisance, des salles de bains.

À côté des fenêtres à meneaux, on trouve surtout, au niveau des combles, des fenêtres circulaires appelées **oculi** ou ovales appelées **œils-de-bœuf**.

Mansart crée des combles très hauts, aménageables, éclairés de grandes lucarnes, les « combles et les lucarnes à la Mansart ».

Devant le château se trouve la cour d'honneur, pavée, tandis qu'à l'arrière s'étend le jardin « à la française », composé de parterres et de pièces d'eau disposés de façon symétrique ; les parterres de buis et de fleurs dessinent des motifs géométriques ou des motifs de broderies. De nombreuses statues peuplent ces jardins. L'orangerie est un petit bâtiment qui permet de mettre à l'abri l'hiver les plantes souffrant de la gelée.

À la fin du XVIIIe siècle, sous l'influence anglaise, on préférera le parc « à l'anglaise », où la nature est laissée « faussement » à l'état sauvage, en simulant des vallons couverts de pelouses, en créant des rivières sinueuses et des lacs artificiels, en plantant de grands arbres.

- **François Mansart** (1598-1666) édifie le château de *Maisons-Laffitte*.
- **Le Vau** (1612-1670) construit *Vaux-le-Vicomte* puis réalise les aménagements de *Versailles* à la demande de Louis XIV.
- **Jules Hardouin-Mansart** (1646-1708) travaille à *Versailles* et à l'*hôpital des Invalides*.
- **Claude Perrault** (1613-1688) réalise la *colonnade du Louvre*.
- **Le Nôtre** (1613-1700) aménage le jardin « à la française » de *Versailles*.

Au xviiie siècle :

- **Gabriel** (1698-1792) édifie le *Petit Trianon* à Versailles.
- **Mique** (1728-1794) aménage le *hameau de Versailles*.

D'importants travaux d'urbanisme sont entrepris ; aménagement de nombreuses places :

- sous Henri IV, *la place des Vosges* et *la place Dauphine* à Paris ;
- sous Louis XIV, *la place Vendôme* et *la place des Victoires* à Paris ;
- sous Louis XV, *la place de la Concorde* à Paris (par **Gabriel**).
- **Ledoux** (1736-1806) réalise *la saline d'Arc-et-Senans,* projet novateur d'un ensemble industriel complété de logements d'ouvriers, qui n'a été que partiellement réalisé.

La sculpture

Les compositions sont strictes et rigoureuses.

Au xviie siècle, de nombreux artistes travaillent à la décoration du parc de Versailles ; leurs statues s'inspirent de celles de l'Antiquité. C'est le cas de **Girardon** (1628-1715), de **Coysevox** (1640-1720).

Le xviiie siècle voit des portraitistes comme **Bouchardon** (1698-1762), **Houdon** (1741-1828), **Falconet** (1716-1791).

Les **Coustou** (Nicolas 1658-1733 et Guillaume 1677-1746) travaillent sur les chantiers royaux (« les Chevaux » de Marly).

La peinture

Les compositions classiques sont rigoureuses, symétriques, fondées sur les lignes droites. La mythologie gréco-romaine est une importante source d'inspiration, d'autant que Versailles est transformé par Louis XIV, le « Roi Soleil » ; l'histoire d'Apollon sera donc souvent dépeinte.

Au XVIIe siècle :

- **Simon Vouet** (1590-1649), **Nicolas Poussin** (1594-1665) peignent surtout des scènes mythologiques.
- Les portraitistes : **Philippe de Champaigne** (1602-1674), **Hyacinthe Rigaud** (1659-1743), **Nicolas de Largillière** (1656-1746).
- Les décorateurs : **Charles Le Brun** (1619-1690), **Pierre Mignard** (1612-1695).
- **Claude Gelée**, dit **Le Lorrain** (1600-1682), influencé par son séjour à Rome, peint des architectures antiques au milieu de paysages, en bord de mer.
- **Georges de La Tour** (1593-1652) peint souvent des scènes tirées des Évangiles, baignées dans une technique de clair-obscur obtenu par l'éclairage d'une bougie.
- Les frères **Le Nain** (Antoine v. 1588-1648, Louis v. 1593-1648, Mathieu v. 1607-1677) peignent la vie paysanne.

Au XVIIIe siècle :

- La peinture galante : **Antoine Watteau** (1684-1721), **Boucher** (1703-1770), **Fragonard** (1732-1806).
- La peinture intimiste (scènes de la vie bourgeoise et quotidienne) : **Chardin** (1699-1779).
- Les portraitistes : **Maurice Quentin de La Tour** (1704-1788) qui travaille au pastel, **Elisabeth Vigée-Lebrun** (1755-1842).
- **Oudry** (1686-1755) est un peintre animalier.
- **Hubert Robert** (1733-1808) crée des décors de ruines.

La fin du XVIIIe siècle voit un renouveau de l'influence antique grâce à la découverte de Pompéi et d'Herculanum, en Italie.

- **David** (1748-1825) peint l'histoire romaine, c'est aussi un peintre d'histoire et le peintre de la Révolution.

Façade sur jardin du château de Versailles (détail de la partie centrale) commencée par Le Vau en 1668 et terminée par Hardouin-Mansart en 1678

Louis XIV décide de faire transformer le pavillon de chasse de Louis XIII édifié en 1624, pavillon pour lequel Le Vau va créer une enveloppe de pierre, l'agrandissant ainsi considérablement. Concevant une terrasse au niveau de la partie centrale, Jules Hardouin-Mansart la fermera, aménageant ainsi la galerie des Glaces.

La façade présente une triple élévation : le **rez-de-chaussée**, le premier étage, ou **étage noble**, avec la galerie des Glaces, **l'étage d'attique** beaucoup moins haut abritant de petits appartements.

Trois avant-corps viennent interrompre l'horizontalité de la façade.

Le rez-de-chaussée a un **appareil en bossages** en table, est percé de portes-fenêtres en plein cintre, dont la clef d'arc est ornée d'un mascaron.

Le premier étage est percé de portes-fenêtres en plein cintre, rythmées par des **pilastres ioniques.** L'arc retombe sur une imposte, sa clef s'orne d'un casque, les écoinçons qu'il délimite sont garnis de **trophées d'armes.** Une balustrade court à la base de cet étage. L'avant-corps (latéral ici) est formé de colonnes **ioniques** jumelées encadrant une porte-fenêtre dont la clef d'arc est surmontée d'une couronne. Ces colonnes supportent un **entablement** dont la moulure supérieure s'orne de **denticules.** Au-dessus de chaque colonne, sur l'entablement, trône une ronde-bosse, un couple de chaque côté (représentant les mois de l'année).

L'étage d'attique est éclairé de petites fenêtres rectangulaires rythmées par des pilastres.

Une balustrade cache le toit et s'orne, au-dessus des pilastres de pots à feu, et au-dessus des colonnes de trophées d'armes.

Cette façade illustre l'art classique dans toute sa splendeur et sa majesté, grâce à l'horizontalité de la façade, à la sobriété du décor. Cet ensemble imposant célèbre la puissance du Roi Soleil ; bâtiment royal, il est orné de couronnes. Louis XIV, qui a passé une partie de son règne à guerroyer, commande aussi un décor de casques et de trophées d'armes. Cette réalisation fera l'admiration de toute l'Europe et sera souvent imitée.

Façade sur jardin du château de Versailles
(détail de la partie centrale) commencée par Le Vau
en 1668 et terminée par Hardouin-Mansart en 1678 (fig. 15)

La tapisserie

Au XVIIe siècle, Richelieu et Mazarin décident une politique de protection pour que l'or français ne parte plus en Flandres. Ils vont donc attirer en France des artistes et les retenir par des privilèges, en particulier en impôts. Les soies venaient de Lyon, les laines du Berry, de l'Auvergne, du Languedoc.

Les plus grands peintres vont réaliser des cartons pour les tapisseries : Lerambert, Fréminet, Dubois, Antoine Caron, Michel Corneille, Toussaint Dubreuil, Simon Vouet, Eustache Le Sueur, Poussin, Philippe de Champaigne...

De grandes manufactures vont être créées.

Les Gobelins

En 1658, Fouquet, ministre de Louis XIV, installe près de Vaux-le-Vicomte un atelier dirigé par Le Brun. Après sa destitution, Colbert ramène en 1662 cet atelier à Paris, rue des Gobelins, et l'adjoint à la Manufacture royale des meubles de la Couronne. **Le Brun** en sera le directeur jusqu'à sa mort en 1690, et c'est **Mignard** qui lui succédera, puis **les Coypel** ; au XVIIIe siècle, les directeurs seront des architectes : **Robert de Cotte et son fils, Garnier d'Isle, Soufflot.** Parmi les peintres les plus célèbres qui réaliseront des cartons, citons **Oudry, Boucher, de Troy, Van Loo.**

Les thèmes représentés sont ceux de la galanterie, de l'exotisme, de la nature.

Beauvais

Elle a été fondée par Colbert en 1664 pour doubler les Gobelins. Les Gobelins réalisaient les commandes royales, Beauvais celles des particuliers. Elle a été dirigée par **Louis Hinart, Behagle, Oudry.** Elle réalisait surtout des tapisseries pour les sièges et les écrans.

Ces deux centres vont connaître une grande prospérité sous Louis XIII, en réalisant des tentures bon marché pour les intérieurs bourgeois.

La savonnerie

Jusque sous le règne d'Henri IV, les tapis de sol étaient importés d'Orient à prix d'or, si bien que le roi va installer en 1604 au Louvre un tapissier, **Pierre Dupont**. Sa fabrique est transférée, en 1627, par Louis XIII à Chaillot, dans une ancienne fabrique de savon, d'où son nom. Parmi ses plus belles réalisations, citons le tapis pour la galerie d'Apollon au Louvre, sous Louis XIV, et la portière de la gondole dans laquelle Louis XIV se promenait sur le grand canal à Versailles.

La Grande-Bretagne

L'architecture

- **Inigo Jones** (1573-1652), grand admirateur de l'architecte italien de la Renaissance Palladio, s'inspire de ses constructions.
- **Sir Christopher Wren** (1632-1723) réalise *l'église Saint-Paul* à Londres en s'inspirant de Saint-Pierre de Rome.
- **William Kent** (1685-1748) est l'initiateur du jardin anglo-chinois peuplé de fabriques palladiennes, gothiques ou chinoises.
- **Robert Adam** (1728-1792) se rend à Pompei et en ramène un goût très prononcé pour le néo-gréco-romain.

La peinture

Les Anglais vont surtout réaliser des portraits empreints de fierté et d'élégance aristocratique, comme ceux de **William Hogarth** (1697-1764), **sir Josuah Reynolds** (1723-1792), Thomas Gainsborough (1727-1788), sir Thomas Lawrence (1769-1830).

La Flandre

La peinture

Comme aux périodes précédentes, les Flamands pratiquent un art d'observation minutieuse dans la peinture.

- La nature morte : **Bosschaert (1573-1621)**.
- La peinture de mœurs : **Gérard Ter Borch (1617-1681)**, **Metsu (1629-1667)**, **Ter Brugghen (1588-1629)**, **Van Ostade** (Adrien 1610-1685 et Isaac 1621-1649).
- La peinture d'intérieurs d'églises : **Saenredam (1597-1665)**.
- Le paysage : **Jacob Van Ruysdaël (1628-1682)**, **Hobbema (1638-1709)**.
- Le portrait : **Frans Hals (1580-1666)** qui peint les personnages sur le vif ; **Rembrandt (1606-1669)** qui joue sur les ombres et les lumières ; **Jean Vermeer de Delft (1632-1675)**, peintre intimiste, aux compositions rigoureuses à éclairage latéral.

Chapitre 14

Le XIXe siècle

C'est une période durant laquelle les artistes se sont surtout inspirés des styles précédents, depuis l'Égypte, en passant par la Grèce, Rome, Byzance, le Moyen Âge, l'Islam, la Renaissance, le Baroque et le Classicisme.

À la fin du siècle, l'Art nouveau présente des œuvres plus originales.

Voir cartes p. 341, 342, 343 et 344.

La France

L'architecture

Les architectes s'inspirent de tous les styles précédemment cités. Napoléon Ier, grand admirateur de Jules César, préfère le néo-romain : *la colonne Vendôme, l'arc de triomphe de l'Étoile, l'arc de triomphe du Carrousel, la Madeleine* (copie d'un temple corinthien).

Sous la Restauration, on note une préférence pour le néo-gothique qui rappelle les grands moments de la royauté et de la féodalité.

Sous Napoléon III, les réalisations sont teintées de goût baroque ; par exemple, *l'Opéra* réalisé par **Charles Garnier** (1825-1898).

Parmi les architectes les plus connus, citons **Percier** (1764-1838), **Fontaine** (1762-1853), **Visconti** (1791-1853), **Lefuel** (1810-1881) ; tous ont travaillé aux travaux d'agrandissement du *Louvre*.

L'urbaniste **Haussmann** (1809-1891) change le visage de Paris en perçant de grandes artères comme *l'avenue de l'Opéra* et les avenues rayonnant autour de *l'arc de l'Étoile*...

L'architecte **Viollet-le-Duc** (1814-1879) est le plus célèbre restaurateur d'églises et de châteaux médiévaux *(Carcassonne, Pierrefonds, Vézelay...).*

L'architecture rurale

Définition

La majeure partie des témoignages encore visibles de l'architecture rurale, bien que mis en place dès le Moyen Âge, ne sont guère antérieurs au XIXe siècle.

Elle est aussi appelée « petit patrimoine » ou » architecture « vernaculaire », c'est-à-dire architecture indigène, qui appartient à une communauté.

Le patrimoine rural s'est façonné au fil des années grâce à l'activité humaine. Il s'est constitué à partir de terres, de reliefs, de climats, de cultures, d'une très grande variété.

Le patrimoine rural, ce sont à la fois :

- les paysages, qui ont été façonnés au cours des âges par les paysans vivant de l'exploitation des ressources de la nature ;
- les produits du terroir adaptés aux conditions locales et aux besoins des hommes ;
- les techniques, outils et savoir-faire qui ont permis l'exploitation du terroir ;
- et aussi les immeubles, formant l'**architecture rurale** (villages, habitat et édifices dispersés ou non).

Les hommes qui vivent du terroir ont de plus en plus conscience que cet ensemble leur appartient. De même que l'espace rural et son patrimoine sont désormais considérés comme le bien et le lieu de tous les hommes, ceux des villes comme ceux des campagnes.

Le bâti ne concerne pas que les fermes, il y a aussi les constructions qui se rapportent à :

- **l'eau :** lavoirs, fontaines, points d'eau, étangs, écluses, canaux...
- **la religion :** chapelles, oratoires, croix...
- **le travail :** artisanat, agriculture, petites industries traditionnelles...

■ **le cheminement** : sentiers, chemins et routes, chemins de fer, gués, ponts, aqueducs...

Chaque pays, chaque région a son architecture rurale caractéristique ; la ferme bretonne ne ressemble pas à la ferme alsacienne ni à la ferme basque.

La prise de conscience que ces différences forment une variété enrichissante pour le domaine touristique est de plus en plus grande.

C'est pourquoi le petit patrimoine est de plus en plus valorisé grâce à des expositions, des centres d'interprétation, des maisons de pays, des réaffectations de bâti traditionnel à usage public, des mises en place de circuits, d'itinéraires.

Parmi les éléments de ce patrimoine vernaculaire, il y a :

Quelques exemples d'architecture rurale

La mare

Elle est souvent au milieu du village, résultant d'une ancienne exploitation d'un sol argileux, servant à drainer les eaux de pluie. Les oiseaux et les canards peuvent s'y baigner. Un **pédiluve** (rampe) peut servir d'accès aux chevaux pour leur bain.

La **lavogne** est une dépression du sol entourée de pavés, dans les Causses.

La fontaine

Elle permet l'alimentation en eau et contribue à l'embellissement de la place du village.

Elle peut être adossée à un repli de terrain, à un bâtiment, placée sous voûte (pour protéger des chutes de feuilles et garder la fraîcheur de l'eau), munie d'une auge ou d'un puisoir, associée à un lavoir-abreuvoir.

Au centre de la place, elle est isolée et constituée d'une borne verticale, d'un édicule à fronton et colonnettes au milieu d'un bassin circulaire ou polygonal ; 2 barres en fer parallèles sont placées sous le jet pour poser le seau.

Le puits

Le puits peut être un simple trou creusé dans la terre, mais aussi taillé dans le roc ou maçonné pour atteindre la nappe aquifère souterraine.

Le modèle le plus ancien est le puits à balancier.

Lorsque l'ouvrage est maçonné, il se compose d'une pierre circulaire et d'un mécanisme pour hisser le récipient.

Le puits est souvent couvert d'un édicule circulaire ou carré, avec un toit à 2 ou 4 pans, ou un dôme ; un volet de bois ou une grille assurent la protection des enfants et des animaux ; le treuil est à manivelle.

Le lavoir

Les lavoirs existent dès le XVIIIe siècle, mais la plupart datent surtout du XIXe et du début du XXe siècle.

Il est situé près d'une source, d'une rivière, à proximité du village, construit à l'initiative de la commune.

Son plan est généralement rectangulaire. Il peut être à **impluvium** et dans ce cas a un plan en U, circulaire, semi-circulaire ; l'eau de pluie alimente alors le bassin.

Le bassin est carré, rectangulaire, circulaire, ovale, parfois double pour laver et rincer le linge dans des bassins différents.

Le lavoir peut être à ciel ouvert au bord d'un cours d'eau. Son trottoir est dallé avec un plan incliné vers l'eau.

Des abris peuvent être aménagés pour éviter les intempéries, tels des bâtiments sous un toit en appentis ou à double pente, soutenu par une file de poteaux en bois, ou même sous une voûte.

La galerie doit mesurer au moins 1,60 m de large ; on ménage 0,80 m entre chaque laveuse et 2 m en vis-à-vis. Le sol est en pente pour aider à l'écoulement de l'eau, le fond pavé, dallé pour faciliter son nettoyage.

On peut aussi trouver des barres d'égouttage en bois, des bancs pour le repos des lavandières, des tablettes pour poser les affaires, une cheminée pour chauffer l'eau, des toilettes.

La glacière

Les glacières se sont généralisées entre le XIIᵉ et le XIXᵉ siècle.

Il s'agit de silos semi-enterrés, munis d'une cuve maçonnée cylindrique ou ovoïde, voûtée (4 à 8 m de diamètre), dont les deux tiers inférieurs sont enterrés, recouverte d'un enduit pour l'étanchéité. L'accès se fait par une échelle ou un escalier métallique. À la base, un puisard permet l'écoulement de l'eau de fonte.

L'ouverture est située au nord ou à l'est pour éviter le réchauffement de la glace ; l'isolation est assurée grâce à de la terre, de la végétation.

Le décor extérieur est généralement soigné : kiosque, pyramide, fausse grotte...

Les clôtures des champs

Elles peuvent être de simples haies vives.

On trouve des **palis** en Bretagne et des **libes** en Bourgogne : des pierres plates placées debout au sommet.

Des murs peuvent être aménagés en parallèle pour faire sécher les fruits.

Les barrières sont composées de lices horizontales, de potelets verticaux, et de contrepoids permettant la fermeture.

Les murets limitant les parcelles sont nommés **murgers** en Bourgogne, **cayrous**, **clapas** dans le Sud.

Les cabanes de bergers

Les cabanes de bergers (circulaires ou carrées) : nommées **bories**, **cabanons** en Provence, **cadoles**, **cabottes** en Bourgogne, **chibottes** dans le Velay, **capitelles** dans le Gard, **orris** dans le Roussillon, **gariottes**, **caselles** dans le Quercy et le Périgord, **tonnes** dans les Limagnes, **loges** dans le Berry et le Jura.

Le pigeonnier

Il est aussi appelé **colombier** : de **coulon**, ancien nom du pigeon.

Dans les régions de l'Ouest, le rez-de-chaussée est souvent occupé par autre chose (hangar, poulailler) ; on parle alors de **fuye**.

Lorsque des alvéoles sont accrochées au sommet d'une grange, sous un toit, le terme utilisé est **volet**.

Le pigeonnier peut être :

- isolé (dans un champ, une cour de ferme) ;
- incorporé dans un bâtiment (souvent dans un angle, en élévation) ;
- en surplomb du porche d'entrée ;
- dans le grenier ;
- en forme de tour circulaire (le plus fréquent), polygonale, carrée ;
- à pied de mulet (dont le toit n'a qu'une pente) ;
- en pierre, à colombages, en briques ;
- sur des poteaux, crépi d'un enduit lisse, pour protéger des prédateurs.

Il est muni en haut de trémies pour empêcher les oiseaux prédateurs de pénétrer à l'intérieur. Une porte permet l'accès à l'exploitant.

À l'intérieur on trouve des **boulins** (petites niches carrées) ou des poteries tournées (isothermes) dans lesquels viennent s'abriter les pigeons.

La plupart des pigeonniers datent des XVIIe et XVIIIe siècles.

Le pigeon fournit une nourriture et du guano, engrais naturel.

Sous l'Ancien Régime, pour posséder un pigeonnier, il fallait être seigneur, ou exploiter plus de 50 arpents (35 à 50 ares selon les localités) de terre, ou être abbé d'un monastère.

Villeneuve-les-Cerfs : pigeonnier

Villeneuve-les-Cerfs est un village de la Limagne, au nord du département du Puy-de-Dôme.

Ce pigeonnier, de plan carré, est perché sur 4 pilotis, empêchant ainsi l'accès aux prédateurs.

La construction est à pans de bois, composée de deux registres de décharges en croix de Saint-André, et torchis.

La couverture à 4 pans est en tuiles plates, terminée par un lanternon sommital pour permettre la sortie des pigeons.

Villeneuve-les-Cerfs : pigeonnier (fig. 16)

Le four à pain

Avant la Révolution, on utilisait un four communal, dit **four banal**.

L'ouverture peut être aménagée dans l'âtre ou former une excroissance extérieure avec sole dallée et tapissage de briques réfractaires.

Les halles

Elles servent à abriter les marchés. Elles ont été construites à partir du XVe siècle, au centre du village ; leur création est liée à une charte seigneuriale.

Le bâtiment est rectangulaire, couvert d'un toit à 2 pans descendant bas. Il est composé d'une nef unique ou pas, et dans ce cas on peut voir une véritable forêt de piliers. Au XIXe siècle, les piliers de bois et les toits de tuiles sont remplacés par des piles de fonte et des verrières, de type **Baltard**.

Parfois, les pignons sont en pierre ou à colombage (en Normandie)

Il arrive que la maison consulaire (pour l'administration, la justice) soit construite au-dessus.

Le travail

Il sert à ferrer les animaux.

Il est constitué de 4 poteaux supportant un toit en bâtière.

Le four à chaux

Il est aussi appelé **chaufour**.

Il existe depuis l'Antiquité, mais les vestiges datent du XVIIe au début du XXe siècle.

Placé près des carrières, il est composé d'un grand bâtiment pour la calcination de pierres calcaires, afin de les transformer en chaux (servant pour le mortier de construction). La chaudière est un cylindre vertical de 6 à 15 m de haut qui s'appuie au relief ; elle est munie d'un **gueulard**, ouverture en haut pour l'enfournement des pierres et du combustible (charbon). La paroi est tapissée de briques réfractaires.

Devant on trouve les bouches de défournement pourvues d'une galerie de circulation avec l'extérieur, d'une rampe d'accès au gueulard et d'un quai d'accès pour les bateaux si le four est proche d'une voie navigable.

La sculpture

- **François Rude** (1784-1855) réalise des œuvres monumentales avec un style héroïque *(Le départ des volontaires de 1792* ornant l'arc de triomphe de l'Étoile).
- **David d'Angers** (1788-1856) est un portraitiste.
- **Barye** (1796-1875) est un sculpteur animalier.
- **Carpeaux** (1827-1875) recherche les effets de vie, de fluidité, de mouvements (*La Danse* qui orne la façade de l'Opéra de Paris).
- **Auguste Rodin** (1840-1917) est un admirateur de Michel-Ange ; il pratique la technique du « non finito », consistant à faire jaillir l'œuvre achevée d'un bloc laissé volontairement informe de manière à montrer ce que l'artiste peut faire sortir d'un bloc de pierre brute. De son œuvre émane un certain réalisme érotique.
- **Bartholdi** (1834-1904) réalise des œuvres de grandes dimensions, en utilisant les techniques nouvelles, c'est ainsi que *La Liberté éclairant le monde* à New York est en cuivre martelé sur charpente métallique réalisée par Gustave Eiffel.

Frédéric-Auguste Bartholdi (1834-1904)
La fontaine de la place des Terreaux à Lyon, 1887-1889

Barthodi est connu pour ses gigantesques monuments de facture académique, comme le *Lion de Belfort* ou la *Liberté éclairant le monde* à l'entrée du port de New York.

Ce groupe sculpté forme une ronde-bosse. Il est en plomb repoussé et martelé.

La statue représente la Saône et ses affluents (au départ ces quatre chevaux frémissants symbolisaient les fleuves allant à l'Océan, et cette fontaine avait été commandée puis fut refusée par la ville de Bordeaux ; la ville de Lyon l'a alors achetée et inaugurée place des Terreaux le 22 septembre 1892).

La statue se trouve au milieu d'un bassin circulaire.

La composition est pyramidale, le sommet étant formé par une allégorie de la Saône, sous les traits d'une femme tenant les rênes des chevaux et encadrée de deux putti.

Par leur mouvement, les chevaux forment une croix ; cette composition en diagonales crée l'idée de mouvement et de puissance, idée renforcée par le fait que les chevaux bondissent, baissent la tête ou se cabrent, piaffent ; leurs crinières échevelées sont écrêtées comme des vagues.

Ces silhouettes écrêtées donnent à l'eau des cascades, des tourbillons qui enchevêtrent les lignes. Des éclats lumineux sont formés par les glissades de l'eau, jamais vraiment au même endroit, ce qui contribue encore à renforcer le dynamisme de l'ouvre.

Pour cette fin de siècle, Bartholdi garde une facture traditionnelle (Rodin, par exemple, est plus novateur), néo-baroque dans sa composition dynamique. Le thème de l'allégorie du fleuve est traditionnel.

Frédéric-Auguste Bartholdi (1834-1904) La fontaine de la place des Terreaux à Lyon, 1887-1889 (fig. 17)

La peinture

Le néo-Classicisme

Les formes sont rigides, les compositions structurées.

- **Louis David** (1748-1825) prend ses modèles dans la statuaire grecque ; il est le peintre d'histoire de Napoléon Ier *(Le Sacre)*.
- **Jean-Auguste-Dominique Ingres** (1780-1867) réalise surtout des portraits, et des vitraux *(Chapelle royale* de Dreux).

Le Romantisme

Il va s'appliquer à traduire des sentiments et la violence des passions.

- **Antoine Gros** (1771-1835) peint les campagnes napoléoniennes.
- **Théodore Géricault** (1791-1824) s'intéresse à la souffrance et à la mort *(Le Radeau de la Méduse)*.
- **Eugène Delacroix** (1798-1863) est un peintre d'histoire *(La Liberté guidant le peuple, Scènes des massacres de Scio)*, de natures mortes, de paysages et d'animaux.

L'Orientalisme

Le goût pour l'Orient (en fait l'Afrique du Nord) est dû à la politique colonialiste de la France ; au lieu de faire le « voyage à Rome » cher aux classiques, les artistes vont désormais à la découverte de ces nouvelles colonies. Les campagnes napoléoniennes avaient également mis l'Égypte à la mode.

- **Delacroix :** *Femmes d'Alger dans leur appartement.*

Les paysagistes

Ils peignent désormais directement dans la nature, et non plus en atelier des compositions imaginaires.

- **Camille Corot** (1796-1875) est l'un des premiers à réaliser des études directes d'après nature.

- **L'École de Barbizon** regroupe des artistes qui se retrouvent à Barbizon, en forêt de Fontainebleau. Leur peinture par larges touches annonce l'Impressionnisme.
- **Théodore Rousseau** (1812-1867),
- **Jules Dupré** (1811-1889),
- **Narcisse Diaz de la Peña** (1807-1876).

Le Réalisme

Il dépeint bien sûr la réalité quotidienne.

- **Jean-François Millet** (1814-1875) s'intéresse à la dureté de la vie paysanne.
- **Honoré Daumier** (1808-1879) peint la misère du petit peuple né de l'industrialisation.
- **Gustave Courbet** (1819-1877) peint les paysans *(L'Enterrement à Ornans),* les gens modestes.

Le Symbolisme

C'est la peinture des songes, des états d'âme.

- **Odilon Redon** (1840-1916).
- **Pierre Puvis de Chavannes** (1824-1898) réalise une œuvre monumentale et affectionne la couleur bleue.
- **Gustave Moreau** (1826-1898) puise ses thèmes dans l'histoire biblique.

L'art Pompier

Ce terme, créé en 1888, désigne un art emphatique et prétentieux, très académique, en fait ce qui se vendait bien à la fin du XIXe siècle, au désespoir de peintres réalisant des recherches originales. Ce terme a été choisi, car le jour du concours de sortie de l'école des Beaux-Arts, les pompiers de Paris assuraient le service d'ordre en tenue d'apparat, et les élèves trouvaient qu'on exigeait d'eux un art aussi rutilant que les casques des pompiers de Paris.

- **Thomas Couture** (1815-1879),
- **Alexandre Cabanel** (1823-1889),
- **William Bouguereau** (1825-1905).

L'Impressionnisme

Il est considéré comme le début de la peinture contemporaine. La photographie se charge désormais de reproduire la réalité, libère donc l'artiste de cette contrainte, il va pouvoir expérimenter lignes et couleurs.

Chez les Impressionnistes, la couleur prend le pas sur la forme. L'artiste ne dessine plus son sujet, il lui donne forme en juxtaposant par petites touches différentes couleurs.

La lumière fascine les peintres qui tentent de la représenter visuellement aux différentes heures de la journée.

Le nom d'« Impressionnisme » vient du titre d'un tableau de **Claude Monet** (1840-1926) *Impression, soleil levant*, peint en 1872.

Les Impressionnistes ont été influencés par **Édouard Manet** (1832-1883) dont les derniers tableaux sont peints par touches de couleurs juxtaposées.

Parmi d'autres artistes impressionnistes, citons :

- **Camille Pissarro** (1830-1903),
- **Auguste Renoir** (1841-1919),
- **Alfred Sisley** (1839-1899).

Le Pointillisme

Il va aller plus loin encore que l'Impressionnisme. Les peintres vont fractionner la lumière et s'appuyer sur les théories du physicien Chevreul sur la composition des couleurs. Ils peignent par petits points (ce qui donne un ensemble structuré) et par exemple, au lieu de peindre des points verts, mélangent des points bleus et des points jaunes.

- **Georges Seurat** (1859-1891),
- **Paul Signac** (1863-1935).

Il s'agit d'un groupe de peintres animé par **Paul Séruzier** (1865-1927) qui se réunit à partir de 1889 au restaurant *L'Os à moelle* à Paris. « Nabi » signifie « prophète » en hébreu ; ces artistes veulent annoncer en effet un art plus original, plus dépouillé en simplifiant les tons, en supprimant le modelé, s'inspirant des peintres symbolistes, de Gauguin, de l'imagerie populaire.

- **Édouard Vuillard** (1868-1940),
- **Félix Valloton** (1865-1925),
- **Maurice Denis** (1870-1943).

Les grands maîtres qui annoncent le XXe siècle

- **Paul Cézanne** (1839-1906) : après avoir été influencé par l'Impressionnisme, il se met à peindre par larges touches, avec des couleurs franches. Il cherche à exprimer l'architecture interne de la nature, en particulier de la montagne Sainte-Victoire près d'Aix-en-Provence ; il géométrise la nature, élimine les détails superflus, donne différents points de perspective sur un même tableau. Il influencera le Cubisme.
- **Paul Gauguin** (1848-1903) est tout d'abord influencé par l'Impressionnisme, puis il dépouille les formes, utilise des couleurs vives, appuie les traits de contours, si bien que l'on parle de « cloisonnisme » pour son œuvre, la comparant à la technique du vitrail.
- **Vincent Van Gogh** (1853-1890) a été lui aussi influencé par l'Impressionnisme, puis il va peindre par traits vigoureux, tourbillonnants et va utiliser des couleurs pures très vives, traduisant ainsi sa nature exaltée.

La Russie

L'architecture

En architecture, les travaux les plus importants sont réalisés à Saint-Pétersbourg.

- **Auguste Ricard de Montferrand** réalise en 1817 **la cathédrale Saint-Isaac**, imitant le Panthéon.
- **Voronikhine** (1760-1814) s'inspire de Saint-Pierre de Rome pour édifier, de 1801 à 1811, **Notre-Dame-de-Kazan**.

L'Allemagne

L'architecture

Léo Von Klenze (1784-1864) s'inspire de la Grèce.

En Bavière, Louis II fait réaliser les châteaux de Neuschwanstein (néo-gothique), de Linderhof (néo-baroque), de Herrenchiemsee (copie de l'aile centrale de Versailles).

La peinture

Le romantisme a une grande place.

- **Caspard David Friedrich** (1774-1840), paysagiste.

L'Italie

La peinture

Les Nazaréens : ce groupe a été constitué en 1810 à Rome par des peintres allemands s'inspirant de Pérugin et de Raphaël.

- **Peter Cornelius** (1783-1867),
- **Schnorr Von Carolsfeld** (1794-1872).

L'Espagne

La peinture

Francisco Goya (1746-1828) : après des œuvres légères de l'aristocratie, il se tourne vers l'expressionnisme, dénonçant les malheurs de la guerre.

L'Angleterre

L'architecture

Le néo-grec va être supplanté par le néo-gothique.

De nombreux châteaux sont construits.

- **Augustus Pugin** (1812-1852).

La peinture

Les **paysagistes** peignent par touches de couleurs.

- **John Constable** (1776-1837),
- **Richard Bonington** (1802-1828),
- **William Turner** (1775-1851) dans ses dernières œuvres annonce l'Impressionnisme.

Le **préraphaélisme** regroupe des peintres s'inspirant des peintres italiens du Quattrocento.

- **Dante Gabriel Rossetti** (1828-1882),
- **Holman Hunt** (1827-1910),
- **John Everett Millais** (1829-1896).

L'Art Nouveau

C'est un art qui est né en Europe dans les années 1880. Il s'agit d'une réaction de nature esthétique contre la civilisation industrielle. Les artistes admirent profondément le Moyen Âge, la nature revue et corrigée, stylisée ; fleurs et femmes ondulent en lignes serpentines. Mais ils sont également tournés vers le futur et les matériaux nouveaux.

L'architecture

Les premières constructions en fer et en verre sont réalisées, mais si ce n'est chez Eiffel, le métal adopte des formes florales.

- **Gustave Eiffel** (1832-1923) : *viaduc* de Garabit, Tour à Paris.
- **Henri Labrouste** (1801-1875) : salle de lecture de la *Bibliothèque nationale* à Paris (coupoles et colonnes sont en fer).
- **Hector Guimard** (1867-1942) : entrées des *stations de métro* parisiennes.
- **Antonio Gaudi** (1852-1926), espagnol *(l'église de la Sagrada Familia* à Barcelone).
- **Otto Wagner** (1841-1918), autrichien, travaille à Vienne.

La peinture

Les premières affiches pour les réclames apparaissent, et le style dépouillé de l'Art Nouveau s'adapte bien à leur fonction.

- **Alfons Mucha** (1860-1939), tchèque.
- **Henri de Toulouse-Lautrec** (1864-1901), français.
- **Gustav Klimt** (1862-1918), autrichien.

De nombreux vitraux sont également réalisés :

- **Eugène-Samuel Grasset** (1845-1917).

L'Art Nouveau est également très important dans le domaine des arts décoratifs (mobilier, verrerie). En France, il s'est particulièrement bien développé à Nancy.

Chapitre 15

L'art contemporain

Voir cartes p. 341 et 342.

L'architecture

Les nouveaux matériaux

Le fer

Il va prendre une place de plus en plus grande. Déjà, au XIXe siècle, il avait permis des réalisations novatrices :

- En 1823, **Marc Seguin** (1786-1875) avait construit le premier *pont suspendu* à Tournon, sur le Rhône ;
- En 1861, **Victor Baltard** (1805-1874) élevait les *halles* de Paris, dont l'ossature en fer supportait une structure en verre ;
- En 1882, **Gustave Eiffel** (1832-1923) réalisait le *viaduc* de Garabit, dont l'arche unique a une portée de 165 mètres et en 1889, il présentait à l'Exposition universelle de Paris la *Tour* de 305 mètres de haut.

Le béton armé

Il a été conçu en 1850 par **Joseph Monier** (1823-1906) :

- En 1895, **François Hennebique** (1842-1921) construit le premier silo en béton armé à Roubaix ;
- En 1906, **Auguste Perret** (1874-1954) réalise un *garage rue de Ponthieu* à Paris, et de 1910 à 1913 le *théâtre des Champs-Élysées* ;
- **Tony Garnier** (1869-1948) projette une cité industrielle entre 1901 et 1935 pour 35 000 habitants qui sera partiellement réalisée à Lyon ;
- **Eugène Freyssinet** (1879-1962) élève les *hangars* d'Orly entre 1916 et 1924 (détruits en 1944).

Elles permettent de réaliser des courbures irrégulières, sans assemblage et sont insensibles aux intempéries.

- En 1956, **Schein** (1927-2004), **Magnant** et **Coulon** (1908-1997) présentent leur maison au Salon des arts ménagers de Paris.

Elles sont permises grâce à ces matériaux nouveaux.

- Les structures pneumatiques gonflables grâce aux matières plastiques.
- Les structures spatiales, comme le mur suspendu à des tubes d'aluminium, de cuivre ou de titane (qui résiste très bien à la corrosion).
- Le mur-rideau, extérieur, non porteur, est construit avec des éléments standardisés et préfabriqués, souvent vitré (une ossature interne porte les planchers et les murs intérieurs).
- La voile prétendue est réalisée en béton ; elle a été conçue en 1962 par **René Sarger** (1917-1988). Il s'agit d'un toit dont les matériaux sont mis en tension par une double courbure inverse ; tendant ainsi à l'apesanteur, on doit les clouer au sol par une attache.
- Le dôme géodésique est formé de coupoles composées de tétraèdres portés par une résille d'acier.

Les formes nouvelles

- La pyramide tronquée,
- le cône ou le cône tronqué,
- la sphère,
- le cylindre,
- l'œuf,
- la coquille,
- l'escargot,

- la spirale,
- ...

Les premiers courants

Le Cubisme

Le Cubisme présente des ensembles réguliers assemblés à angles droits. Les gratte-ciel se présentent ainsi :

- en 1930, **Van Alen** (1883-1954) élève le *Chrysler* à New York ;
- en 1931, **Shreve** (1877-1946), **Harmon** (1878-1958) et **Lamb** (1883-1952) construisent *l'Empire State Building* à New York.

Le Constructivisme

Le Constructivisme russe est animé par les frères **Vesnine** (Leonid 1880-1933 ; Viktor 1882-1950 ; Alexandre 1883-1959) qui font de nombreux projets de gratte-ciel dans les années 1930.

Le groupe De Stijl

En Hollande, il a été créé en 1917, et a pour principaux animateurs **Oud** (1890-1963) et **Rietveld** (1888-1964). Le principe de base est l'angle droit, avec des jeux de volumes s'étageant en quinconce, de grandes salles de séjour, de petites salles de service. **Rietveld** conçoit des cloisons mobiles permettant de moduler les pièces des appartements.

Le groupe du Bauhaus

En Allemagne, il a été créé en 1919 par **Walter Gropius** (1883-1969) et **Mies Van der Rohe** (1886-1969) et s'est senti investi d'une mission sociale. Il va élaborer des bâtiments cubistes, simples, sans décoration, rationnels et fonctionnels, et va également concevoir un mobilier fonctionnel, reproductible en série, à placer dans les intérieurs.

En exprimant le luxe des Années folles, cette exposition permet de redécouvrir la décoration, et le béton va s'habiller de marbre, de stuc, de mosaïque, de céramique, de fer forgé.

Élaborée en 1925, cette charte présente une étude de l'habitat social, de la ville fonctionnelle, souhaitant assurer aux hommes des logements sains (bien aérés, ensoleillés, convenablement équipés en sanitaires) au milieu de verdure, et prévoyant des installations pour les divertissements.

Il apparaît dans les années 1930 ; le même type de construction se retrouvera dans tous les pays. Des architectes de différents pays peuvent travailler à un même projet, avec des conceptions similaires. Les gratte-ciel illustrent bien ce style international.

Ils réutilisent des matériaux traditionnels comme la brique et le bois. C'est le cas du Danois **Arne Jacobsen** (1902-1971), du Finlandais **Alvar Aalto** (1898-1976).

Deux grands architectes du XXe siècle

De son vrai nom **Charles-Édouard Jeanneret** (1887-1965), **Le Corbusier** crée des espaces cubistes, et est l'un des premiers à pratiquer le « brutalisme », c'est-à-dire à utiliser le béton brut dans son irrégularité de matière et de forme. Il s'intéresse aux problèmes d'insonorisation, d'air conditionné, de brise-soleil (grâce aux fenêtres taillées en biseau). Sa célèbre *Cité radieuse* de Marseille (1947-1952) regroupe ses principes de volumes à angle droit sur pilotis, de toit-terrasse avec aménagements ludiques, de cloisons mobiles dans les appartements, de baies vitrées, englobant également des boutiques ; elle est effective- ment une « unité d'habitation ». Seule exception dans son œuvre cubiste, *la chapelle Notre-Dame-du-Haut* à Ronchamp où les murs courbes portent un toit-pagode. Le Corbusier fonde ses constructions sur son principe de « Modulor », à savoir que les proportions des bâtiments doivent être fondées sur celles du corps humain.

Il est à l'origine de l'architecture organique, avec des bâtiments qui doivent s'intégrer harmonieusement dans le cadre naturel (c'est le cas de la *maison de la Cascade* élevée en 1936-1937 à Bear Run en Pennsylvanie, conçue comme un pont sur une cascade, les murs porteurs étant en pierres de taille, de grandes baies vitrées laissant « entrer » la forêt dans la maison). L'architecture organique veut également replacer l'homme dans des structures dans lesquelles il se sente aussi à l'aise que dans le fœtus ; c'est ainsi que la ligne courbe va être utilisée ; de 1956 à 1959 Wright édifie le *musée Guggenheim* à New York, en forme de cône renversé, de coquille d'escargot, dont la rampe en pente douce soulage le visiteur de va-et-vient inutiles. Ce principe d'architecture organique sera repris par d'autres architectes, tel le Finlandais **Eero Saarinen** (1910-1961) qui réalise, à partir de 1959, *le Terminal de la TWA* de l'aéroport Kennedy de New York.

Le milieu du siècle en France

Quelques réalisations originales méritent d'être signalées.

- En 1958, **Zehrfuss** (1911-1996), **Camelot** (1903-1992) et **de Mailly** (1911-1975) réalisent le *CNIT* à Paris, couvert d'une voile prétendue.
- De 1959 à 1963, **Bernard** (1912-1994) construit à Paris *la Maison de l'ORTF*, de forme circulaire, avec une tour en son centre.
- Dans les années 1960, **Balladur** (1924-2002) aménage *La Grande-Motte* et ses immeubles en forme de pyramides tronquées.

- En 1968, **Wogensky** (1916-2004) adopte les lignes courbes pour la *MJC* de Grenoble.
- Achevé en 1977, *le Centre culturel Georges Pompidou* à Paris est un parallélépipède en verre où les architectes **Piano** (né en 1937) et **Rogers** (né en 1933) ont rejeté tuyaux et tubes à l'extérieur pour ne pas perdre de place à l'intérieur.

Aujourd'hui

Des formes originales sont créées au Japon, grâce à **Kenzo Tange** (1913-2005), **Kurokawa** (1934-2007).

En France, les villes nouvelles éliminent les « tours » et les « barres » au profit de la maison individuelle ou de l'immeuble peu élevé ; des bâtiments intéressants sont réalisés par **Ricardo Bofill** (né en 1939) à Saint-Quentin-en-Yvelines (« Les Arcades du lac » conçues comme un viaduc plongeant dans un lac artificiel), secondé par **Manolo Nuñez** (né en 1942) à Marne-la-Vallée (« Les arènes de Picasso », de forme circulaire).

De grands travaux sont réalisés dans Paris :

- *le palais Omnisport de Bercy* par **Parat** (né en 1928), **Andrault** (né en 1926) et **Guvan** en 1984 ;
- *l'Institut du monde arabe* en 1987 par **Jean Nouvel** (né en 1945) où un système de cellule photo-électrique permet, grâce à des carreaux métalliques rappelant les kachis musulmans, un dosage de la lumière en fonction de l'ensoleillement ;
- l'aménagement de *La Villette : la géode* a été réalisée par **Fainsilber** (né en 1932) en 1985, *la Cité de la Musique* a été conçue par **Christian de Portzamparc** (né en 1944), terminée en 1991 ; le parc a été aménagé par **Tschumi** (né en 1944) ;
- *l'Opéra de la Bastille* a été terminé en 1989 par **Carlos Ott** (né en 1946) ;
- 1989 a vu également l'achèvement de *la pyramide du Louvre* par **Pei** (né en 1917) et de *l'Arche de la Défense* par **von Spreckelsen** (1929-1989) ;

- *la nouvelle Bibliothèque nationale* (dite François Mitterand) a été terminée en 1996 par **Dominique Perrault** (né en 1953), à Paris ;
- *le Grand Stade de France* a été aménagé en 1997 par **Zublena** (né en 1936), à Saint-Denis.

Il est à noter l'originalité des formes actuelles, qui s'inspirent en les retransposant des formes de l'Antiquité : pyramide du Louvre, colonnes cannelées, frontons de Ricardo Bofill...

Ce classicisme original côtoie des formes futuristes qui semblent jaillies de la science-fiction, comme l'*aérogare Lyon-Saint-Exupéry* de **Calatrava** (né en 1951), terminée en 1994, et des prouesses techniques :

- le *viaduc de Millau* de **Norman Foster** (né en 1935) plus haut (343 m max.) et plus long (2 460 m) pont du monde, terminé en 2004 ;
- la *Burj Khalifa à Dubaï* (Émirats Arabes Unis) d'**Adrian Smith** (né en 1944), plus haute tour du monde (818 m de hauteur), terminée en 2009.

Les courants artistiques en peinture et en sculpture

Le Fauvisme (peinture)

Il est né en 1905, au Salon d'Automne à Paris. Il repose sur l'exaltation de la couleur pure. L'exposition fait scandale, et le critique d'art Louis Vauxcelles qualifie de « Fauves » des couleurs aussi vives, aussi hurlantes.

Les Fauves désirent créer la lumière et l'espace par l'emploi de la couleur. Ils vont souvent travailler dans le Midi, là où les couleurs sont exaltées par le soleil et la luminosité.

Les Fauves forment trois groupes.

(Peintre symboliste mais qui n'a pas imposé son style.)

Matisse (1869-1954) et **Marquet** (1875-1947).

(Au bord de la Seine.)

Derain (1880-1954) et **Vlaminck** (1876-1958).

Dufy (1877-1953) et **Braque** (1882-1963).

Les Fauves admirent les couleurs de Van Gogh, la technique de l'aplat de Gauguin, la structure de Cézanne.

Le Cubisme (peinture et sculpture)

Il est né en 1907. Déjà, **Braque** faisait parallèlement au Fauvisme, des recherches sur la fragmentation de l'objet, mais c'est **Picasso** (1881-1973) qui sera le premier en 1907 à exposer un tableau cubiste *Les Demoiselles d'Avignon*.

La peinture cubiste veut présenter l'objet sous toutes ses faces, et le géométriser. Elle se divise en trois périodes.

De 1907 à 1910, **Braque** et **Picasso** s'inspirent de la géométrisation de Cézanne et de celle des masques africains.

De 1910 à 1912, devient plus complexe, plus hermétique. En 1911, la lettre au pochoir est introduite dans la peinture ; en 1912, c'est le tour du papier collé. **Braque** et **Picasso** sont rejoints par **Duchamp** (1887-1968), **Juan Grís** (1887-1927).

Pablo Ruiz Picasso (1881-1973)
Les Demoiselles d'Avignon
Musée d'Art moderne de New York

Picasso, après une Période bleue entre 1901 et 1904 et une Période rose entre 1905 et 1907, va rencontrer Braque qui fait des recherches sur le *fractionnement* de la forme et, enthousiaste, va faire aussi des démarches en ce sens ; en 1907, il expose le premier tableau cubiste *Les Demoiselles d'Avignon*, ouvrant ainsi la phase de la première étape du Cubisme, le Cubisme cézannien (1907-1910) où Braque et Picasso s'inspirent des constructions de Cézanne et des masques africains.

Le tableau, presque carré, ce qui est une forme assez originale, représente cinq prostituées nues d'une maison close de la rue d'Avignon à Barcelone ; les attitudes sont quelque peu provocantes.

Deux femmes debout de face nous regardent, encadrées par deux femmes de profil, formant l'arrière-plan ; au second plan à droite, une femme assise de dos nous regarde ; au premier plan, au centre, une nature morte se compose d'une grappe de raisin, d'une demi-poire, d'une pomme et d'une tranche de pastèque.

La composition est fermée. Les corps forment des lignes verticales et des obliques sont créées par les jambes, les bras, la nappe, les cassures des plis des rideaux.

Les couleurs complémentaires bleu et orangé créent un effet chatoyant et dynamique et forment aussi un contraste thermique, le bleu couleur froide de l'arrière-plan projetant en avant les orangés, couleurs chaudes.

Une certaine luminosité est donnée par le blanc de la toile laissé pour la nappe, les draps.

Ce tableau est un véritable manifeste du Cubisme où l'on voit toute une progression dans la déstructuration de la forme (en partant de la gauche). La première femme, de profil, écarte un rideau de la main droite, ses formes sont anguleuses. La seconde femme est de face, jambe gauche repliée, bras droit replié derrière la tête, tenant un drap sur sa cuisse gauche ; ses formes sont anguleuses, son visage de face mais son nez de profil. La troisième femme est placée derrière la seconde ; on ne voit qu'une jambe ; ses bras sont repliés derrière sa tête ; ses formes sont anguleuses ; son visage est de face mais son nez de profil. La quatrième femme, de profil, a les bras relevés ; ses formes sont anguleuses ; son visage, prognathe, rappelle le travail fait sur les masques africains ; le nez est mince et long, on note des zébrures rouges sous les yeux, vertes le long du nez ; ses seins sont peints de taches rouges et vertes ; rappelons que les Fauves utilisaient les couleurs complémentaires dans le traitement des ombres. La femme assise, de dos, a le visage de face, le nez de profil, ce qui décale la position des yeux ; le volume de son nez est rendu par des zébrures bleues.

Les rideaux aux plis lourds rappellent les formes anguleuses des corps.

La peinture est linéaire, par aplat.

Ce tableau va profondément influencer la peinture contemporaine et définit le Cubisme : volumes énergiques, taillés à coups de hache, désir de représentation de la forme sous toutes ses faces d'où sa fragmentation et sa destructuration.

Picasso, peintre, a aussi sculpté, peint des céramiques, écrit des pièces de théâtre. Son œuvre a été critiquée, mais très tôt il a eu des admirateurs et des acheteurs. Depuis 1985, Paris lui a consacré un musée, installé dans l'hôtel Salé.

Pablo Ruiz Picasso (1881-1973)
Les Demoiselles d'Avignon (fig. 18)

Le Cubisme synthétique

De 1912 à 1914, revient à la figuration.

L'Orphisme

Issu du Cubisme, prône l'utilisation de la couleur pure, avec **Robert Delaunay (1885-1941)** et **Fernand Léger (1881-1955)** que l'on qualifie également de « tubiste » car il crée un univers de robots.

Le Purisme

Issu également du Cubisme, il n'accepte pas la destruction de l'objet qui est restitué dans ses contours d'épure ; **Jeanneret** (1887-1965, dit aussi **Le Corbusier**) en est un bon représentant.

La sculpture cubiste

La sculpture cubiste déstructure et géométrise les formes ; elle est représentée par **Gonzalez (1876-1942)**, **Duchamp-Villon** (1876-1918), **Zadkine (1890-1967)**, entre autres.

Le Futurisme

C'est un mouvement pictural italien, dont le Manifeste a été écrit en 1909 par **Marinetti (1876-1944)**. Le caractère agressif de ce mouvement s'explique par l'étouffement des artistes par l'académisme ; les artistes sont invités à rejeter le passé, à chanter le monde moderne, la vitesse, la lumière, et c'est ce que vont traduire en peinture **Boccioni (1882-1916)**, **Balla (1871-1958)**, **Severini (1883-1966)**, **Carra (1881-1966)** et **Russolo** (1885-1947).

Le Rayonnisme

C'est un mouvement pictural russe fondé en 1911 par **Michel Larionov (1881-1964)** et **Nathalie Gontcharova (1881-1962)** suite aux conférences de Marinetti en Russie. Le Rayonnisme va aussi traduire le mouvement, la lumière, utilise des couleurs pures, et sera à l'origine des premières compositions abstraites.

L'art abstrait (peinture et sculpture)

Il apparaît à partir de 1910, né des expériences des courants précédents, qui petit à petit mènent à des représentations non figuratives, à des jeux de formes, de couleurs, de matières. On a alors parlé d'anéantissement de l'art, de substitut du sentiment religieux.

Le peintre russe Kandinsky (1866-1944)

Il est le père de l'art abstrait, bien que ponctuellement des œuvres non figuratives avaient déjà été réalisées. Il crée des « improvisations » (expression de la nature intérieure), des « impressions » (expression de la nature extérieure), des « compositions » (références à l'objet).

Parmi les précurseurs, citons encore :

Le peintre russe Malévitch (1878-1935)

Ce peintre fonde le **Suprématisme**. Il réduit la peinture à certains éléments de base géométriques, comme le cercle, le carré, le triangle, la croix. On considère qu'il est allé jusqu'au nihilisme en peignant *Carré blanc sur fond blanc*.

Le peintre hollandais Mondrian (1872-1944)

Il recherche la pureté des lignes verticales et horizontales, de l'angle droit, et des trois couleurs pures.

Le peintre suisse Klee (1879-1940)

Il compose des séries de « carrés magiques ».

Le peintre français Delaunay (1885-1941)

Issu du Cubisme, il compose à partir de 1912 des séries de *Fenêtres* où, en étudiant la décomposition de la lumière à travers une vitre, il arrive à des compositions abstraites. Il fera également des séries de « disques simultanés » où des cercles emboîtés les uns dans les autres sont peints de couleurs complémentaires.

Parmi les peintres abstraits les plus célèbres, citons :

- **Dubuffet** (1901-1985), **Estève** (1904-2001), **Hartung** (1904-1989), **Le Moal** (1909-2007), **Manessier** (1911-1993), **Mathieu** (né en 1921), **Poliakoff** (1906-1969), **Riopelle** (1923-2002), **Soulages** (né en 1919), **Nicolas de Staël** (1914-1955), **Ubac** (1910-1985), **Zao Wou-Ki** (né en 1921), **Yves Klein** (1928-1962) qui réalise des tableaux « monotons » (d'une seule couleur, souvent bleue).

Il existe différents types d'abstraction.

L'abstraction géométrique, ou Hand-Edge painting

- Josef **Albers** (1888-1976).

Elle triomphe dans les années 1930 et repose sur les compositions géométriques.

L'abstraction lyrique, art informel, tachisme

Elle est née après 1945 et prône l'expression libre, les coloris éclatants.

L'action painting

Elle est apparue dans les années 1950 aux États-Unis, s'inspire de la calligraphie orientale, de l'Expressionnisme allemand et de l'automatisme surréaliste (voir paragraphes suivants). Le plus célèbre peintre est **Pollock** (1912-1956) qui réalise des **drippings** : il répand la peinture sur la toile – posée à plat sur le sol – à partir d'une boîte percée de trous ou d'un bâton dégoulinant de façon à tracer un réseau coloré très dense. On parle également d'**Expressionnisme abstrait** ou de **Color-field painting** pour ces réalisations.

L'art abstrait se manifeste également dans le domaine de la sculpture.

- **Gabo** (1890-1977) et le **Constructivisme** russe, avec ses compositions en matières plastiques transparentes, en fils d'acier tendus.

- **Arp** (1887-1966) crée des formes **amiboïdes** (en forme d'amibes).
- **Calder** (1898-1976) crée des mobiles, plaques métalliques vibrant au gré des courants d'air, puis des **stabiles**, formes métalliques massives, ancrées au sol, rappelant parfois des animaux (« anistabiles »).

L'Expressionnisme

C'est un mouvement né de la Première Guerre mondiale. Il exprime une philosophie, une idée politique (dénonçant souvent la guerre) ou religieuse, grâce à des formes amples et des couleurs violentes.

En France

- **Rouault** (1871-1958) exprime souvent les mystères de la religion.
- **Gromaire** (1892-1971) dénonce la guerre.

En Allemagne

L'Expressionnisme se manifeste surtout à travers le groupe **Brücke** (le pont) :

- **Kirchner** (1880-1938), **Nolde** (1867-1956), **Grosz** (1893-1959), **Dix** (1891-1969), et aussi le Norvégien **Munch** (1863-1944) et le Belge **Ensor** (1860-1949). Puis le groupe **Cobra** (dont le nom est formé des premières lettres des villes Copenhague, Bruxelles, Amsterdam) entre 1948 et 1951.

L'Expressionnisme se retrouve aussi dans la sculpture :

- **Germaine Richier** (1904-1959) et ses œuvres puissantes, massives ;
- **Giacometti** (1901-1966) qui allonge démesurément le corps humain.

Le mouvement Dada

Il est né lui aussi de la Première Guerre mondiale chez des artistes réalisant que l'art ne peut arrêter une catastrophe. Un sentiment de révolte, un constat d'échec, une volonté de choquer naissent alors.

Le terme « Dada » a été choisi en laissant s'ouvrir un dictionnaire au hasard. Les artistes se sont regroupés en pays libre, à Zurich. Ils rejettent toutes les expériences précédentes. L'œuvre d'art est niée, remise en question.

- **Duchamp** (1887-1968) fait des « ready-made » (objets déjà fabriqués). Il signe ainsi un porte-bouteille, un urinoir. Reniant le passé, il « désacralise » *La Joconde* en l'affublant de moustaches et en la rebaptisant *L HOO Q*. Il réalise également une peinture sur une vitre *La Mariée mise à nue par ses célibataires, même.*
- **Picabia** (1979-1953) traduit son goût pour la mécanique dans les tableaux.

Le Surréalisme

C'est un mouvement littéraire et artistique fondé par **André Breton**, qui écrit en 1924 *Le manifeste du Surréalisme.* Ses écrivains notent leurs rêves, pratiquent l'écriture automatique. Les peintres s'inspirent de Bosch, de Goya, s'intéressent au rêve, au subconscient. Ils veulent dépasser le réel, provoquer la surprise, le dépaysement, libérer la pensée.

- **Max Ernst** (1891-1976), belge, **André Masson** (1896-1987), français, **Yves Tanguy** (1900-1955), français, **Joan Miró** (1893-1967), espagnol, **Giorgo de Chirico** (1888-1967), italien, **Magritte** (1898-1967), belge, **Salvador Dali** (1904-1989), espagnol, peint et sculpte.

L'École de Paris

Elle regroupe des artistes étrangers, venus en France autour des années 1910.

- **Modigliani** (1884-1920), italien, peint des portraits aux formes étirées ; son linéarisme rappelle l'art byzantin.
- **Soutine** (1894-1943), russe, peint des formes tourmentées aux couleurs vives ; on peut le rattacher à l'Expressionnisme.
- **Chagall** (1887-1985), russe, peint un monde de rêve, de fables qui le rattache au Surréalisme. Sa production d'art religieux est importante ; il a fait de nombreux vitraux que ce soit pour des synagogues en Israël ou pour des cathédrales comme celle de Reims, sur le thème commun aux religions juive et chrétienne, l'Ancien Testament.

Les mouvements nés après la Seconde Guerre mondiale

L'assemblage

Il est apparu aux États-Unis en 1950. Inspiré du Cubisme, il s'agit de collage en 3 dimensions d'objets du quotidien.

- **Josef Beuys** (1921-1986.

Le Junk art (art de la poubelle, art du déchet, art du détritus, art de la récupération), Nouveau réalisme, Néo-Géo (néo-géométric)

Apparu en 1950, mais dérivé du mouvement Dada (Duchamp) et du Surréalisme (Dali), il s'agit de la récupération de déchets industriels. Les objets domestiques sont traités en sculptures.

- **César** (1921-1998) et ses compressions (les plus importantes étant les compressions automobiles).
- **Tinguely** (1925-1991) et ses automates rouillés composés de roues de vélo, de tuyaux de poêle...
- **Villeglé** (né en 1926) et ses affiches lacérées récupérées.
- **Arman** (1928-2005) et ses accumulations, tout d'abord de déchets, puis de valises, de montres...
- **Jeef Koons** (né en 1955).

Le New realism

Né aux États-Unis et en Angleterre dans les années 1960, il désigne des tableaux de grands formats aux couleurs simplifiées.

Le Funk

Cet art, né aux États-Unis en 1951, s'inspire de l'art populaire et mélange les techniques et les matériaux.

Le Multiple

À partir de 1955, des artistes comme **Agam** (né en 1928), **Tinguely** ont accepté que certaines de plusieurs copies de leurs œuvres soient réalisées en édition limitée.

Le Spatialisme

Il apparaît près 1945 en Italie et en Argentine. Il met l'accent sur la matière transformée en énergie, sur le progrès scientifique, intégrant la télévision, la lumière néon...

- **Lucio Fontana** (1899-1968)

L'art cinétique ou op'art (optical art), Gutaï (au Japon)

Cet art désigne des œuvres en mouvement virtuel, exerçant une contrainte de mouvement optique du spectateur. Il s'est affirmé dans les années 1955, bien que des expériences ponctuelles aient déjà été réalisées. Ces impressions de mouvements sont obtenues en superposant différents graphismes sur des matières transparentes ou grâce à l'interaction de la couleur. Il s'agit d'une certaine forme d'art abstrait.

- **Victor Vasarely** (1908-1997) a tout d'abord créé des structures binaires en noir et blanc, puis il a ensuite fait des compositions de couleurs en aplat à l'intérieur de carrés de base (contenant eux-mêmes un carré plus petit, une ellipse, un rectangle, un triangle, un losange). L'œil du spectateur a ainsi une impression de mouvement, de creux alternant avec des reliefs.

Mais l'art cinétique, c'est aussi :

- **Nicolas Schöffer** (1912-1992) créateur de télélumières, de circuits vidéo, de murs de lumière ;
- **Agam**, inventeur de la lumière sonore.

L'art cybernétique

Apparu à la fin des années 1960, il fait appel à l'informatique, aux lasers, aux hologrammes...

L'Actionnisme

Cette peinture née à Vienne en 1960 développe les thèmes freudiens de l'érotisme.

- **Otto Muehl** (né en 1925).

Le shaped canvas

À partir de 1960, des peintres présentent des toiles coupées.

- **Frank Stella** (né en 1936).

Fluxus

Ce mouvement apparaît en 1961. L'importance est accordée au hasard ; les artistes mêlent concerts, fêtes et vidéo-art.

- **Yoko Ono** (née en 1933).

Les Happenings

Dans la lignée de Fluxus, ils forment un art collectif, une fête où les couleurs jouent un rôle important. Le Groupe catalan a donné en 1969 la « Fête funéraire » et en 1970 la « Fête en blanc » au château de Verderonne dans l'Oise.

Les Performances

Apparues à la fin des années 1960, il s'agit d'actions devant le public : son, danse, poésie, théâtre, vidéo...

- **Laurie Anderson** (née en 1947).

Le body art

Né dans les années 1960-1970, l'accent est mis sur le corps qui devient le medium d'actions exécutées en public.

- **Gilbert & Georges** (Gilbert Prousch, né en 1943, et Georges Passmore, né en 1942).

Art et Technique

Né dans les années 1960-1970, il associe artistes et scientifiques.

- **Vassilakis Takis** (né en 1925).

Le Pop'Art (art populaire)

Il est apparu en 1964. C'est un courant essentiellement américain et anglais, qui exprime la fascination pour l'objet usuel traité de façon esthétique.

- **Andy Warhol** (1930-1987) travaille à l'aide de photographies (portraits de Marilyn Monroe).
- **Roy Lichtenstein** (1923-1997) travaille au pochoir.

Zébra

En 1964, à Hambourg, des artistes travaillent des images proches de la photographie de presse.

Equipo Cronica

Ce mouvement espagnol a développé entre 1964 et 1981 des images à contenu politique anti-franquiste.

- **Manolo Valdès** (né en 1942).

L'art Conceptuel

Il est né en 1965 aux États-Unis. La présentation matérielle des œuvres est réduite au minimum ; parfois absente de toute information visuelle ; tout se passe, ou presque, à un niveau purement cérébral.

- **Dennis Oppenheim** (né en 1938).

Le Minimalisme

Il apparaît en 1966 et présente de grandes sculptures métalliques aux formes géométriques simples.

L'art Pauvre, le Post-Minimalisme, le Process art, l'Anti-Form

Il est né en 1967. Il s'agit d'assemblages de matériaux pauvres : grillage, plomb, bois, terre, eau, verre, feutre, caoutchouc, néon, saindoux...

L'Hyperréalisme

Il est apparu aux États-Unis en 1968. La peinture simule la photographie et la sculpture utilise des matériaux synthétiques pour imiter le plus possible le réel.

Supports/Surfaces

De 1969 à 1972 furent présentées des toiles sans châssis, sans encadrement, imprimées, pliées, tamponnées, humidifiées.

La Nouvelle Figuration, ou Art narratif, Mythologies personnelles

Elle utilise abondamment la photographie et la peinture acrylique, la vidéo.

- **David Hockney** (né en 1937 aux États-Unis).
- **Stämpfli** (né en 1937 en Suisse).
- **Jacques Monory** (né en 1934 en France).
- **Gérard Fromanger** (né en 1939 en France) travaille avec un reporter-photographe.

Les Nouveaux Réalistes ou l'Appropriation

- **Niki de Saint-Phalle** (1930-2002) et ses « nanas » en plastique aux couleurs vives.
- **Christo** (né en 1935) et son épouse **Jeanne-Claude** (1935-2009) et leurs empaquetages, tel celui du Pont-Neuf

à Paris en 1985 ; on parle aussi de **Land-art** pour les réalisations de grandes dimensions faites dans la nature.

La Bad-painting

Cette peinture figurative, née aux États-unis en 1970, joue sur les dissonances colorées et les compositions décentrées.

Les Installations

Apparues en 1970, il s'agit de travaux pour un intérieur spécifique

- **Buren** (né en 1938) et les colonnes de la cour du Palais-Royal à Paris.

L'Esthétique de la communication

Né en 1970, il s'agit d'un travail sur les formes et les fonds des journaux et des programmes télévisuels.

La Hand photography

Depuis la fin des années 1970, la photographie peut présenter des images manipulées.

Le néo-Expressionnisme

Il désigne les peintures figuratives très colorées et les sculptures en taille directe réalisées dans les années 1970-1980.

- **Garouste** (né en 1946).

La New image painting

Il s'agit de peintures figuratives des États-Unis, réalisées dans les années 1970-1980, aux compositions simples, à la manière infantile.

La Pattern painting, la Trans-avant-garde

Développée aux États-Unis dans les années 1970-1980, cette peinture s'inspire de l'artisanat du monde entier.

Depuis 1980, des peintres s'inspirent de la BD, du rock, pour des réalisations très colorées.

- **Combas** (né en 1957).
- **Basquiat** (1960-1988).

Apparu en 1980, il présente des reproductions de reproductions d'objets (photographies, repeints...).

Il s'est développé à New York dans les années 1980-1990 ; c'est l'exaltation des œuvres criardes de mauvais goût.

- **Pierre et Gilles** (Pierre Commoy, né en 1950, et Gilles Blanchard, né en 1953).

Il désigne un art spontané réalisé par des personnes obscures, étrangères aux milieux artistiques professionnels. Il a été défini par **Dubuffet** (1901-1985) en 1945.

Aujourd'hui, on note un net **retour à la tradition réaliste** ou **post-modernisme**, que ce soit chez les peintres ou chez les sculpteurs.

- Les peintres : **Chapelain-Midy** (1904-1992), **Aujame** (1905-1965), **Yves Brayer** (1907-1990), **Buffet** (1928-2000).
- Les sculpteurs : **Tajana** (1913-1999).

La tapisserie

À l'initiative de **Jean Lurçat** (1892-1966) en 1940, la tapisserie renaît. En 1945, avec **Gromaire** (1892-1971) et **Dubreuil** (1891-

1970), il redonne vie à la manufacture d'Aubusson, et en 1947, ils créent l'Association des peintres cartonniers.

- **Saint-Saens** (1903-1973), **Dom Robert** (1907-1997), **Picart le Doux** (1902-1982), **Tourlière** (1925-2005), **Prassinos** (1916-1985).

Des cartons dessinés par des peintres célèbres vont permettre à la tapisserie de suivre les courants contemporains : **Le Corbusier** (1887-1965), **Poliakoff** (1906-1969), **Soulages** (né en 1919), **Picasso** (1881-1973), **Zadkine** (1890-1967), **Vasarely** (1908-1997)...

Cette renaissance se fait dans de nombreux pays :

- en 1941 en Belgique avec le groupe **Forces murales** ;
- en Espagne, **Josep Grau-Garriga** (né en 1929) développe l'Escuela Cataleña de tapices ;
- en 1951, le Portugal ouvre la manufacture de Portalegre ;
- le Japon crée la Kawashina Textile Mills ;
- en Égypte, les ateliers de Harra Harraneya sont animés par l'architecte **Wissa Wassef** (1911-1974).

Aujourd'hui, la tapisserie s'affranchit du mur, emploie les matériaux les plus divers. Parmi les créateurs les plus connus, citons :

- **Magdalena Abacanowicz** (née en 1930) en Pologne ;
- **Jagoda Buic** (née en 1930) en Croatie ;
- **Sheila Hicks** (née en 1934) aux États-Unis ;
- **Daniel Graffin** (né en 1938) en France.

Le vitrail

Entre les deux guerres, des réalisations assez proches du Cubisme sont faites, comme celles de **Max-Ingrand** (1908-1969).

L'art abstrait est introduit après la Seconde Guerre mondiale :

- **Bazaine** (1904-2001) travaille pour Saint-Séverin de Paris,
- **Manessier** (1911-1993) pour Saint-Géréon de Cologne,
- **Braque** (1882-1963) pour l'église de Varengeville,
- **Matisse** (1869-1954) pour la chapelle de Vence,
- **Etienne-Martin** (1913-1995) et **Stahly** (1911-2006) pour l'église de Baccarat.

Les verriers utilisent souvent des dalles de verre synthétiques, avec jeux de prismes de tailles différentes.

Chapitre 16

L'Extrême-Orient

3000 à 1200 av. J.-C. : Protohistoire

Civilisation de l'Indus.

1200 av. J.-C. à 600 ap. J.-C. : période historique ancienne

Ier-IVe siècle : période de transition art kushâna.

IVe-VIe siècle : période classique art goupta.

600 à 1300 : période médiévale

1300 à 1600 : période musulmane

1600 au XXe siècle : période moderne

Voir carte p. 345.

L'Inde

La religion

Le **védisme** qui devient **le brahmanisme** est une croyance en une âme universelle Brahman, dans laquelle toutes les âmes individuelles trouvent leur finalité.

Les dieux sont :

- **Brahma**, l'universel ;
- **Vishnou**, qui descend sur la terre en des incarnations successives ;
- **Civa** ou **Nataraja**, dieu de la vie et de la mort dont la danse mystique crée le monde.

Le védisme, né au IXe siècle av. J.-C., appelé brahmanisme au VIe siècle av. J.-C., renaît au VIIIe siècle ap. J.-C. (après avoir connu un déclin à partir du VIe siècle av. J.-C. dû au bouddhisme) sous le nom **d'hindouisme.**

Le jaïnisme a été fondé au VIIIe siècle av. J.-C. par **Parçva** et **Jina.**

Il s'agit d'un retour à un absolu individuel de l'esprit arraché aux vicissitudes de la matière.

Le **bouddhisme** a été créé au VIe siècle av. J.-C. par le fils d'un raja du Népal, le prince **Siddhârta**, dit **le Bouddha** (« l'illuminé »). La suppression du désir permet à l'âme de s'anéantir dans le **Nirvâna**.

La civilisation de l'Indus, de 3000 à 1200 av. J.-C.

Elle se rattache à la culture mésopotamienne.

- **Sculptures** en pierre, en argile et en terre cuite, représentant des vases, des animaux.

Le premier art bouddhique, IIIe siècle av. J.-C.

L'architecture

- **Les colonnes commémoratives isolées** (à Açoka) : elles sont en pierre, portent des textes religieux. Le chapiteau a la forme d'une fleur de lotus surmontée d'un animal, en principe un lion (comme à Persépolis). Le fût symbolise l'axe de l'univers plongeant dans la terre et s'élançant vers le ciel, le lotus symbolise le monde, le lion est un emblème royal.
- **Le stupa** (pl. XVI,1) est un sanctuaire en plein air (exemple : *Sanchi*). De forme demi-hémisphérique, l'**anda** repose sur un soubassement, le **medhî** ; le tout est couronné d'un bloc cubique percé d'une cavité contenant des reliques, l'**harmikâ**, coiffé d'un mât, le **yashti**, supportant des parasols. L'ensemble est ceinturé par une enceinte en pierre, le **vedikâ**, percé de quatre portes orientées suivant les points cardinaux. Parmi ces portes, ou **toranas**, la plus importante est celle située à l'est ; elle forme un arc monumental.
- **le caitya** (pl. XVI,2) est un sanctuaire creusé dans un rocher (comme à *Karli*). L'ouverture en façade a la forme d'un fer à cheval.
  La nef est voûtée en berceau et souvent bordée de deux nefs latérales voûtées en demi-berceau qui se prolongent

dans l'abside, formant ainsi un déambulatoire tout autour
du sanctuaire. Dans l'abside se dresse un stupa en réduction nommé **dagoba**.

- **Le vihara** (pl. XVI,3) est un monastère, présentant une véranda hypostyle en façade. Il est de plan carré, avec une salle centrale autour de laquelle se répartissent les cellules.

La sculpture

Les sanctuaires sont ornés de **dryades** (nymphes) nommées **yakshis** et présentant le **tribhanga**, c'est-à-dire une triple flexion du corps évoquant la danse, et donnant une ligne en **S**.

L'art bouddhique ne s'est pas manifesté qu'en Inde. Il a connu une importante extension. Citons quelques-uns des **sites** les plus importants.

- *En Afghanistan :* **Hadda** (statues, peintures rupestres).
- *Au Népal :* **Katmandou** (stupa) ; peintures sur feuilles de papier.
- *Au Tibet :* « tankas », peintures religieuses (du Xe au XIXe siècle) suspendues dans les temples et promenées en bannières lors des processions, représentant des scènes de la vie de Bouddha.
- *Au Sri Lanka :* **Sîgiriyâ** (peintures) ; sanctuaires de **Anurâdhapura** et de **Polonnâruwa** (statue de Bouddha couché de 15 mètres de long).
- *En Indonésie :* **Borobudur**, montagne artificielle de 42 mètres de haut, évoquant un stupa et le mont Meru – montagne cosmique – édifié au VIIIe siècle.
- *En Birmanie :* sanctuaires à **Pagan** (XIe-XIIIe siècles).
- *En Thaïlande :* sanctuaire de **Lopburi**.
- *Au Cambodge :* site d'**Angkor Vat**.
- *Au Viet-Nam :* temple de **Tra-Kiêu**.

pl. XVI,1 : le stupa

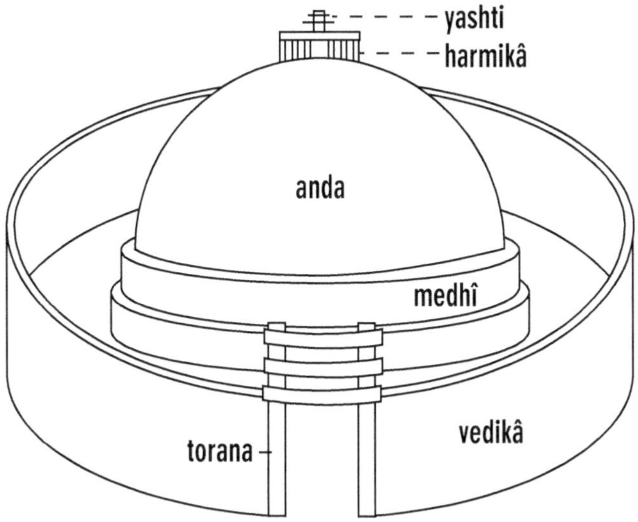

pl. XVI,2 : le caitya

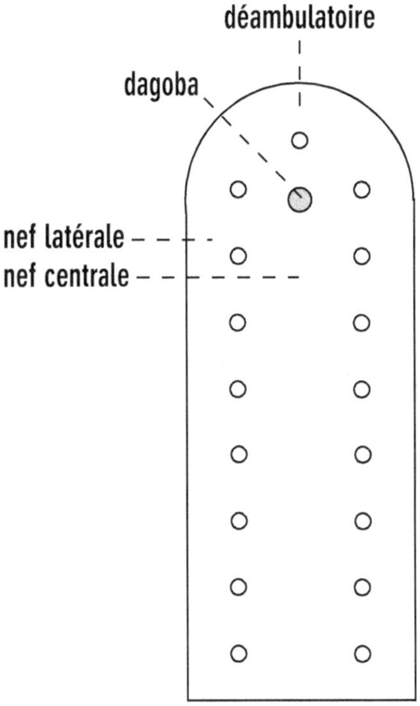

pl. XVI,3 : le vihara

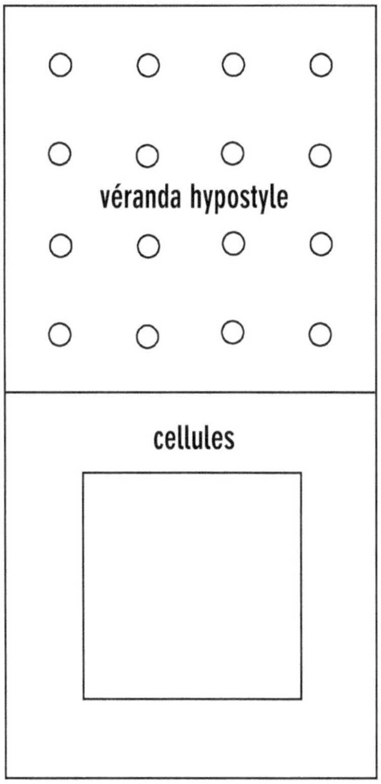

L'art kushâna du Ier au IVe siècle

La sculpture

Les premières représentations de Bouddha apparaissent. Il est représenté avec le lobe de l'oreille allongé ; l'**oûrna**, une touffe de poils entre les sourcils, et l'**ounîsha**, un chignon formant une protubérance crânienne. Il porte un vêtement monacal cachant son sexe, symbolisant ainsi la victoire sur le désir charnel.

On note trois styles de représentations de la statuaire.

- Au **Gandhâra** : influence hellénistique avec le drapé mouillé, le nez rectiligne. Les hommes portent la moustache et les cheveux ondulés.
- À **Mathurâ** : attitude du tribhanga ; plénitude des formes.
- À **Amaravati** : il y a surtout des reliefs narratifs, des méplats aux mouvements sinueux.

L'art goupta du IVe au VIe siècle

Il correspond au retour à la religion brahmanique sous le nom d'hindouisme. C'est « l'âge d'or » de la civilisation indienne.

L'architecture (pl. XVI,4)

- **Architecture rupestre** : les plans sont les mêmes que ceux des **caityas**, mais les façades, les piliers, les chapiteaux sont finement sculptés.
- **Les temples brahmaniques carrés** sont couverts d'un toit plat, précédés d'une véranda hypostyle. Plus tard, la toiture sera pyramidale, en gradins ; coiffée d'une coupole, nommée le **vimâna** ; sur chaque gradin sont placés des édifices en réduction.
- **Les temples brahmaniques rectangulaires** sont couverts d'un berceau, avec à chaque extrémité un fronton en fer à cheval.

La sculpture

Il s'agit surtout de très hauts reliefs. Les traits sont idéalisés, les attitudes tempérées.

Il existe aussi une statuaire en terre cuite de grande taille, et des statues en bronze.

La peinture

Les peintures des grottes d'*Ajanta* en sont le meilleur exemple, bien que très effacées. Elles représentent la vie de Bouddha traitée à la manière de scènes de la vie quotidienne. Les différentes scènes s'enchaînent les unes aux autres grâce à des personnages qui participent à deux scènes voisines. Le style est linéaire, mais la peinture présente un certain modelé.

La période médiévale

Elle correspond à l'hindouisme.

L'architecture (pl. XVI,5)

Exemples

Le temple de Civa à Ellora, le temple de Mamallapuram.

- Au Sud, le temple est de plan carré, coiffé du **vimâna**, toiture pyramidale à étages (exemple : *Tanjavur*).
- Au Nord, le temple se compose de deux parties : une de plan carré, couverte par un **sikhara**, tour en forme d'obus ornée de bandes verticales côtelées, et coiffée d'un élément côtelé évoquant le fruit du myrobolam, l'**âmalaka**. Cette salle abrite le **garbha**, sanctuaire dans lequel se dresse la statue de la divinité. À côté, se trouve le **mandapa**, porche où les fidèles récitent leurs prières et accomplissent les cérémonies rituelles. L'ensemble est entouré par un mur dont la porte est richement sculptée.

Exemple

Khajurâho.

- **Le gopoura** est un sanctuaire très vaste, dont les entrées de l'enceinte sont dominées par de grandes tours pyramidales.

Exemple

Madura.

- Il y a des **temples dédiés au taureau**, animal associé à Civa, représentant le principe créateur.

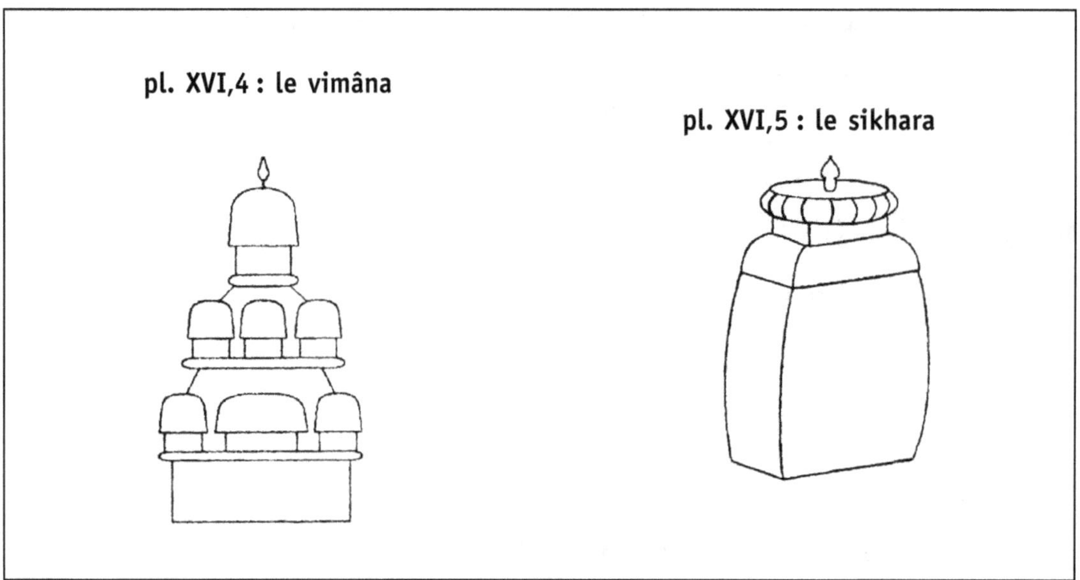

Z o o m   s u r . . .

Khajurâho : temple de Parshvanatha, dynastie Chandella, vers Xe siècle ap. J.-C.

La dynastie Chandella fit édifier une trentaine de temples à Khajurâho. Celui-ci est dédié à Parshvanatha, l'avant-dernier des saints de la série des jaïna qui ont ouvert la voie aux principes du jaïnisme.

Le sikhara, ceinturé de ses répliques en miniature, évoque une montagne avec ses escarpements, ses pics et enfin son sommet ; une volonté d'intégrer l'architecture au milieu naturel. Le bâtiment est orné de registres figuratifs : bas-reliefs et rondes-bosses placés dans des niches, représentant des nymphes, des enfants, des amants, des oiseaux...

Khajurâho : temple de Parshvanatha, dynastie Chandella,
vers Xe siècle ap. J.-C. (fig. 19)

Au Nord, les temples sont ornés de hauts reliefs représentant des couples érotiques divins, les **mithunas**.

Il y a de nombreuses statues en bronze évoquant essentiellement :

- **Civa** dansant ; **Pârvati**, la compagne de Civa ; **Lakshni**, l'épouse de Vishnu ; **Krishna**, le berger divin, adolescent qui va jouer avec les bergères et leur dérober le beurre qu'elles ont fait ; **Ganeça**, le dieu de la Sagesse et de l'Étude, fils de Civa et de Pârvati représenté avec une tête d'éléphant et un ventre proéminent.

La peinture

- Fragments peints sur bois, sur papier, sur feuilles de palmier.
- Peintures rupestres en mauvais état (à Ellorâ, à Tanjore).

L'art d'inspiration jaïna

L'architecture

Le temple a le même plan que les temples bouddhistes. Celui de Tejahpâla est en marbre blanc, sculpté à la manière de la dentelle.

La sculpture

Jina, le sauveur, est représenté nu, le pénis en érection.

La peinture

Les manuscrits réalisés entre le XIIIe et le XVIe siècle racontent la vie de Mahâvîra, le fondateur de la secte.

- Style linéaire et couleurs vives.

L'art des miniatures

- L'école rajpute (dans le Rajputana)
  - Emprunts à la mythologie hindoue (vie de Krishna).
  - Symbolisme : le rouge évoque la passion ; le paon évoque l'amour ; les scènes nocturnes sous un ciel de tempête évoquent les tourments et les nostalgies des cœurs épris.
  - Nombreuses scènes de la vie de cour.
- L'école pahâri (nord de l'Inde) a produit les plus belles miniatures aux XVIIIe et XIXe siècles.
  - Histoire de Krishna.
  - Scènes de genre.

Le néolithique

6000 à 1500 av. J.-C.

La Chine antique

Xia : du XXIIIe au XVIIIe siècle av. J.-C.

Shang : du XVIIIe à la fin du XIIe siècle av. J.-C.

Zhou : de la fin du XIIe à la fin du VIIIe siècle av. J.-C.

Période des Printemps et des Automnes : petites cités, de la fin du VIIIe siècle à 480 av. J.-C.

Royaumes combattants : de 480 à 221 av. J.-C.

L'ère impériale

De 221 av. J.-C. à 311 ap. J.-C. : unité (sauf durant la période des Trois Royaumes au IIIe siècle).
- Qin
- Han antérieurs
- Han postérieurs

De 311 à 589 : la Chine est coupée en deux.
- au nord : les dynasties barbares
- au sud : les Han

De 589 à 1126 : unification (sauf durant la période des Cinq dynasties et des Dix Royaumes de 906 à 960).
- Sui : de 589 à 618
- Tang : de 618 à 906
- Song : de 960 à 1279

De 1126 à 1279 : division
- au nord : Jin
- au sud : Song du Sud

1234 : les Mongols balaient les Jin

1279 : les Mongols balaient les Song

} réunification

1280-1368 : Yuan (Mongols)

1368-1644 : Ming

1644-1912 : Tsing ou Qing

Voir carte p. 345.

La Chine

Les religions

Il formule une morale au VIe siècle av. J.-C. : croyance en un accord magique entre l'ordre humain et l'ordre universel ; le Ciel, souverain d'En-Haut, a pour mandataire l'empereur, souverain d'En-Bas.

Le taoïsme

Dès le VIe siècle av. J.-C. ; l'âme doit se dépouiller du sensible pour retrouver au fond d'elle-même le principe de sa pure essence en accord avec le principe de l'ordre universel.

Le bouddhisme

Dès le Ier siècle.

La préhistoire

Le paléolithique

Poteries à motifs cordés.

Le néolithique

6000 à 1500 av. J.-C.

Poterie : motifs géométriques tourbillonnants.

Poteries rouges (au nord-ouest) : culture de Yangshao.

Poteries noires (au nord-est et à l'est) : culture de Longshan.

Les bronzes de l'époque archaïque

Shang

Du XVIIIe siècle à la fin du XIIe siècle av. J.-C.

Fabriques à Erlitou.

Vases à 3 ou 4 pieds (tripodes ou quadripodes)

Motifs géométriques ou spiralés.
Motifs animaliers très stylisés.
Bestiaire fantastique :

- **Le taotie** : monstre cornu, aux yeux saillants, à la mâchoire supérieure féroce, sans mâchoire inférieure (dérivé du bélier ou du taureau, de la chouette, du tigre).
- **Le kui** : dragon serpent-oiseau, aux enroulements variés.

Fonds de spirales carrées, appelés « motifs de foudre ».

Zhou

De la fin du XIIe siècle à la fin du VIIIe siècle av. J.-C.

- Fabriques à Liyu :

Les décors les plus fréquents sont :
les yeux du taotie,
les motifs non figuratifs,
les dessins ondoyants en « vagues »,
les enchevêtrements de dragons,
avec parfois des incrustations de malachite ou de turquoise.

L'architecture

Les murailles

Pour se protéger des Mongols.

À partir du Ve siècle av. J.-C. à l'époque des Royaumes combattants.

Fin IIIe siècle, remise en état et raccordement des murailles pour former la « grande muraille » (longueur : 4 000 km ; hauteur : 8 m ; largeur : 7 m à la base, 6 m au sommet).

Les tours de guet sont munies d'embrasures pour les canons.

Les tombes

Han : du IVe au VIe siècle.

Toit de tuiles sur panneaux de torchis ou nattes de bambous (le mur n'est jamais porteur).

Les sculptures à vocation funéraire

- La « voie des esprits » : entrée marquée par deux piliers, bordée d'animaux en pierre monumentaux, qui conduit au tombeau.
- À partir du Ve siècle, des lions et des félins ailés gardent les tombes impériales.

Les sanctuaires

Ils sont ornés de dalles gravées ou incisées : figures en silhouette disposées en registres, sans fond pour donner une impression d'illimité.

- On y retrouve des objets en bronze, en laque, des soies peintes.

Le grand canal

Sous les Song et les Yuan : du VIe au XIVe siècle.

Il est muni d'écluses à sas, parcourt environ 4 500 km du nord au sud avec une pointe à l'ouest et permettait de transporter 300 000 tonnes de grains par an.

Pékin : la Cité interdite

Sous les Yuan, les Ming, les Tsing : du XIIIe au XXe siècle.

- Le palais est entouré de fossés.
- L'axe central nord-sud mesure 8 km.
- À l'ouest, se trouve le temple de l'Agriculture, à l'est celui du Ciel.

Les jardins

Dès le XVIe et le XVIIe siècle, à Suzhou.

Il s'agit de paysages de montagnes miniaturisés, conçus comme des images du cosmos, avec une réduction des différents éléments de la nature : montagnes, rochers, lacs.

Quelle que soit la religion, ils ont tous le même plan. Ils sont juchés sur une plate-forme blanche. La charpente élaborée tient un lourd toit de tuiles jaunes ou vertes, tenues par des colonnes sculptées ou peintes en rouge, en bois, sur bloc de pierre ; les consoles sont vertes et bleues. Les murs ne sont pas porteurs, en matériaux légers. Les ouvertures sont tournées vers le Sud.

Presque tous les édifices sont conformes à ceux de l'époque Zhou : le bâtiment rituel doit avoir une superstructure ronde sur une base carrée, symbolisant ainsi la relation entre le Ciel et la Terre.

La pagode

Elle est introduite en Chine avec le bouddhisme ; c'est un temple formé d'une tour à étages superposés dont les toitures se relèvent aux angles en une concavité de plus en plus prononcée.

L'époque moderne

L'impératrice Cixi, au XIXe siècle, fait reconstruire le palais d'Été, au nord-ouest de Pékin, au bord du lac Kunming, avec les fonds destinés à moderniser la Marine ; il a la forme d'un bateau en marbre.

XXe siècle : architecture sino-occidentale.

Exemples

L'hôpital métropolitain de Pékin, avec un toit de tuiles vertes à la chinoise et une façade de brique à l'occidentale.

La sculpture

C'est un art anonyme qui n'a aucune place dans la maison, n'a pas de fonction décorative, mais une fonction religieuse.

Elle a été élaborée sous les Qin de 221 à 210 av. J.-C. à une période d'unification ; cette dynastie est considérée comme la fondatrice de l'Empire.

L'armée souterraine a été découverte en 1974 à Lintong. Elle protège le tombeau du premier empereur. Il y a quatre salles souterraines appelées « fosses » ; la première contient 6 000 statues, la deuxième (en forme de L) 1 400 cavaliers et chars, la troisième la troupe d'élite, la quatrième est vide. Les statues sont en glaise, les brides des chevaux en bronze ; les couleurs ont disparu, mais les uniformes étaient différenciés ; les visages étaient individualisés.

L'art bouddhique

- **Dunhuang** : fin IVe siècle.
  Fresques ornées de petits bouddhas (noir, blanc, rouge, bleu, vert) autour d'une niche abritant une statue plus grande de Bouddha. Les corps sont schématisés.
- **Yungang** : Ve siècle.
  Il y a 53 grottes et les cinq plus anciennes abritent des bouddhas géants taillés dans la roche ; le plus haut mesure 13,70 m.

Grottes de Yungang : Bouddha monumental
(grotte 18), grès, 460-465

Cette statue a été installée sous la dynastie des Wei septentrionaux ; deux ouvertures permettent de voir le corps entier de Bouddha, représenté debout.

Le visage de Bouddha est traditionnel, même si sa forme rectangulaire et le nez pointu dénotent une volonté de s'affranchir de l'Inde : lobe de l'oreille très allongé, oûrna (touffe de poils) entre les sourcils, ounîsha (chignon) et vêtement monacal taillé dans un somptueux tissu. Souriant, il a le bras gauche replié sur la poitrine.

Le site de Yungang offre, avec ses 53 grottes, un art rupestre des plus riches, né de la volonté du moine Tan Yao : chapelles creusées dans la roche, décorées de fresques et de statues. Les premières statues de Bouddha étaient colossales et isolées, puis des groupes de cinq personnages furent mis en place : un bouddha, deux disciples et deux bodhittsavas (sages destinés à devenir bouddha). Les représentations mesurent de 2 cm à plus de 20 m de hauteur.

Les grottes sont classées au Patrimoine mondial de l'Humanité depuis 2001.

Grottes de Yungang : Bouddha monumental (grotte 18), grès, 460-465 (fig. 20)

La peinture

Elle est destinée à revêtir les murs.

Elle peut également se présenter sous forme de rouleaux de soie ou de papier enfermés dans des étuis : le **makémono** si le rouleau se développe à l'horizontale, le **kakémono** si le rouleau se développe à la verticale.

Les paysages de montagnes et d'eau

Rêverie cosmique ; toutes les formes sont noyées dans le brouillard, le monde est en dissolution.

Les plans étagés en hauteur sont traités comme des lointains.

Les paysages sont redressés, vus d'un point très élevé.

La forme humaine est rare, minuscule.

La méditation d'un moine

Au premier plan, il y a souvent la forme tourmentée d'un arbre.

Les techniques

Le lavis monochrome permet des jeux de valeurs.

Dès 868 est employée la xylographie ; il s'agit d'une planche en bois gravée, encrée, permettant d'imprimer un dessin.

Les artistes :

- **Fan Kuan** (990-v. 1030) ; les détails du premier plan sont très précis, les fonds brumeux ;
- **Guo Xi** (1072) ; la brume représente la distance ; il a élaboré la théorie des 3 distances :
    - en hauteur (en regardant une montagne du pied vers le sommet),
    - en profondeur (face à la montagne, en regardant le paysage qui s'étend au-delà),
    - à l'horizontale (en regardant d'une montagne proche vers une colline éloignée).

Sous les Ming, à partir du XIVe siècle, on assiste à l'apogée de l'estampe en couleurs. L'estampe consiste à imprimer un dessin gravé et encré sur une matrice, généralement une feuille de métal.

- **Dai Jin** (1388-1462) et l'école de Zhe : les compositions sont asymétriques, les branches d'arbre anguleuses, il y a de grandes plages de brume.
- **Wu Wei** (1459-1508) peint des scènes de genre (de la vie quotidienne).
- **Dong Qichang** (1555-1636) peint de façon très structurée avec des pans obliques.
- **Wan Gai et ses frères** écrivent, de 1679 à 1701, *Leçons sur la peinture du jardin grand comme un grain de moutarde* ; ils indiquent les coups de pinceau et les combinaisons d'éléments pour toute espèce de sujet ; cela conduit à une peinture stéréotypée.

Au XXe siècle

- Avant 1949 : peinture à l'huile, dessins d'après nature et nus traduisent l'influence de l'Occident.
- Après 1949 : l'art devient un support de propagande ; on assiste à un retour à la xylographie.
- Depuis 1978, il y a un souci d'intégration des influences occidentales, chez **Fang Zhaoling** ou **Yuan Yunsheng**, par exemple.

La céramique

Les fours impériaux étaient à Jingdezhen, dans le Jiangxi.

Han : IIIe siècle

Emploi du tour de potier. Poterie recouverte d'une glaçure jaune ou verte. Il y a parfois un décor en relief sur l'épaulement.

Tang : 618-906

Décor polychrome de teintes vives : vert, jaune, brun-rouge, bleu de cobalt. La matière est de plus en plus fine et tend vers la

porcelaine. Naissance des céladons (vases vert-gris) et des
« blancs » de type Xingzhou (blanc-ivoire). Décor délicat gravé
sur la glaçure, large et simple.

Song : x^e-xiiie siècle

Vases qinbai, intermédiaire entre les céladons et les blancs.

Yuang : 1280-1368

Décors bleus moulés sur les vases qinbai.

Ming : 1368-1644

Décor bleu et blanc. Recherche d'effets : glaçures flammées aux
couleurs nuancées, éclat violent des monochromes : sang de
bœuf, bleu turquoise, aubergine, peau de pêche.

Dès le xive siècle : introduction de la polychromie avec trois ou
quatre couleurs.

Au xviie siècle : introduction du vert.

Tsing : 1644-1912

Les flancs des vases étant de plus en plus grands, ils peuvent
supporter un décor figuré polychrome. Ils sont classés par
famille suivant le ton dominant : vert, rose, rouge. On réalise
une porcelaine très fine appelée « coquille d'œuf ». À la fin du
xixe siècle et au début du xxe siècle, la porcelaine est polychrome, de couleurs très vives, aux contours noirs très appuyés.

La laque

Les arbres à laque sont dans l'Ouest, au Sichuan et au Yunnan.

La laque sert à décorer le mobilier, la vaisselle, les instruments
de musique, les cercueils.

Les motifs décoratifs rappellent ceux des bronzes.

On représente aussi beaucoup de scènes de la vie quotidienne.

Préhistoire : 50000 av. J.-C.-650 ap. J.-C.

Les chefs
Paléolithique
  - de 50000 à 11000 av. J.-C.
Jomon
  - de 11000 à 300 av. J.-C.

Les rois
  - Yayoï : de 300 av. J.-C. à 300 ap. J.-C.
  - Kofun : de 300 à 552

Les régents
  - Yamato tardif : de 552 à 710

Période historique : 650-1868

- **Monde ancien : 650-794**

Les régents
  - Yamato tardif : de 552 à 710

Les empereurs
  - Nara : de 710 à 794

- **Période Heian : 794-1185**

Les empereurs
  - Heian : de 794 à 1185

- **Moyen Âge : 1185-1600**

Les shôguns
  - Kamakura : de 1185 à 1333
  - Cours du Nord et du Sud : de 1333 à 1392
  - Muromachi : de 1392 à 1568
  - Momoyama : de 1568 à 1600

- **Période Edo : 1600-1868**

Les shôguns
  - Edo : de 1600 à 1868

Période moderne : 1868-...

Les shôguns
  - Meiji : de 1868 à 1912

- **Empire : 1912-...**

Les empereurs
  - Taishô : de 1912 à 1926
  - Shôwa : de 1926 à 1989
  - Heisei : de 1989 à...

Voir carte p. 345.

Le Japon

Les deux arts majeurs sont :

- **la poésie** ;
- **le théâtre**.
    - *Le théâtre Nô :* il relate la rencontre d'un esprit troublé et d'un religieux qui va lui apporter l'apaisement spirituel. C'est un théâtre dansé où les masques ont une grande importance.
    - *Le théâtre Kabuki :* théâtre populaire reposant sur les intrigues. L'acteur peut modifier son texte ; le maquillage est très important.

La préhistoire de 50000 av. J.-C. à 650 ap. J.-C.

Le paléolithique : 50000 à 11000 av. J.-C.

Outils et armes en pierre.

La période Jomon : 11000 à 300 av. J.-C.

- **Poteries** gravées de cordes, de branchages, de bambous ; base ronde ou pointue ; fond plat à partir de 5500 av. J.-C :
- **Huttes** à demi enterrées, couvertes de chaume.

La période Yayoï : de 300 av. J.-C. à 300 ap. J.-C.

- **Maisons** ovales, à demi enterrées ; le sol est couvert d'un plancher ; un toit de chaume repose sur quatre poteaux.
- **Outils** en bois.
- **Poteries** : brunies ou teintes de motifs géométriques.
- **Jarres** accolées deux à deux par leur ouverture ; elles servaient pour l'inhumation.
- **Cloches** en bronze, nommées « dôtaku ».
- Inhumation sous **dolmens** ou dans un monticule carré au fond d'un **puits**.

Près du défunt, on retrouve des miroirs en bronze, des armes, des pierres semi-précieuses, des poupées, des figurines, des oiseaux en bois.

Période dite des « grandes tombes ». Il s'agit de tombes-tumulus, en forme d'entrée de serrure, entourées de fossés (pl. XVI, 6).

Exemple

La tombe de Nintoku, qui a régné de 313 à 399, à Osaka (500 m de long, 35 m de haut, 32 hectares).

Sur les pentes des tombes, fichés en rang, on trouve les **haniwa**, statuettes humaines ou animales en terre cuite.

La période historique

- **La religion : le Shintô (« voie des dieux »).**
  Il s'agit d'une vénération animiste vouée aux divinités et aux forces de la nature. Les rites sont en relation avec les cycles de l'agriculture.
  Les **kami** sont des entités surnaturelles, des esprits de la nature associés aux forces de croissance et de renouvellement ; on dit qu'il y en a 8 millions pour montrer que leur nombre est illimité.
  Les grands arbres ou les rochers sont considérés comme des intermédiaires à la descente des kamis.

- **Les divinités**
  - **Wakamiya Hachiman** : identifié à l'empereur légendaire Qjin : c'est le kami de la guerre.
  - **Nakatsu Hime** : épouse de l'empereur Qjin, l'incarnation du bodhisatva (le sauveur du monde dont l'essence est devenue intelligence et sagesse).
  - **Zemmyô Nyoshin** : une belle Chinoise, amoureuse du moine Ui-Sang ; lorsque celui-ci est parti, elle s'est transformée en dragon pour guider et protéger son navire. Elle est la gardienne des temples bouddhiques.
  - **Zaô Gongen** : manifestation de bouddhas ; il a une expression féroce pour éloigner le mal.
  - **Izu-San Gongen** : reçoit la dévotion des guerriers.
    Les **kamis** sont souvent représentés sous forme de boud-

dhas ; le panthéon shintoïste se mélange avec le bouddhisme.

- **Le temple** est placé dans un beau cadre naturel. L'entrée est marquée par une porte, la **tori**.
  Le sanctuaire est protégé par des divinités protectrices, au visage à l'aspect tourmenté. Le sanctuaire contient un **shintai** (support) objet ou miroir, dans lequel le kami invoqué peut habiter. Le sanctuaire porte le nom de « hondo » ou « kondo ».
  Le sanctuaire se compose de la pagode (pl. XVI,7), de la salle du trésor, d'une bibliothèque, d'une salle de prédication (« kodo » ou « amida-do ») ; dans le jardin, on trouve des fontaines et de nombreuses lanternes, nommées « ishidoro ».
  Un traité religieux se nomme un **sutra**.
  Le monastère de Tôdai-ji, à Nara, élevé entre 745 et 752 à la demande de l'empereur Shômu pour abriter une immense statue de Bouddha en bronze, est le symbole de l'union entre la religion et l'État.
  Il n'y a pas de capitale permanente ; le palais est abandonné à la mort du souverain pour détourner le tabou de souillure associé à la mort.

La période Heian : de 794 à 1185

- La capitale est Heian-Kyô (Kyoto).
  Elle n'est pas entourée de murailles, car elle est protégée par des montagnes.
- Palais et siège du gouvernement au Nord.
  La résidence est en bois couvert de bardeaux de bois de cèdre. Les toits sont en tuiles vertes, supportés par des piliers rouges.
- Le plan de ville est en damier.
- L'habitation : il y a un seul étage sans fondation pour assurer une meilleure résistance aux séismes. Le plancher, surélevé d'environ 70 cm, repose sur des poteaux. Tout autour de la maison, une galerie est ouverte sous la saillie de la toiture, pour se protéger des pluies.

262

À l'intérieur, les cloisons sont mobiles, à glissières (treillages en bois et papier de riz) ; on les nomme « fusumas », elles sont décorées de peintures et hautes d'environ 1,80 m.

Le Moyen Âge : de 1185 à 1600

- **La religion : bouddhisme zen** au XIIe siècle ; l'éveil peut être obtenu maintenant et ici-bas par ses propres efforts ; il suffit de regarder à l'intérieur de soi pour trouver le Bouddha. Cette religion nécessite une intense méditation.
- **Les jardins de méditation :** ils sont composés de sable ratissé avec éventuellement un rocher et de la mousse. Les autres jardins copient des paysages de montagne.
- **Les châteaux** sont immenses, placés sur une hauteur.

La période Edo : de 1600 à 1868

- **Les maisons de thé :** il s'agit de petites maisons en bois avec une ouverture au milieu d'un jardin où l'on fait pousser du thé. À l'intérieur se trouve une niche, le **tokonoma**, dans laquelle on place une calligraphie ou un vase.
- **La céramique** imite le modèle chinois.
- **Les netsukes** sont des boutons en bois ou en ivoire. On les a décorés à partir de la fin du XVIIe siècle de légendes chinoises, de scènes de la mythologie japonaise, ou tirées de l'histoire, de la littérature, de la religion, du théâtre.
- Les **estampes** (nommées « ukiyo-e ») : On a réalisé des gravures en noir dès le XVIe siècle. L'impression en couleurs a été mise au point en 1742.
  - **Toru Kiyonaga** (1742-1813) s'est spécialisé dans l'art galant.
  - **Outamouro** (1754-1806) s'est fait le chroniqueur des courtisanes.
  - **Hokusai** (1760-1849) est le chef de l'école réaliste, grâce à l'observation de la vie quotidienne et du paysage (36 vues du Fuji-Yama).
  - **Hiroshighé** (1797-1858) est un paysagiste.

Andô Hiroshighe (1797-1858),
Le Fuji vu du pont Itchikoku de Yedo,
Musée de Newark (États-Unis)

Hiroshighe a travaillé à la première époque des Ukiyo-e, c'est-à-dire des images imprimées sur papier à partir de matrices en bois. Cet art traditionnel a été quelque peu modernisé avec l'ouverture sur le monde, lorsque Perry, commodore de la marine américaine, pénétra au Japon en 1853 ; c'est ainsi que les couleurs végétales furent remplacées par des couleurs chimiques.

Après les sujets religieux, vint le temps des sujets de la vie quotidienne, comme ici ; des passants traversent la rivière sur un pont à dos d'âne, sous lequel passe un commerçant sur sa plate. Ce sujet est aussi prétexte à une vue du Fuji-Yama, ce volcan point culminant du Japon qu'affectionnaient particulièrement les artistes contemporains d'Hiroshighe, en particulier Hokusaï (1760-1849).

Le cadrage est original, en contre-plongée ; le pont n'est pas vu en entier. La composition est fortement géométrisée. La courbe du tablier, à trois quarts de hauteur, coupe le dessin de manière harmonieuse. Les piles du pont, les lattes de bois du premier plan, dessinent des lignes verticales. À l'arrière plan, le paysage forme plusieurs lignes horizontales. La berge, inscrite sur une ligne oblique, ouvre la perspective.

Les couleurs froides, bleu de l'eau et vert des feuillages, sont réchauffées par les taches jaunes des ballots de marchandises, des ombrelles, le rouge des cartouches et de l'horizon flamboyant.

Les estampes auront une influence importante sur les artistes européens : retour aux techniques de la xylographie chez les peintres régionalistes, reprise d'éléments décoratifs (Monet fit installer un pont à dos-d'âne dans son jardin de Giverny)... Influence appelée le « japonisme ».

Andô Hiroshighe (1797-1858), *Le Fuji vu du pont Itchikoku de Yedo*,
Musée de Newark (États-Unis) (fig. 21)

La période moderne à partir des Meiji, de 1868

L'ouverture des ports japonais s'est faite dans les années 1850, et la culture japonaise a ainsi été révélée aux Américains et aux Européens. L'art japonais a été particulièrement apprécié à l'Exposition de Londres en 1862 et à l'Exposition universelle de Paris en 1867. Félix Braquemond copie des dessins de la *Manga* de Hokusaï qu'il avait trouvée en 1856 chez l'imprimeur Delâtre.

Les frères Goncourt, Zola, les peintres Degas, Whistler achètent de l'art japonais.

Le terme « japonisme » a été créé par le critique d'art Philippe Burty en 1872.

Monet collectionne des estampes d'Hiroshighe, de Hokusai, de Outamouro.

Le japonisme se fait sentir chez Van Gogh, Mary Cassat, Whistler.

pl. XVI,6 : tombe en serrure

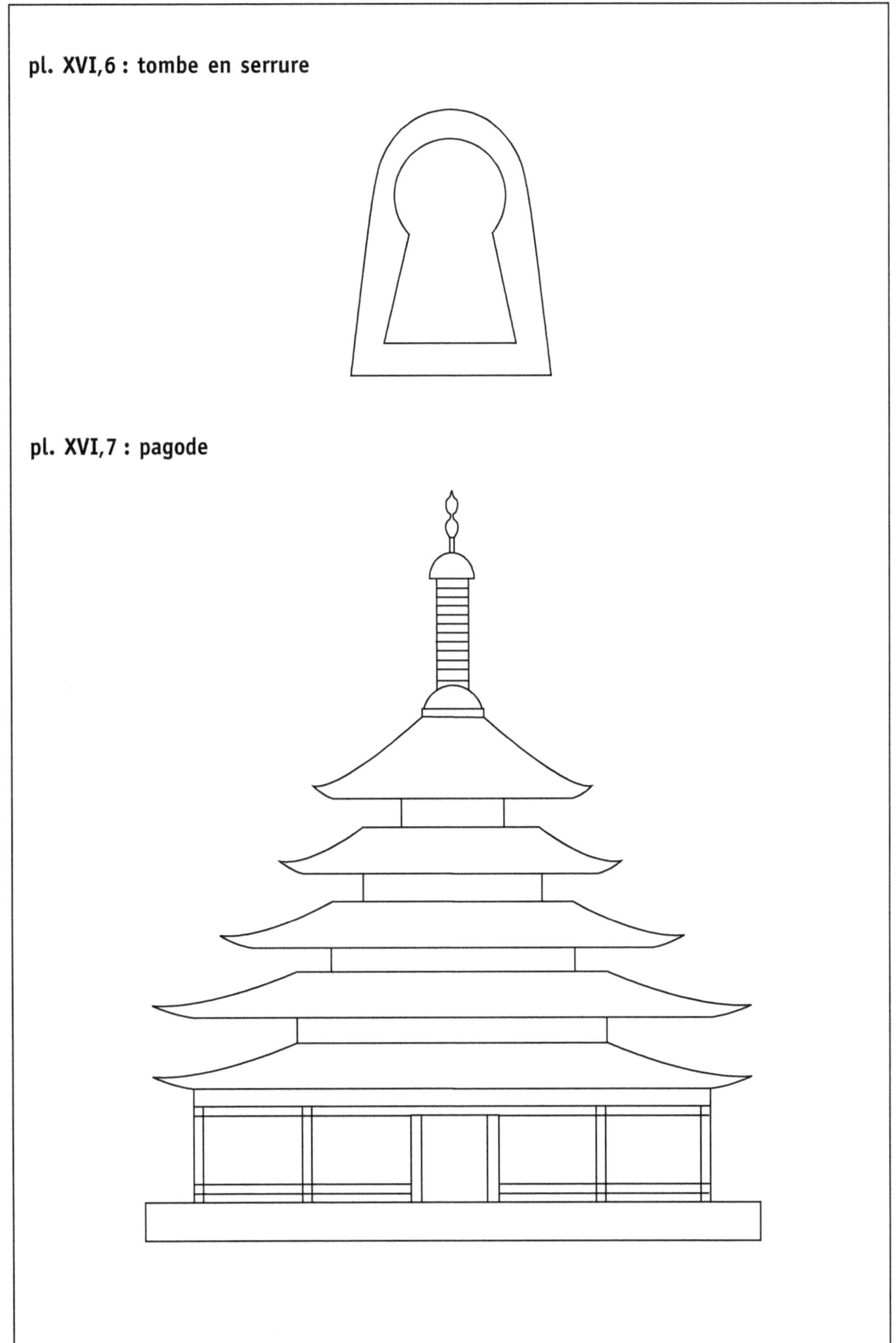

pl. XVI,7 : pagode

L'Amérique pré-colombienne

Olmèques

- **Période de formation : 1200 à 900 av. J.-C.**

- **Période moyenne : 900 à 400 av. J.-C.**
Sites : San Lorenzo, La Venta,

- **Ère classique : 400 av. J. C. à 900 ap. J.-C.**
(ère de Veracruz)
Sites : Cerro de Las Mesas, El Tajin.

Zapothèques

- **Période de formation**
500 à 200 av. J.-C. (Monte Alban I).

- **Période classique**
200 av. J.-C. à 100 ap. J.-C. (Monte Alban II)
100 à 1500 (Monte Alban III et IV)
Site : Mitla

Teotihuacan

200 à 800

Mayas

- **Période de formation : 200 av. J.-C. à 300 ap. J.-C.**

- **Époque classique :** 300 à 900
Sites : Tikal, Uaxactun, Yaxchilan, Palenque, Copan.

- **Période post-classique : 900 à 1450**

Cotzumalhuapa

- **En cours d'étude**

Toltèques

- **Période post-classique : 900 à 1224**
Site : Tula

Mixtèques

- **Période post-classique : xive siècle**
Site : Oaxaca

Tarasques

- **Période post-classique : xve siècle**
Site : Oaxaca

Aztèques

- **Du xive siècle au xvie siècle**
Site : Tenochtitlan-Tlatelolco

Voir carte p. 346.

La Méso-Amérique

La période archaïque

La phase de Tehuacan : de 7000 à 5000 av. J.-C.

Les hommes vivent de cueillette.

La phase de Coxcatlan : de 5000 à 3400 av. J.-C.

La culture commence.

La phase d'Abejas : de 3400 à 2300 av. J.-C.

Les premières poteries sont fabriquées.

La phase de Purron : de 2300 à 1500 av. J.-C.

Les hommes se sédentarisent ; ils vivent dans des huttes à toit de chaume. Ils fabriquent : des coupes, des jarres ; des figurines (femmes nues) en terre cuite ; des céramiques Ocos (1500 av. J.-C.). Celles de la côte Pacifique sont les plus intéressantes. Elles ont soit une forme humaine ou animale, soit ce sont des jarres sans col en terre rouge et à paroi mince nommées les **tecomates** ; elles sont recouvertes d'un engobe irridescent de couleur rosée.

La période de formation, de 1500 à 300 av. J.-C.

- Fabrication de figurines féminines en argile.
- Construction de la **pyramide circulaire de Cuicuilco**, dont le noyau en pierre est recouvert d'**adobes** (briques séchées au soleil), entourée d'un cimetière.

La civilisation olmèque

Elle couvre les États de Veracruz et de Tabasco, le golfe du Mexique. Cette région est fertilisée grâce aux inondations lors de la saison des pluies.

Parmi les divinités, citons le dieu au crâne fendu, la harpie (sorte d'aigle), le jaguar, le caïman, le serpent, le requin.

- **Les têtes colossales** mesurent de 2,50 m à 3 m de haut et pèsent de 15 à 30 tonnes. Elles ont le type olmèque, c'est-à-dire la lèvre supérieure charnue, les commissures des lèvres tirées vers le bas, le nez épaté, et sont coiffées d'un casque.

- **Le site de La Venta** présente une pyramide de 30 m de haut qui contiendrait une tombe ; sept autels avec une niche dans laquelle un homme est sculpté ; des haches en jade.

- **Le site de San Lorenzo** conserve huit têtes colossales qui seraient des portraits de souverains. Les autels forment une niche dans laquelle un personnage est assis en tailleur, tenant un bébé jaguar dans les bras, ou un prisonnier de guerre attaché à une corde.

- **La grotte de Juxtlahuaca** est ornée de peintures représentant entre autres un captif prosterné devant un chef (dans des tons noirs et ocres) et un serpent (peint en rouge).

- **L'ère classique**, dite de Veracruz, a produit des objets en jade et en serpentine, des divinités en argile.

- **Le site d'El Tajin** est l'un des plus représentatifs de cette période.
  - Aire de jeu de balle avec un joug en pierre, réplique des ceintures de protection en bois et cuir portées par les joueurs lors des cérémonies.
  - Pyramide à niches percée de 365 niches abritant chacune une idole correspondant à chaque jour de l'année.
  - Figurines funéraires de style de Remojadas couvertes de peinture au bitume.
  - Représentations de dieux et déesses, en particulier les Cihuateteos (femmes mortes en couches, vénérées en tant que déesses guerrières).
  - Représentations de jeunes gens et de jeunes filles, bras

levés, grimaçants (une attitude peut-être due à l'absorption de plantes hallucinogènes).

La civilisation zapothèque

Monte Alban I : période de formation, 500 à 200 av. J.-C.
Subsistent :

- un temple-terrasse ;
- une série de bas-reliefs anciennement appelés les « danzantes » : ce sont des hommes nus, les yeux fermés, la bouche ouverte, le sexe coupé, représentant les chefs mis à mort.

Les cultures à sépulture du Mexique occidental
Elles ont laissé des « chinescos », figurines anthropomorphes funéraires aux yeux en amande et des chiens chargés de guider l'âme de leur maître dans son voyage dans le monde souterrain.

Monte Alban II, III, IV : époque classique, de 200 av. J.-C. à 1500 ap. J.-C.
Les divinités sont **Cocijo,** le dieu de la Pluie ; le dieu du Maïs ; le dieu du Feu.

Les temples-terrasses sont à patios surbaissés grâce à un escalier, cette progression descendante est un signe de soumission.

Cent soixante-dix tombes souterraines ont été découvertes. Les inscriptions ne sont que partiellement déchiffrées.

Les urnes funéraires représentent un personnage assis, les jambes croisées, les mains sur les genoux, masqué et couronné de plumes.

La civilisation de Teotihuacan

Elle s'étend du IIIe au début du IXe siècle.

Elle présentait 20 km^2 de zone urbanisée, avec une fonction religieuse, économique et politique, comprenant entre 125 000 et 250 000 habitants.

La divinité est **Quetzalcoatl**, à la fois serpent à plumes, symbole de verdure et de vie, et serpent de feu, symbole de la chaleur aride du désert. Un temple lui est dédié.

Les habitations

Elles sont carrées, à un étage ; les salles communes et les chambres donnent sur une cour intérieure. L'intérieur est orné de peintures représentant des personnages et des scènes mythologiques stylisées.

Les pyramides

Celle du **Soleil** (63 m de hauteur) et celle de la **Lune** (43 m de hauteur) présentent un tablero-talud sur chaque face (tablero désignant un trapèze vertical, et talud une plate-forme trapézoïdale).

On a retrouvé des objets en obsidienne et des céramiques ornées de dessins de divinités incrustés de jade.

Teotihuacan (aujourd'hui Mexico) a été détruite par un incendie.

La civilisation maya

Cette civilisation est supérieure aux autres en ce sens qu'elle pratique l'écriture et utilise un calendrier.

Les divinités

Elles sont le dieu du Ciel représenté en exemplaires superposés sur un mât de totem, le Soleil, la Lune, Vénus, l'Enfer, la Succession des jours, **Chac**, le dieu de la pluie, **Quetzalcoatl-Kukulkan**, héros qui aurait guidé les Itzas jusqu'à Chichen-Itza avant d'être déifié.

- **La civilisation d'Izapa** (Chiapas) : sculptures surchargées.
- **La phase de Chicanel** : le site d'El-Mirador présente des temples-terrasses de 70 m de haut.

L'époque classique : de 300 à 900

L'écriture hiéroglyphique est utilisée (on en trouve des exemples sur la grande **pyramide de Palenque**), ainsi que la numérotation et le calendrier.

- les aires de jeux de balles sont dallées ;
- les temples-pyramides servent de mausolées ;
- les « palais » ont des arcs en encorbellement ;
- les chaussées sont pavées ;
- des canaux pour l'évacuation des eaux sont percés ;
- des inscriptions monumentales couvrent les stèles, les autels, les panneaux muraux, les escaliers ;
- les tombes contiennent de riches offrandes ;
- les personnages sculptés présentent le type maya, à savoir le crâne en pain de sucre, de longs yeux en amande, les lèvres charnues, les pommettes saillantes, le nez busqué.

Le style Rio Bec : les pyramides sont ornées d'escaliers en trompe-l'œil.

Le style Chenes : l'entrée de l'édifice religieux a la forme d'une gueule de monstre.

Le style Puuc : les colonnes sont utilisées à la fois en tant qu'éléments structurels et décoratifs ; les façades sont abondamment sculptées.

La période post-classique : de 900 à 1450

Deux livres ont été retranscrits en latin : le *Popol Vuh* (livre des morts et livre de mythologie) et le *Chilam Balam* (chronique historique).

Les fresques de **Uaxactun** et **Bonampak** représentent des scènes rituelles en bleu, jaune, vert, noir et rouge.

La céramique peut être de **type Tepeuh** à décor stylisé de singes, de tatous, d'oiseaux-mouches, de jaguars, de plantes, ou une céramique plombée.

La civilisation de Cotzumalhuapa

Les divinités sont **Tlaloc**, le dieu de la Pluie, et **Miclantecuhtli**, maître du royaume des morts.

L'architecture est à revêtements de galets.

Cette civilisation reste encore mystérieuse.

La civilisation toltèque

La période post-classique : de 900 à 1224
Elle voit l'apparition du travail des métaux.

D'après la tradition, **Tula** était gouvernée par un roi à demi légendaire portant le titre de **Quetzalcoatl**, qui avait été ensorcelé, battu et chassé de la cité par le redoutable **Tezcatlipoca**, dieu des Sorciers et des Guerriers.

Des **atlantes** de 4,60 m de haut se dressent au sommet d'une pyramide.

Les **chac mools** sont des pierres à sacrifices, représentant un personnage assis, jambes repliées, tête tournée, tenant une coupe sur son ventre.

La civilisation mixtèque

Elle s'est développée entre le VIIIe et le XIVe siècle.

Huit manuscrits ont été découverts à Oaxaca.

La civilisation tarasque

Les **yacatas** sont des pyramides circulaires sur plate-formes à degrés.

La civilisation aztèque

Elle s'est développée du XIVe au XVIe siècle. C'est une civilisation de guerriers pratiquant la « guerre fleurie », c'est-à-dire un pacte d'hostilité perpétuelle de façon à fournir un apport constant de guerriers captifs au couteau des sacrificateurs.

La religion

Elle repose sur un mythe solaire centré sur la naissance miraculeuse du dieu du Soleil **Huitzilopotchli**. **Coatlicue**, sa mère, déesse de la Terre, avait antérieurement donné naissance aux quatre cents étoiles du ciel nocturne et à la déesse de la Lune **Coyolxauhqui**. Elle fut fécondée par une boule de plumes alors qu'elle balayait sa maison ou son temple à **Coatepec**. Jaloux, les luminaires nocturnes lui tranchèrent la tête, mais **Huitzilopochtli** était déjà né, adulte et armé, et il tua ses demi-frères. Chaque jour à l'aube, le dieu du Soleil renaissait et jusqu'à midi accomplissait sa course sur le dos d'un serpent de feu. Puis les **Cihuateteos**, âmes des femmes mortes en couches, l'entraînaient jusqu'au royaume des morts. **Huitzilopotchli** ne pouvait renaître à l'aube qu'à condition d'être nourri par le cœur et le sang de guerriers captifs, ce qui explique les sacrifices humains permanents.

Tenochtitlan-Tlateloco

Aujourd'hui Mexico ; elle formait une ville très bien ordonnée :

- quatre districts étaient entourés d'une enceinte ;
- les bâtiments étaient répartis autour des sanctuaires de quartiers ;
- sur la place centrale se trouvaient les palais impériaux et les temples ;
- des canaux bordés de quais en brique étaient aménagés ;
- les sanctuaires étaient en forme de pyramides ;
- le **quauhxicalco** servait à déposer les cœurs des hommes sacrifiés ;
- le **tzompantli** servait à déposer les crânes ;

- le **temalacatl** était le disque de pierre auquel on attachait les prisonniers pour livrer un dernier combat aux guerriers ;
- le **tlachtli** était le jeu de paume, aire rectangulaire, pavée, bordée de part et d'autre d'une pente douce ;
- les trésors des temples étaient entreposés dans des magasins ;
- les **clamecacs** étaient des monastères et des établissements d'enseignement ; le **mercothan**, l'école de musique ;
- les armes étaient entreposées dans des arsenaux ;
- le palais comportait de nombreuses pièces réparties autour de cours intérieures ; les bâtiments étaient couverts de toits plats ;
- la sculpture nous a laissé des masques en pierre et en mosaïques de turquoises.

Z o o m   s u r . . .

Téotihuacan : la pyramide de la Lune, vers 200-400 ap. J.-C.

Seuls 2 % des 25 km^2 du site de Téotihuacan ont fait l'objet de fouilles archéologiques. L'allée des morts, de 4 km de long sur 90 m de large, traverse le quartier religieux du nord au sud. Au sud, se dresse la pyramide du Soleil, au nord celle de la Lune ; des temples annexes sont disposés de part et d'autre de l'allée.

La pyramide de la Lune est composée de cinq corps ; des panneaux verticaux alternent avec des murs obliques, formant la traditionnelle disposition en tablero-talud. En raison de la hauteur de l'édifice, 46 m, les escaliers forment des paliers.

Elle témoigne de sept phases de construction. Elle a perdu les stucs colorés qui l'enveloppaient.

Les corps d'hommes sacrifiés, entourés d'offrandes, furent mis au jour dans les tunnels de la pyramide.

Teotihuacan : la pyramide de la Lune, vers 200-400 ap. J.-C. (fig. 22)

Période initiale : de 2000 à 1400 av. J.-C.

Phase de sédentarisation

Poterie, tissages primitifs

Horizon ancien : de 1400 à 400 av. J.-C.

Début de l'architecture

Période intermédiaire ancienne : de 400 av. J.-C. à 500 ap. J.-C.

Horizon moyen : de 500 à 900

Période intermédiaire récente : de 900 à 1476

Horizon récent : de 1476 à 1534

État inca

Voir carte p. 347.

L'Amérique du Sud

La religion

Les dieux sont des incarnations des forces de la nature : l'eau, le ciel, la terre, les montagnes, la mer.

Le créateur est assimilé au soleil ; on le nomme **Viracocha** dans les Andes centrales, **Bochica** en Colombie.

La mastication de feuilles de coca, la consommation d'hallucinogènes font partie des pratiques rituelles. Les sacrifices rituels consistent en la décapitation et la crémation.

Les objets sacrés (tels les restes d'un ancêtre, une pierre, un rocher isolé...) se nomment les **huacas**, et on leur offre boissons, nourriture, étoffes.

La culture de Paracas

Le style Cavernas (600 à 400 av. J.-C.)

On a retrouvé des **caveaux funéraires** en forme de bouteilles creusés dans le roc, abritant de 30 à 40 défunts. Les cadavres étaient fumés, avec une plaque d'or posée au fond de la bouche, sur le front, le nez, les oreilles.

Les masques peints et **les tissus** représentent souvent un être **ocellé** (parsemé d'ocelles, petites taches rondes) de face, muni d'appendices se terminant par des têtes trophées.

À Ocucaje, **les céramiques** présentent deux goulots reliés par une anse, ou un goulot en forme de tête d'oiseau, ou elles sont décorées de cannelures, de silhouettes d'animaux.

La culture nazca

Elle s'est étendue de 370 av. J.-C. à 450 ap. J.-C.

Elles étaient décorées d'incisions, puis de dessins, colorées de six à sept teintes différentes, en forme de tête.

Importants, ils étaient construits en adobe, les maisons en bambou ; des travaux d'irrigation ont été réalisés.

Elles s'étendent sur 500 km^2, représentant un singe, un oiseau-mouche, une figure anthropomorphe ; on les interprète comme étant des itinéraires sacrés ou des repères astronomiques.

Le style mochica

Il s'étend de 400 av. J.-C. à 500 ap. J.-C.

Ce sont des urnes à becs renversés, ou des vases annulaires, décorés de maisons, d'hommes, de félins, de figures déchirées par des vautours (appelées « animal-lune »).

Elles sont décorées de reliefs représentant souvent un dieu à crocs de félins.

Les Incas

Leur civilisation s'étend de 1476 à 1534. Cet empire de 90 ans a souffert d'une grave crise politique. Les services administratifs étaient bien développés : inventaire géographique, démographique, économique. Les Incas comptaient grâce au **quipu** (système de cordelettes nouées).

« Inca » désigne le chef, le fils du Soleil.

Machu-Picchu (Cuzco, Pérou) : vue d'ensemble de la cité depuis le piton de Huayna-Picchu

Cette ville inca, située à 2045 mètres d'altitude, ne fut découverte qu'en 1911.

Construite en terrasse, certainement sous le règne de Pachacutec dans les années 1440, elle est cernée par un mur d'enceinte à appareil polygonal permettant de mieux résister aux poussées des masses de terre retenue. Le centre est occupé par une grande place ; une tour, un mausolée, deux temples, un quartier de prisons, un cimetière complétaient les habitations. Celles-ci sont tantôt de modestes édifices en moellons de granite assemblés par un mortier argileux, tantôt de grands ensembles de pierres de taille jointes par un mortier discret. Les traces visibles sur les pierres permettent de reconstituer les techniques de construction : les blocs étaient détachés des carrières grâce à des coins en bois humidifiés, puis transportés par roulage sur des rondins en bois avant et hissés sur des plans inclinés afin d'être positionnés.

Machu-Picchu (Cuzco, Pérou) : vue d'ensemble de la cité depuis le piton de
Huayna-Picchu (fig. 23)

L'architecture

Les constructions sont à appareil cyclopéen (gigantesques pierres) ; les niches et les portes sont de forme trapézoïdale ; les villes sont orientées suivant les points cardinaux et séparées en quatre quartiers.

Le réseau routier

Il couvrait 40 000 km entre Cuzco et Quito par les Andes. La route était large de 1 m à 16 m, bordée de murs de pierres dans les régions agricoles, rehaussée, pavée et drainée pour franchir les marécages. Des ponts suspendus en matières végétales permettaient de franchir les dépressions. La route était jalonnée de **tambos** (environ 1 000), lieux d'hébergement, d'entrepôt, siège du gouvernement local et centre d'activités diverses. Nul ne pouvait emprunter les routes sans ordre, car elles étaient réservées au gouvernement, à l'armée et aux marchands.

Les tissus

Les tissus de coton, de fibres de cactus, de laine de camélidés étaient réalisés par des femmes dans des couvents.

Chapitre 18

L'Afrique

Il y a encore une réelle méconnaissance de l'art africain de la part des Occidentaux, et que beaucoup d'études restent à faire à son sujet.

Voir carte p. 348.

La religion

- **La religion traditionnelle des Yoroubas :** au Nigéria et au Bénin. Il y a quatre niveaux hiérarchiques d'êtres suprêmes :

  1. **Olodumare** est le propriétaire des cieux ; on ne lui élève ni temple, ni sanctuaire ;
  2. ses subordonnés sont **Orisha** et **Obtala** qui a façonné l'homme et la femme, à qui l'on dresse un sanctuaire ;
  3. les ancêtres sont déifiés ;
  4. des esprits sont associés aux phénomènes naturels comme la Terre (**Ile**), la rivière, les montagnes, les arbres.

L'**egungun** est l'incarnation de l'esprit d'un mort revenu du monde des esprits pour rendre visite à ses enfants ; aucune partie de son corps ne doit être exposée à la vue car le charme serait rompu et il mourrait ; il est vêtu de tissus bariolés, et porte un masque caricatural d'un animal (python ou léopard) ou d'un étranger (Européen).

À côté des religions traditionnelles se sont implantés le christianisme et l'islam.

- **L'Église éthiopienne** est présente depuis le IVe siècle. Des églises monolithes sont creusées dans les rochers à Lalibela (au nord d'Addis-Abeba).
- **L'islam** est surtout présent dans le Nord. Les plus belles mosquées en terres sèches sont au Mali (à Mopti et à Sau).

Les royaumes et les empires

Cette période couvre du IVe millénaire av. J.-C. au XIXe siècle.

Royaume Kouch (Soudan) :

- un dieu-lion est associé à la déesse Aminiter ;
- le bélier est le symbole du dieu soleil.

Éthiopie : la capitale Axoum s'est développée au Ier siècle ap. J.-C. Pour commémorer leurs victoires, les souverains faisaient ériger sur leurs tombes souterraines des stèles mesurant jusqu'à 30 mètres de haut.

Bassin du Zambèze (Zimbabwe et Mozambique) : la période la plus florissante s'est étendue du XIIe au XVe siècle.

- **Les zimbabwes** sont des enceintes en pierre pour les rois.

Exemple

Le Grand Zimbabwe dont l'enceinte est longue de 250 mètres, pour une épaisseur de 5 mètres à la base, qui va en s'amenuisant, qui s'élève à 9,75 m de hauteur ; en parallèle, se trouve un mur plus ancien et plus petit ; au centre, se dresse une tour conique.

L'architecture

Les maisons sont formées de plusieurs bâtiments semblables réunis les uns aux autres, ou entourés par un mur ou une clôture.

Chaque bâtiment est destiné à un usage spécifique : cuisine, chambre à coucher, entrepôt...

Rien ne distingue le bâtiment-habitation des autres.

Suivant les peuples, les formes varient.

- **Bamilékés :** huttes carrées très hautes à toits coniques.
- **Mosgoums :** cône de petites pierres.

- **Yoroubas** : cases en boue malaxée autour de cours intérieures ; courettes pour éclairer les pièces et recueillir l'eau de pluie (pl. XVIII,1).
- **Somolos** : maisons à plusieurs étages, dont les murs sont en boue séchée, les toits en branches de palmier ; elles sont réparties autour de petites cours intérieures (pl. XVIII,2).
- **Noubas** : les maisons sont de plan circulaire, en argile rouge mêlée de pierres (pl. XVIII,3).
- **Zoulous** : les maisons sont des huttes dont la charpente est formée d'arceaux demi-circulaires couverts d'une natte puis d'une couche épaisse de chaume. Ces huttes sont placées à l'intérieur de deux haies concentriques. Face à l'entrée se dresse la hutte du chef. Chaque femme et chaque fils célibataire possède sa propre hutte (pl. XVIII,4).
- **Noupés** : les bâtiments circulaires en boue séchée sont enfermés dans un mur d'enceinte ; l'entrée se nomme la **kitamba**. Il y a une case pour chaque femme, une pour les filles célibataires, une pour les garçons célibataires, une pour recevoir les visiteurs, une servant de salle commune pour les hommes (pl. XVIII,5).
- **Achantis** : les maisons sont regroupées autour d'une ou de plusieurs cours. Quatre bâtiments sont réunis par un muret ; les murs de charpente en bois sont recouverts de boue séchée. Les murs et les piliers portent des ornements en relief (pl. XVIII,6).

La sculpture

C'est un art communautaire, la collectivité approuvant ou rejetant le travail de l'artiste ; il a une signification uniquement pour la communauté qui le conçoit.

La sculpture peut être réalisée en bois, en fer, en cuivre, en terre cuite, en pierre, en paille couverte d'argile ou de peau, en ivoire, en tissu. Elle représente des masques, des statues, du mobilier (sièges, appuie-têtes, bâtons, bols...).

La sculpture figurative n'est destinée à être contemplée que par le monde des esprits ; elle n'est pas montrée aux femmes ; la plupart des réalisations sont sorties à l'occasion de cérémonies particulières et entre-temps, elles sont conservées dans des sanctuaires auxquels les non-initiés n'ont pas accès.

- **La poterie** a un rôle économique, elle est fabriquée pour être vendue. Les pots des **Kissis** sont fins, rougeâtres.
- **Les bronzes** les plus beaux viennent du Niger, mais ceux réalisés à la cour du Bénin sur commande royale entre le XVIe et le XIXe siècle sont aussi de très grande qualité.
  À Ife, sont réalisées des figurines pour célébrer les **onis**, c'est-à-dire les chefs.
- **Les masques** constituent l'aspect expressif de certaines associations, essentiellement masculines, auxquelles on appartient après avoir suivi une éducation et s'être soumis à des rites d'initiation. Donc, pour apprécier un masque, il faut le voir dans son contexte, sur un corps costumé, en mouvement.
  Il est investi d'une force vitale ; pour qu'il acquiert un certain pouvoir, son propriétaire doit le peindre et lui faire continuellement des offrandes de nourriture et d'huile.
  Les masques varient suivant les peuples.
  - *Bapounas :* les masques sont à face blanche, les yeux fermés, portant des scarifications sur le front et les tempes, avec une coiffure trilobée.
  - *Bulis :* le visage est allongé, portant des scarifications ; la coiffure est élaborée ; ils représentent les ancêtres chargés de soutenir les chefs.

  Les masques de danse ont des plans très contrastés, car ils sont conçus pour le mouvement, les tourbillons du danseur dans la pénombre, à la lumière rasante ; le danseur masqué doit s'identifier au personnage que son masque représente.
  Tous les masques ne sont pas en bois ; le **bwoom** est un masque en cuir, revêtu de cuivre et cousu de perles ; il ne comporte pas d'ouverture, le danseur doit donc se mouvoir à l'aveuglette.

■ **Les statues** varient elles aussi selon les peuples.

– *Baoulés* de Côte-d'Ivoire : elles présentent un certain humanisme dans les détails des cheveux et du visage.

– *Art chokwé* (Angola au centre) : les pieds et les mains sont disproportionnés, représentant ainsi la force et la puissance ; les coiffures sont volumineuses et très élaborées.

– *Bena-Luluas* (Zaïre) : la tête et le corps sont couverts de scarifications élaborées, le nombril est proéminent.

– *Senoufo :* les statues sont parfois hautes de plus d'un mètre, leur surface est irrégulière.

Z o o m   s u r . . .

Masque Bamiléké (Cameroun) ; bois, hauteur environ 70 cm ; Paris, musée du Quai Branly

Le centre de production des masques des Bamiléké se trouvait à Bandjoun ; ils étaient réalisés par la société secrète Msop. Ces masques n'ont pas une fonction décorative mais religieuse, et sont porteurs d'une charge spirituelle très forte.

Il s'agit en fait ici d'un cimier à placer au sommet de la tête, le visage et le corps du porteur étant recouverts par un costume. Il était porté lors de rites d'intronisation ou de funérailles. Il représente un hippopotame sortant de l'eau, symbole du double d'un haut dignitaire. Le cimier se compose de deux parties. La partie inférieure du visage est horizontale, les joues sont très enflées, la bouche ouverte laisse voir une impressionnante rangée de dents. La partie supérieure se compose de deux éléments symétriques représentant d'énormes sourcils. La liaison entre les deux parties se fait grâce aux yeux, sans pupilles, vides d'expression.

Sur jeux de losanges et de verticales, les volumes sont fortement creusés, créant des zones d'ombres et de lumière très accentuées lors des cérémonies à la lueur des feux, contribuant ainsi à la dramaturgie du rituel.

292

Masque Bamiléké (Cameroun) ; bois, hauteur environ 70 cm ; Paris,
musée du Quai Branly (fig. 24)

pl. XVIII,1 : habitations du peuple yorouba

pl. XVIII,2 : habitations du peuple somolo

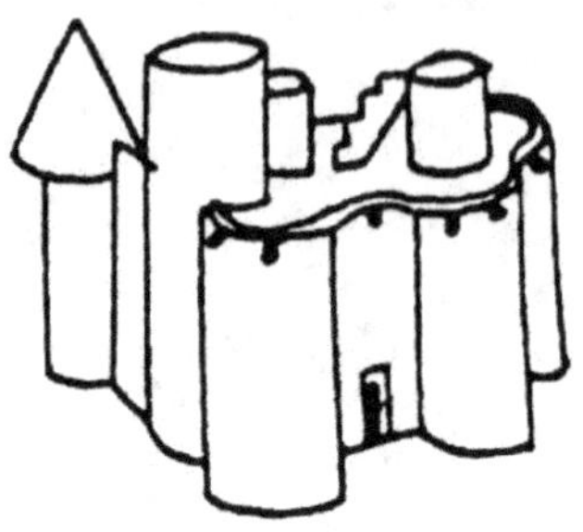

pl. XVIII,3 : habitations du peuple nouba

pl. XVIII,4 : habitations du peuple zoulou

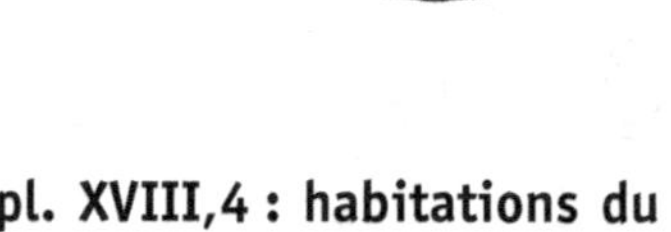

pl. XVIII,5 : habitations du peuple noupé

pl. XVIII,6 : habitations du peuple achanti

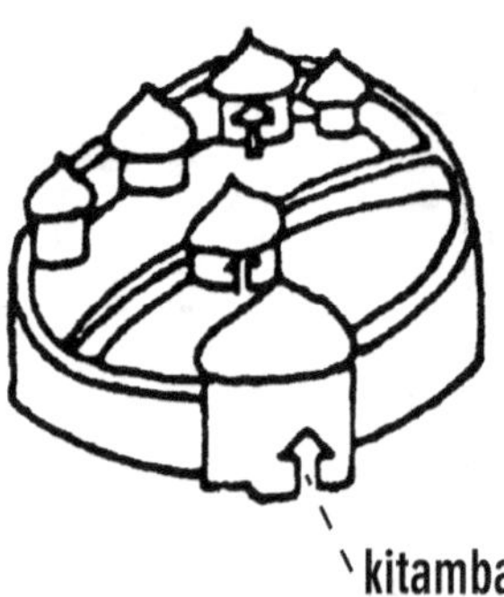

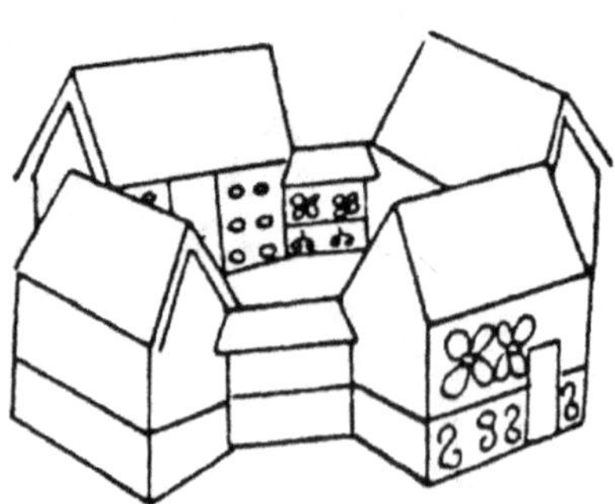

Chapitre 19

Le patrimoine

Définition

Le patrimoine, c'est l'héritage des parents, mais aussi l'héritage collectif, d'où le devoir de protection.

Conserver le patrimoine : historique

La 1re charte des monuments historiques est une ordonnance rendue par le lieutenant général du roi Anne de Montmorency en septembre 1548 pour conserver les monuments antiques de Nîmes et du Languedoc.

Au XVIIe siècle, Gaignières fait des dessins des grands monuments, tandis que les moines de la fondation de Saint-Maur travaillent sur l'histoire ; mais l'art roman est oublié et l'art gothique est considéré comme un art dégénéré.

En 1776, on commence à montrer une partie des collections royales au Louvre.

La Révolution s'acharne contre l'Église et la royauté. En 1789, les biens de l'Eglise deviennent biens nationaux. En 1790 on publie un décret iconoclaste déclarant que tout ce qui porte les emblèmes de la royauté peut être détruit (1792 : violation des tombeaux royaux de Saint-Denis, destruction de la galerie des rois de Notre-Dame de Paris). Mais la situation évolue et Talleyrand demande un décret pour réaliser un inventaire ; Boissy d'Anglas défend l'idée d'une régénération morale par la sauvegarde du patrimoine ; la Commission des Monuments est créée, remplacée par la Commission Temporaire des Arts ; le peintre David y joue un rôle important. En 1795 est créée la Commission des Bâtiments Civils chargée de protéger.

En 1830, Guizot crée la Commission des Monuments Historiques, dont le 1er inspecteur est Ludovic Vitay et le 2e inspecteur Prosper Mérimée qui fait un véritable travail d'archéologue ; ceci fonde la notion de service public.

En 1964 est signée la charte de Venise : c'est une convention internationale sur la conservation et la restauration des monuments et des sites, stipulant de ne pas altérer l'ordonnance ni le décor, de laisser la lisibilité des interventions, leur réversibilité, de s'arrêter là où commence l'hypothèse.

À sa suite, en 1965, est créé l'ICOMOS (Conseil International des Monuments et des Sites), Palais de Chaillot, Avenue Albert-Ier-de-Monaco, 75116 Paris. C'est une organisation non gouvernementale pour promouvoir la théorie, la méthodologie, la technologie, la protection et la mise en valeur des monuments, ensembles et sites.

En 1976 est signée la convention de Grenade pour la protection du Patrimoine Mondial, culturel et naturel. On protège le monument, mais aussi le site naturel avoisinant et les animaux y vivant (comme les aigles de Kintzheim et les chauves-souris de Lautenbach en Alsace).

Un comité international créé en 1977 sous l'égide de l'UNESCO complète et soutient l'action des états en faveur de leurs monuments et sites les plus prestigieux ; il apporte une assistance financière et technique.

La 1re inscription a eu lieu 1978 pour protéger les îles Galápagos.

En 1976 est signée la charte du tourisme culturel afin d'insister sur l'importance économique du développement touristique d'un site, mais sans que celui-ci ne soit dégradé par un afflux de visiteurs.

En 1982, la charte de Florence porte sur la sauvegarde des jardins historiques.

En 1987 la charte internationale pour la sauvegarde des villes historiques permet de protéger une ville ou un quartier.

En 1990 est signée la charte internationale pour la protection et la gestion du patrimoine archéologique.

En 1992 la convention de Malte est une convention européenne pour la protection du patrimoine archéologique, afin d'éviter les fouilles clandestines, d'intégrer les découvertes au site, de diffuser les connaissances auprès du public.

Le musée

Le musée a longtemps constitué en une réunion d'objets disparates dans un lieu rarement fait pour les accueillir. Rivière en
donne une définition plus scientifique : c'est un établissement
permanent, constitué dans l'intérêt général pour conserver,
administrer, permettre la consulation, diffuser et essentiellement exposer un ensemble limité ou croissant d'éléments de
valeur culturelle.

L'esprit de collection représente un véritable instinct chez
l'homme.

Dès le IIIe siècle av. J.-C., les Grecs regroupent les trésors religieux. Au IIe siècle ap. J.-C., Rome entasse des pillages de guerre
si nombreux qu'il faut construire des dépôts.

Au Moyen Âge, les églises regorgent de trésors. Dès la Renaissance sont ébauchés ce qui deviendra les plus grands musées
du monde ; le pape Jules II installe ses collections au Vatican
et nomme Raphaël conservateur. Au XVIIe siècle, Colbert, ministre de Louis XIV, achète, administre, répartit les tableaux entre
le Louvre et Versailles.

L'idée de faire profiter le public des collections remonte au
XVIIIe siècle ; en 1750, ouvre la galerie du Luxembourg ; la Révolution montre les collections royales. La Convention réglemente
la muséologie et définit les différents types de musée : artistique, historique, scientifique, technique, militaire. Pour servir de
base aux musées, des dépôts d'œuvres d'art sont créés en province par Napoléon Ier. Sous la Restauration s'ajoutent les
musées d'archéologie et ceux des artistes vivants.

Sous la IIIe République, les cabinets d'amateurs et les sociétés
savantes entassent les collections, bien souvent sans thème,
dans des bâtiments.

Dans toute l'Europe, les collections privées des princes deviennent nationales.

À partir de 1870, les pays nordiques s'intéressent à l'ethnographie et créent les écomusées, institutions sauvegardant le patrimoine naturel et culturel d'un terroir.

Après les premiers musées aux décors pompeux, on aménage de véritables laboratoires dans les années 1920, pour revenir de nos jours à des présentations plus théâtrales.

Les musées appartiennent à différentes structures :

- les musées de l'Institut de France ;
- les musées de la Ville de Paris ;
- les musées des Monuments Historiques ;
- les musées des ministères ;
- les musées de France, sous contrôle de l'État ;
- les musées municipaux ;
- les musées privés, associatifs, sont de moins en moins nombreux car les charges sont lourdes.

Le musée, en plus des salles d'exposition, s'équipe désormais souvent d'un laboratoire et d'un atelier de restauration, d'une bibliothèque et d'archives, d'un service éducatif, d'un service commercial.

Le site d'interprétation

À la création, il s'appliquait à un site naturel et culturel. Maintenant, il s'applique aussi à l'ethnologie, l'industrie, l'artisanat, la ville historique, l'archéologie.

Il donne des explications et des informations à la fois en extérieur, avec des circuits, des chemins d'observation, des itinéraires de découverte, des points de lecture du paysage..., mais aussi à l'intérieur, dans des espaces qui abritent une exposition permanente.

Il s'agit d'un musée sans collection, d'une exposition utilisant toutes les ressources muséographiques actuelles, d'une exposition spectacle, dont le but est d'élargir l'horizon des intérêts du visiteur, ses connaissances, de l'aider à comprendre.

À la fin du XIXe siècle, aux États-Unis, sont créés les premiers parcs nationaux ; des guides apprennent aux visiteurs à conserver, respecter le milieu naturel. En 1910, le naturaliste Enos Mills accomplit la première démarche interprétative au Parc national de Rocky Mountain.

En 1970, le Québec ouvre des centres sur des sites naturels, historiques et ethnographiques. La pédagogie est très présente ; on reconstitue ; si l'objet de collection manque, on le remplace par une copie.

Dans les années 1970 : la Grande-Bretagne et la Pologne s'intéressent aux sites industriels. La Hollande, la Belgique, les pays du nord et de l'est suivent. La France, elle, se tourne vers les écomusées ; la muséologie est jugée trop élitiste, on veut toucher le public populaire ; l'écomusée est intimement lié à la protection du patrimoine ; il est associé au cadre de vie naturel et culturel.

Dans les années 1980, le centre d'interprétation utilise la mise en scène d'un récit comme moyen principal de sensibilisation ; le théâtre et ses techniques pénètrent dans l'exposition interprétative : dramaturgie, éclairage spécifique et mobile, décors, mise en scène des objets... (par exemple : au Mont-Beuvray, le site de Bibracte, « la civilisation celtique et les Eduens » ; à Beaune, l'archéodrome, « L'interprétation archéologique, du paléolithique à l'époque romaine » ; à Murat-le-Quaire, maison de la Toinette et grange de Julien, « La vie d'une ferme »).

Les organismes institutionnels

Le ministère de la Culture

Il comprend :

- la Direction de l'Architecture ;
- la Direction du Livre et de la Lecture ;
- la Direction du Patrimoine :
  - sous-direction des monuments historiques,
  - sous-direction de l'archéologie,

     – sous-direction de l'inventaire général,

     – sous-direction de l'administration et de l'action culturelle, 3 missions :

       - patrimoine ethnologique,

       - patrimoine photographique,

       - relations publiques et affaires internationales.

- les Directions Régionales des Affaires Culturelles.

La Direction de l'Architecture
182, rue Saint-Honoré, 75001 Paris

Son but est de favoriser la création, d'élaborer la politique d'aménagement et de promotion, ainsi que la réglementation des professions concernées, de superviser l'enseignement et la recherche en architecture, d'organiser une politique dans les espaces bâtis à intérêt historique, esthétique, culturel, de participer à la conception et la politique du territoire, du paysage et de la ville, de conseiller les établissements publics aménageurs du ministère de la Culture, de suivre les actions des Services Départementaux de l'Architecture et du Patrimoine (S.D.A.P.).

Elle se charge de l'application des législations relatives à la protection des abords :

- des *monuments historiques* (voir p. 284) ;

- des *secteurs sauvegardés* : institués par la loi Malraux de 1962 pour conserver et restaurer des villes, des bourgs, des centres, des quartiers à caractère historique ;

- des *Zones de Protection du Patrimoine Architectural Urbain et Paysager (Z.P.P.A.U.P)* : ces zones sont délimitées en accord avec les habitants et les instances administratives – de l'agriculture, de l'équipement, de l'industrie et de la recherche – afin de protéger un quartier ou une ville entière ; les interventions se font sur l'agencement des volumes et des couleurs.

La Direction du Livre et de la Lecture
182, rue Saint-Honoré, 75001 Paris

Elle s'occupe de la lecture publique, des éditions. Elle a la Bibliothèque Nationale sous sa tutelle.

La Direction du Patrimoine
182, rue Saint-Honoré, 75001 Paris

Elle a pour missions d'inventorier, d'étudier, de protéger, de conserver, de faire connaître les vestiges archéologiques, les édifices et objets à intérêt historique, artistique ou scientifique, les lieux de mémoire, les témoignages des modes de vie et de travail, les collections photographiques.

Elle est composée de 4 sous-directions :

- les monuments historiques (voir p. 304),
- l'archéologie (voir p. 303),
- l'inventaire général (voir p. 304),
- l'administration et l'action culturelle.

Elle a 3 missions :

- le patrimoine ethnologique,
- le patrimoine photographique,
- les relations publiques et les affaires internationales.

Le Centre des Monuments Nationaux, le musée des Monuments français, le musée des Plans-reliefs, dépendent de cette direction.

La Direction Régionale des Affaires Culturelles (D.R.A.C.)

Dans chaque région de France, elle prolonge l'action de l'administration ; elle est sous l'autorité du préfet de région. C'est un service extérieur du ministère de la Culture. Elle est l'interlocuteur permanent des partenaires locaux et conseiller technique des collectivités locales.

La D.R.A.C. est constituée de différents services :

- *un secrétariat général* ;
- *un service régional de l'archéologie* qui programme, contrôle, gère les fouilles archéologiques, assure la diffusion (publications, colloques) ;
- *une conservation régionale des monuments historiques* qui applique la réglementation, recense ; élabore, contrôle, exécute les programmes de restauration ; fait connaître et valorise ;
- *un service régional de l'inventaire général* qui programme les études, établit une documentation consultable par tous, publie des ouvrages, organise des expositions ;
- *un service ethnologie* qui étudie la vie quotidienne : usages, savoir-faire, métiers et techniques, relations familiales, sociales et professionnelles ; organise des rencontres ;
- *un service musées* qui contribue à la mise en valeur des collections, surveille, conseille (expositions, restaurations) ;
- *un service arts plastiques* qui définit les statuts de l'artiste ; il a un rôle de conseil et de soutien à la promotion de l'art contemporain, suit les dossiers relatifs à l'enseignement et à la formation des élèves ;
- *un service livres et lecture* qui conseille les extensions et l'informatisation des bibliothèques municipales, développe les pratiques de lecture-écriture avec les collectivités locales, l'éducation nationale, la justice, les associations spécialisées ; il soutient la conservation des fonds patrimoniaux ;
- *un service musique et danse* qui est l'interlocuteur des musiciens et danseurs et des collectivités territoriales ; il conseille, instruit les demandes de subventions ; agit en milieu scolaire ; organise les diplômes d'État sur la danse ;
- *un service théâtre* qui suit les activités des compagnies, instruit les demandes de subvention, aménage et construit des théâtres ;
- *un service développement culturel* qui élabore des contrats de 1 à 3 ans pour développer culturellement une collectivité territoriale, dans le but de désenclaver des quartiers, de

structurer les services culturels, de porter des projets inter-communaux ;

- *un service politique de la ville* qui aide à réduire les inégalités d'accès à la culture, à lutter contre l'exclusion en organisant des actions culturelles de proximité et des actions en milieu carcéral et hospitalier ;

- *un service cinéma et audiovisuel* qui apporte un soutien aux festivals, monte l'action « Passeurs d'images », assure le suivi des enseignements cinéma-audiovisuel ;

- *un service milieu scolaire et universités* qui assure les relations éducation nationale et culture ; il a un rôle de sensibilisation, par la création d'ateliers de pratique artistique, de classes du patrimoine, de contrats ville-enfant ;

- *un centre de documentation et de communication* qui assure la gestion et met à disposition du public des ressources documentaires ; reproduit, vend des documents.

L'Inventaire général du patrimoine culturel
182, rue Saint-Honoré, 75001 Paris

Il a été créé en 1964 par André Malraux dans le but de collecter une documentation historique, graphique, photographique du patrimoine « de la petite cuillère à la cathédrale » ; mais vu l'ampleur, aujourd'hui, on ne prend en compte que le patrimoine public, et en le sélectionnant.

Cet inventaire porte sur le monumental : patrimoine urbain et rural, les jardins, les orgues, le patrimoine technique et industriel, les vitraux.

Il a pour but de préserver sur du long terme, de recenser, étudier, faire connaître. Le travail est réalisé par canton.

Les monuments historiques

Toute œuvre d'art d'un intérêt historique (immeuble ou objet mobilier) ; cette qualité est apparue en 1830, consacrée par une loi de 1887 et confirmée par une loi de 1913.

La protection est assurée par :

- le classement ;
- l'inscription.

Le classement (C.L.M.H.)

- les interventions (destruction, déplacement, modifications, travaux, don, vente, partage) sont à déclarer au directeur de la D.R.A.C., représentant le ministère de la Culture ;
- l'autorisation est donnée par le préfet de région ;
- les réparations sont à réaliser par l'architecte en chef des Monuments Historiques ;
- l'entretien est assuré par l'architecte des Bâtiments de France ;
- le périmètre de protection autour du bâtiment classé est de 500 m ;
- l'aide de l'État aux travaux varie de 20 à 40 % auxquels s'adjoignent des avantages fiscaux.

L'inscription à l'Inventaire Supplémentaire des Monuments Historiques (I.S.M.H.) concerne les immeubles ou parties d'immeubles présentant un intérêt historique, artistique, ou technique.

- Les travaux (modification, restauration, démolition) sont à déclarer à la D.R.A.C.
- Le permis de démolir est accordé par le préfet et par le ministère de la Culture.
- Le périmètre de protection autour du bâtiment inscrit est de 500 m.
- Les possibilités de subventions (pas systématique) varient de 10 à 20 % et les sommes consacrées aux travaux sont intégralement déductibles des impôts ; de même, la gestion, l'accueil et le gardiennage sont partiellement déductibles, selon les conditions d'ouverture au public.

Le patrimoine industriel, scientifique et technique protégé au titre des monuments historiques concerne :

- le patrimoine technique : agricole, énergie, mécanismes, outillages, appareils de chauffage, militaire (forts, villes fortifiées, citadelles ; la France est l'un des seuls pays du monde à entretenir ce type de patrimoine), matériel de transport ;

- le patrimoine scientifique : appareils de physique et d'astronomie, appareils de pharmacie, collections médicales, collections de sciences naturelles, cartes, globes ;
- les véhicules ferroviaires : locomotives à vapeur, locomotives et automotrices électriques, voitures et autres véhicules pour trains de voyageurs, wagons et autres véhicules pour trains de marchandises ;
- les navires.

Le Centre des Monuments Nationaux
Hôtel de Sully, 62, rue Saint-Antoine, 75186 Paris

En 1914 est créé un établissement public à caractère administratif (c'est-à-dire qui dispose d'une certaine autonomie administrative et financière) afin d'assurer la promotion du patrimoine, sa présentation au public.

Il publie les Éditions du Patrimoine.

Il veille à la qualité de l'accueil, des visites (histoire et histoire de l'art), des expositions ou manifestations, des produits vendus.

Il met en place des visites-conférences, des visites thématiques, des visites approfondies, des visites théâtralisées, nocturnes ; des visites en braille, en langue des signes ; des documents de visites, d'audioguidage. Il réalise des actions concertées avec le ministère du Tourisme.

Les villes et pays d'art et d'histoire

Le label a été créé en 1985 par le Centre des Monuments Nationaux (ex. : C.N.M.H.S.) pour soutenir les collectivités locales qui possèdent un patrimoine et qui ont la volonté de le valoriser. Il permet de définir des circuits, de sélectionner des guides-conférenciers.

Le Conseil d'Architecture d'Urbanisme et de l'Environnement (C.A.U.E.)

Chaque département est muni d'un C.A.U.E., association départementale de conseils, d'information et de sensibilisation afin de guider les communes dans leurs démarches d'aménagements fonctionnels, esthétiques et harmonieux des espaces publics et des bourgs ruraux.

La Bibliothèque Nationale de France
11, quai François Mauriac, 75006 Paris cedex 13

Au XIVe siècle, le roi Charles V, bibliophile, constitue une librairie dans son palais de la Cité puis la transfère dans une tour du Louvre. Au XVe siècle, Louis XI souhaite remplacer les manuscrits disparus et fait réaliser des copies ; cette bibliothèque est itinérante et suit les demeures royales. En 1666, Colbert l'installe rue de Vivienne. Sous la Révolution, elle récupère les collections des abbayes et de la Sorbonne.

Elle reçoit un exemplaire de chaque ouvrage ou revue publié (le dépôt légal).

Les Archives de France
60, rue des Francs-Bourgeois, 75141 Paris cedex 03

Les archives royales ont été presque entièrement détruites à la bataille de Fréteval en 1194 (Philippe Auguste), d'où la création d'archives non itinérantes.

Le 29 juillet 1789, l'Assemblée nationale crée les Archives Nationales.

Elles reçoivent le dépôt de tous les actes qui établissent la constitution du pays, son droit public, ses lois et sa distribution en départements.

Les protections sur la nature

Elles englobent des sites naturels dans lesquels peut être intégré du bâti, en particulier de l'architecture vernaculaire.

- *Le Parc national* sauvegarde la faune, la flore, le milieu naturel dans sa partie centrale ; les activités d'accueil et de tourisme sont situées en périphérie. Il est géré par un établissement public de l'État.
- *Le Parc Naturel Régional* assure la protection du patrimoine naturel et culturel, le développement des activités humaines, l'accueil des visiteurs. Il est créé à l'initiative des régions et des collectivités locales ; il est classé pour une durée de dix ans renouvelable par le ministère de l'Environnement
- *Le Parc Marin* protège des espaces où les activités de pêche et de loisirs sont réglementées ; il informe le public.
- *La réserve naturelle* est installée sur un milieu naturel sensible afin de protéger les richesses géologiques, végétales, animales. Elle est créée par l'État et la gestion est confiée à une association.
- *Le Conservatoire du littoral, des rivages lacustres, des cantons côtiers et des rivages de lacs* préserve des espaces de nature accessibles à tous par le rivage.
- *Les Zones soumises aux dispositions de la loi Montagne* couvrent 20 % du territoire national.

Quelques associations importantes

Europa Nostra / IBI
est basée à La Haye

Europa Nostra a été créée en 1963 et a fusionné en 1991 avec l'Institut International des Châteaux Historiques (fondé en 1949).

C'est une organisation européenne non gouvernementale.

Elle assure :

- la protection du patrimoine architectural et naturel ;
- le respect des normes de qualité en matière d'architecture, d'urbanisme et d'aménagement du territoire ;
- l'amélioration de l'environnement ;
- l'organisation de prix pour récompenser des mises en valeur, ce qui a permis de restaurer par exemple les églises en bois d'Owczary en Pologne (1994).

La Fondation du Patrimoine
23-25, rue Charles-Fourier, 75013 Paris

Elle a été mise en place par une loi en 1996 pour promouvoir la connaissance, la conservation et la mise en valeur du patrimoine non protégé, à savoir :

- *les bâtiments et constructions remarquables* : arènes, bâtiments d'exploitation agricole, bâtiments des années 1930, bâtiments publics du début du XXe siècle, bâtiments XIXe siècle des parcs et fermes, courées (cours communes à plusieurs habitations dans le Nord), édifices à enduits traditionnels, édifices à pans de bois et couvertures en roseaux, édifices néo-classiques du XIXe siècle, fermes à cour fermée, fermes de montagne, habitat minier, habitat troglodytique, halles, jasseries (bergeries de Provence), logis seigneuriaux du XVe au XVIIe siècles, maisons de béates (assemblées de jeunes filles formées au XVIIe siècle dans la région du Puy-en-Velay, chargées d'aller enseigner dans les campagnes et d'apprendre à faire la dentelle), maisons d'assemblées, maisons en terre, pigeonniers ;
- *les éléments remarquables de construction* : couvertures en lauzes, couvertures minérales, façades traditionnelles, murs de clôture de villages, pans de bois, sculptures ornementales ;
- *l'architecture remarquable* : architecture à pans de bois, architecture balnéaire, architecture créole, architecture

hydraulique, architecture métallique, architecture vernaculaire ;

- *les bâtiments cultuels* : chapelles, églises fortifiées, églises médiévales en montagne, églises rurales ;
- *le patrimoine industriel* : brasseries du XIXe siècle, cités des années 1930, manufactures, studios de cinéma, tours de télégraphe ;
- *le patrimoine fortifié* : fortifications côtières, forts, lieux de mémoire des deux guerres mondiales.

Les Vieilles Maisons Françaises (V.M.F.)
93 rue de l'Université, 75007 Paris

Cette association a été fondée en 1958 pour la sauvegarde, la défense et la mise en valeur du patrimoine architectural et de son environnement. Elle assure protection et assistance. Elle a tissé des relations internationales. Elle tient un fichier des propriétés qui se louent pour des tournages de films, de photographies ; elle organise des concours, assure une publication.

Pour les Journées du Patrimoine, les propriétaires reversent une partie de leur droit de visite aux compagnons du Devoir pour encourager la transmission des savoir-faire.

La Demeure Historique
Hôtel de Nesmond, 57, quai de la Tournelle, 75005 Paris

C'est une association professionnelle de propriétaires de monuments historiques privés, fondée en 1924.

Elle a pour but d'établir un environnement fiscal, juridique et économique permettant d'assurer aux propriétaires la défense, la conservation et la mise en valeur du patrimoine architectural privé.

Elle concerne les demeures historiques ouvertes au public, les demeures historiques non ouvertes au public, les parcs et jardins.

La Ligue Urbaine et Rurale (L.U.R.)
20, rue du Borrégo, 75020 Paris

Elle a été fondée par Jean Giraudoux en 1945 afin de faire progresser les notions de préservation du patrimoine et des paysages dans le contexte contemporain ; c'est un organisme de conseil, d'intervention.

Elle organise depuis 1982 le concours du maire pour récompenser une commune de moins de 2 000 habitants.

Parmi ces missions, on peut citer : le désensablement du mont Saint-Michel, l'arrêt d'un projet autoroutier traversant Langeais.

Les Maisons Paysannes de France
8, passage des Deux-Sœurs, 75009 Paris

L'association a été fondée en 1965, afin de sauvegarder les maisons paysannes traditionnelles en conservant les caractères propres à leur région, de protéger leur cadre naturel et humain, et de promouvoir une architecture contemporaine de qualité en harmonie avec les sites.

La Société pour la Protection des Paysages et de l'Esthétique de la France (S.P.P.E.F.)
39, avenue de la Motte-Picquet, 75007 Paris

C'est la plus ancienne association nationale de défense du patrimoine, fondée en 1901.

Son but est de mettre en valeur les sites naturels, le patrimoine monumental et architectural.

Elle a une représentation auprès des pouvoirs publics, au sein des commissions nationales, organise des colloques, publie *Sites et monuments*.

Parmi ses actions, elle a fait protéger les murailles de La Rochelle, sauvegarder le quartier Saint-Jean à Lyon, protéger les remparts d'Avignon, sauvegarder le mont Saint-Michel, la vallée de Chamonix.

Cette association privée est soutenue par la direction du Patrimoine ; elle a été créée en 1992 pour mener des opérations de sauvetage en cas de danger.

Elle s'intéresse au patrimoine oublié (par exemple les cases au Cameroun et au Tchad) et au patrimoine en guerre (par exemple Beyrouth, Sarajevo).

La promotion du patrimoine

Le logo

Le propriétaire d'un site inscrit ou classé Monument Historique, ou faisant partie de l'une des associations de patrimoine peut apposer sur sa façade un logo, et s'intégrer ainsi à un réseau de visites.

- Monument inscrit ou classé : labyrinthe de la cathédrale de Reims, rouge sur fond blanc sur plaque de 30 x 30 cm (pl. XIX,1).
- Europa Nostra/IBI : stylisation d'une montagne, d'un fleuve, d'un arbre, d'une cathédrale, d'une église, d'un château, d'un bâtiment industriel, noir sur fond blanc (pl. XIX,2).
- Vieilles Maisons Françaises : profilé de château, bleu et or, sur plaque de 30 x 30 cm (pl. XIX,3).
- La Demeure Historique : D et H entrelacés, marron sur fond blanc (pl. XIX,4).
- Les Maisons Paysannes de France : entrée de ferme, marron sur fond jaune, sur plaque de 21,5 x 17,5 cm (pl. XIX,5).

pl. XIX,1 : Monument historique inscrit ou classé

pl. XIX,2 : Europa Nostra/IBI

pl. XIX,3 : Les Vieilles Maisons Françaises

pl. XIX,4 : La Demeure Historique

pl. XIX,5 : Les Maisons paysannes de France

Les Journées de l'environnement

Elles ont été créées en 1990. Elles durent huit jours en juin.

Les Journées du Patrimoine

Elles ont été créées en 1984. Elles se déroulent le 3e week-end de septembre.

Elles permettent de faire la visite approfondie d'un site ouvert exceptionnellement, de découvrir des expositions, des démonstrations de savoir-faire.

Elles sont désormais thématisées : fêtes et jeux, patrimoine industriel, patrimoine en lumière, le XXe siècle, la loi 1901, On y va tous !, Les grands hommes : Quand femmes et hommes construisent l'histoire...

La Route Historique

C'est un itinéraire de découvertes réalisé avec le concours de la Demeure Historique et du Centre des Monuments Nationaux (ex. C.N.M.H.S.). La création a eu lieu en 1989.

Les itinéraires peuvent emprunter des voies publiques existantes, des chemins relevant du domaine privé après convention passée avec le propriétaire (les cartes sont réalisées par l'I.G.N.).

Par exemple, en Auvergne, la route historique des châteaux d'Auvergne et la route historique Lafayette-vallée de la Loire ; la route historique romane d'Alsace ; la route historique des peintres en Cornouaille ; la route historique des maisons d'écrivains en Normandie ; la route historique des très grandes cathédrales (qui couvre toute la France) ; la route historique Jean-Jacques-Rousseau (qui mène en Europe).

Le Salon International du Patrimoine

Il a pour but de réunir les acteurs de la conservation, de la restauration, de la restitution, de la défense du patrimoine mobilier et immobilier. On aborde les métiers, les matières techniques, les enjeux économiques, culturels et touristiques, la mise en valeur (associations, fédérations, fondations, mécénat). Le jeune public est sensibilisé grâce à différentes actions.

Ce salon se déroule chaque année fin septembre, au Carrousel du Louvre.

La réutilisation d'un monument

Un monument historique peut devenir musée, hôtel, centre culturel, lieu de séminaires, lieu d'animations culturelles, sportives, lieu de festival.

Le lieu de culte

En 1905 eut lieu la séparation de l'Église et de l'État ; de fait, une église construite après 1905 appartient à l'association diocésaine ; une église construite avant 1905 appartient à la commune.

La loi du 9 décembre 1905 portant sur la séparation de l'Église et de l'État interdit le financement des cultes par l'État ou les collectivités mais accorde des subventions d'animation ou d'entretien des orgues.

Donc, les concerts organisés dans les églises doivent favoriser la musique sacrée, mais les autres musiques ne sont pas interdites ; il faut appliquer les règles de sécurité, de protection du mobilier ; le culte ne doit pas être entravé ; il ne doit pas y avoir de convention d'autorisation régulière ; l'entrée doit être libre, ce qui n'interdit pas le don ; ce qui pose problème lorsque sont reçus des artistes de renom qui prennent un cachet, il y a donc des dérogations (par exemple pour l'organisation du festival de La Chaise-Dieu).

L'enrichissement du patrimoine

Le Fonds National d'Art Contemporain (F.N.A.C.)
70, voie des Sculpteurs, La Défense 9, 92800 Puteaux

Mis en place en 1978, son but est d'acquérir des œuvres d'artistes vivants, dans le domaine des arts plastiques, de la photographie, des arts décoratifs, du design.

Le Fonds Régional d'Art Contemporain (F.R.A.C.)

Il a été créé en 1982 pour acquérir et exposer de l'art contemporain. Il y en a un par région.

La Commande publique

Elle a été instaurée en 1982 pour encourager la création contemporaine et enrichir le patrimoine national. Les œuvres peuvent être placées dans des monuments historiques, permettant ainsi de les mettre en valeur, de les restaurer ; lors des travaux de construction de l'État (sauf les hôpitaux), 1 % du budget est consacré à la réalisation d'une œuvre d'art. Ainsi, les relations entre arts plastiques, urbanisme et architecture sont développées.

Le mécénat d'entreprise

Il est organisé par la loi du 23 juillet 1987 ; depuis 1990, la Fondation d'entreprise lui offre un cadre juridique. Des réductions d'impôts sont consenties aux entreprises qui se donnent de plus une image de marque.

Ce mécénat porte sur la restauration de bâtiments, sur une aide aux musées (sous forme de dons, de restaurations d'œuvres, d'édition de catalogues).

Chapitre 20

Les techniques

Le rôle de la ligne

La ligne est l'élément premier ; on trace d'abord le contour avant de remplir la forme. Elle permet d'intellectualiser la forme, de traduire une expression, un mouvement.

Ligne horizontale : *idée de calme.*
Ligne verticale : *idée d'ascension, de mouvement.*
Ligne oblique : *idée de mouvement.*
Ligne courbe : *idée de mouvement, voire de tourbillon.*

L'artiste (peintre ou sculpteur) va donc se servir de lignes droites ou courbes pour traduire le mouvement, la stabilité...

En architecture, les lignes traduisent les plans et les volumes (pl. XX,1)

Les différents procédés de composition en peinture

Dans un tableau, les différents éléments ne sont pas répartis au hasard.

La symétrie est la notion de base de la composition d'un tableau.

Tableau rectangulaire : c'est le cas le plus courant.
Tableau carré : plus rare, on le rencontre surtout à la période contemporaine.
Tableau ovale : appelé **médaillon**.
Tableau rond : appelé **tondo**.
La composition ouverte invite le peintre et le spectateur à sortir du tableau ; on pourrait prolonger la scène.
La composition fermée, au contraire, enferme le sujet ; il tient en entier dans le cadre.

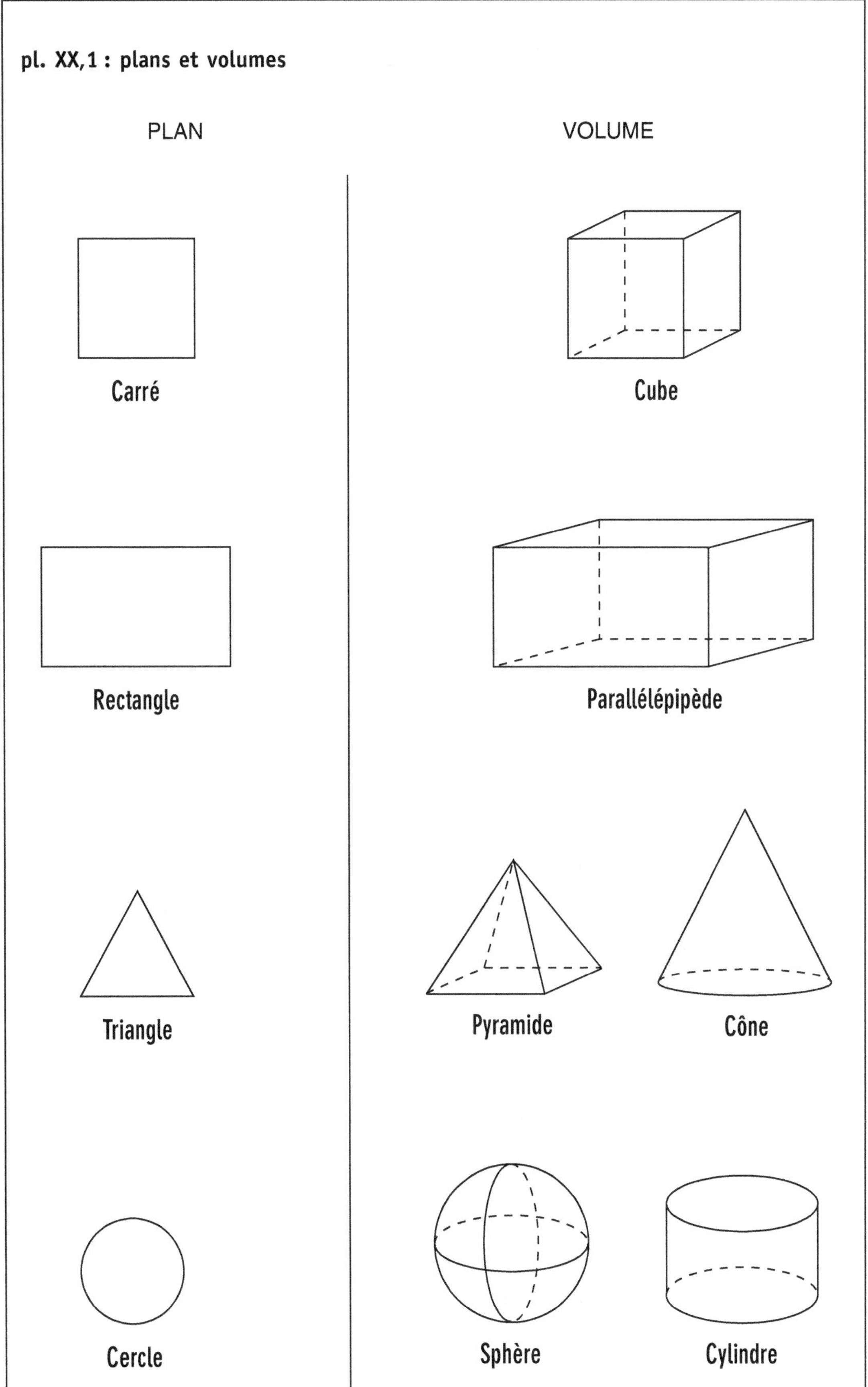
PLAN
VOLUME
Carré
Cube
Rectangle
Parallélépipède
Triangle
Pyramide
Cône
Cercle
Sphère
Cylindre

Les contrastes colorés et leur rôle

La source de lumière première est le soleil qui produit une lumière blanche. Les couleurs apparaissent lorsqu'un faisceau de lumière blanche traverse un prisme.

Il y a six **couleurs fondamentales**, ou couleurs pures :

- *rouge, orangé, jaune, vert, bleu, violet.*

Parmi ces six couleurs, trois sont dites **primaires** car leur mélange permet de retrouver toutes les autres :

- *jaune, rouge, bleu.*

Les trois autres sont dites **binaires** ou **secondaires**, et sont obtenues à partir du mélange de deux couleurs primaires :

- *violet* = rouge + bleu
- *vert*   = jaune + bleu
- *orangé* = jaune + rouge

La **couleur complémentaire** d'une couleur binaire est celle qui n'intervient pas dans sa composition :

- *le jaune a pour complémentaire le violet ;*
- *le rouge a pour complémentaire le vert ;*
- *le bleu a pour complémentaire l'orangé.*

Deux couleurs complémentaires s'exaltent mutuellement, se mettent en valeur.

Un couple de complémentaires est formé d'une **couleur froide** et d'une **couleur chaude** :

- *couleurs froides :* vert, bleu, violet ;
- *couleurs chaudes :* rouge, orangé, jaune.

Sur un tableau, une couleur chaude donne l'impression d'avancer, une couleur froide l'impression de reculer, créant ainsi une notion de spatialité.

En plus, il y a les **couleurs neutres** :

- *blanc, noir, gris.*

Le marron n'est pas une couleur, c'est une teinte obtenue à

partir de rouge, d'orange, donc à analyser comme une couleur chaude.

Une **couleur claire** ouvre l'espace, donne l'impression que le tableau est plus grand, tandis qu'une **couleur sombre** ferme l'espace, donnant l'impression que le tableau est plus petit.

La **couleur saturée** est celle qui produit son effet maximum dans une gamme de couleur déterminée ; par exemple, une gamme de rouge ira du blanc à peine rosé au bordeau presque noir ; au « milieu », il y aura le rouge saturé, ni trop éclairci ni trop foncé.

Le peintre dispose donc de contrastes colorés pour rendre certains effets.

- **Contraste de la couleur en soi** : c'est la juxtaposition de couleurs pures saturées donnant ainsi un effet très bariolé, très chatoyant. Il est rarement utilisé.
- **Contraste de complémentaires** : les couleurs complémentaires se mettant mutuellement en valeur, il donne un effet de gaieté et de dynamisme. Il est presque toujours utilisé.
- **Contraste simultané** : il s'agit d'un phénomène optique faisant que lorsque l'œil perçoit une couleur pure, spontanément, il cherche à recréer sa complémentaire.
- **Contraste thermique** : il sert à exprimer la notion d'espace, de profondeur ; une couleur chaude donnant l'impression d'avancer, elle sera placée au premier plan tandis qu'une couleur froide donnant l'impression de reculer sera placée à l'arrière-plan.
- **Contraste de valeurs** : il s'agit de déterminer les localités sombres et les localités éclairées, l'effet maximum étant le « clair-obscur » où une zone du tableau est placée dans l'obscurité tandis que l'autre est très bien éclairée.
- **Contraste de qualité** : il s'agit de l'opposition de la couleur saturée et de cette même couleur dont la puissance de rayonnement a été affaiblie. On peut même avoir un tableau peint avec une seule couleur, mais avec une très grande variété de tons ; il s'agit d'un « camaïeu ».

- **Contraste de quantité :** l'œil perçoit avec une acuité plus grande les couleurs claires.

Le rendu de l'espace

L'artiste peut :

- soit rendre l'espace de façon sensible : c'est l'espace illusionniste ;
- soit rendre l'espace de façon intellectualisée, le spectateur pouvant identifier l'espace grâce à des repaires intellectuels.

L'artiste a à sa disposition différents procédés qui permettent de rendre les effets de profondeur :

- la ligne oblique ouvre l'espace ; les objets et les personnages doivent être placés suivant des obliques si l'on veut donner l'impression qu'ils sont les uns derrière les autres ;
- les objets diminuent au fur et à mesure qu'ils s'éloignent du spectateur, d'où la nécessité de représenter les objets de l'arrière-plan plus petits que ceux du premier plan ;
- plus les objets sont loin, moins ils sont nets ;
- les objets les plus éloignés n'apparaissent pas avec des contrastes colorés aussi nets, ils éclaircissent ;
- les couleurs chaudes qui donnent l'impression d'avancer, conviennent donc pour les premiers plans, tandis que les couleurs froides qui donnent l'impression de reculer conviennent pour les arrière-plans.

Quant au spectateur, sa position peut être :

- de même hauteur ; il a alors l'impression d'être au même niveau que le sujet représenté ;
- plongeante ; il a alors l'impression de voir son sujet de haut ;
- ascendante ; il a alors l'impression que le sujet le domine.

Les techniques matérielles
de la peinture

Les supports

Le mur, le vase, le livre, le meuble...

Peinture de chevalet, qui peut être :

- sur bois, imperméable, rigide ;
- sur toile, dès la fin du XVe siècle chez les peintres vénitiens ; elle est malléable, peut être roulée ;
- sur papier pour le dessinateur.

Le papier a été utilisé en Occident à la fin du XVe siècle avec l'imprimerie, remplaçant le parchemin (peau de mouton).

La pâte

Elle est formée de 3 éléments de base.

Il donne la couleur, est d'origine animale, végétale, minérale ou chimique à partir de la fin du XVIIIe siècle. Broyé, il doit être fixé par un agglutinant.

Il peut être à base d'eau (gomme arabique, œuf) ou d'huile.

Il permet de diluer la pâte.

La pâte doit être protégée par en dessous grâce à un enduit posé sur le support, et par en dessus grâce à un vernis (en vieillissant, le vernis à l'huile jaunit et le vernis à base de résine de baume de pin noircit).

Les techniques à l'eau

Ce sont les techniques les plus anciennes, qui ont régné jusqu'au XVe siècle.

Les détrempes

Elles regroupent l'aquarelle, la gouache et les peintures à tempera.

- *La gouache :* pour éclaircir les couleurs, le peintre utilise du blanc.
- *L'aquarelle :* la couleur est éclaircie par addition d'eau ; le blanc n'est pas utilisé, les zones blanches sont laissées vierges.
- *Les peintures à tempera :* elles ont pour agglutinant l'œuf, et donnent donc un effet de brillance. On réalisait ainsi les primitifs (tableaux du Moyen Âge) avant d'avoir découvert la peinture à l'huile ; l'effet est le même, seule une analyse chimique permet de déterminer s'il s'agit d'une tempera ou d'une peinture à l'huile.

La fresque (de l'italien *fresco*, « frais »)

Il s'agit d'une peinture à l'eau appliquée sur un enduit frais, couvrant un mur ; la qualité de l'enduit est primordiale pour la bonne conservation de la fresque.

L'eau séchant très vite, cette technique permet un travail rapide, très minutieux, mais le nombre de retouches est limité, et les dégradés sont difficiles à obtenir.

La technique à l'huile

Elle est apparue à la fin du XVe siècle, sur les tableaux d'un peintre flamand, Van Eyck.

S'étalant facilement, la peinture à l'huile permet de couvrir de grandes surfaces, d'obtenir facilement des dégradés et des glacis, c'est-à-dire des effets de transparence.

Le dessin

Le pastel

C'est de la peinture par ses effets, du dessin par sa technique. Il s'agit d'un crayon, donnant un aspect mat et velouté, permettant d'exécuter facilement des dégradés. L'œuvre doit être protégée par un verre pour retenir la poudre.

Le dessin

Il donne la faveur au trait sur la couleur. Les pointes permettent d'obtenir le trait et se distinguent suivant leur dureté.

- **Les pointes dures** donnent un trait mince et régulier, permettent d'exécuter des contours :
  - *la mine de plomb* ;
  - *la mine d'argent* relève de l'art du graveur ou du ciseleur ; très dure, elle ne peut s'effacer ;
  - *le graphite ou la plombagine* est un carbone cristallisé ;
  - *le crayon* est un mélange aux proportions variables de graphite et d'argile. Il a été mis au point par Conté à la fin du XVIIIe siècle. Les crayons de couleurs étaient obtenus par l'addition de colorants minéraux et actuellement par des produits synthétiques.
- **Les pointes tendres** permettent de nuancer l'épaisseur du trait ; on obtient les dégradés par frottis :
  - *le fusain* est un bâtonnet de charbon de bois, noir ;
  - *la pierre noire* est de l'argile mélangée à du carbone ;
  - *la craie* est blanche ;
  - *la sanguine* est une craie contenant de l'oxyde de fer, ce qui lui donne une teinte rouge ;
  - la technique des *trois crayons* ; on obtient un dessin polychrome (de plusieurs couleurs, à l'inverse de monochrome, une seule couleur) en travaillant avec une pierre noire, une craie et une sanguine.

■ **Les techniques médiates** nécessitent un médium, encres ou couleurs détrempées à l'eau :

- *la plume* : tout d'abord de roseau, puis d'oie et enfin de métal. Elle est l'équivalent de la pointe dure ;
- *le pinceau* est l'équivalent de la pointe tendre ; il permet de réaliser un lavis, des dégradés de valeurs ;
- les médiums sont :
- *l'encre* (obtenue à partir de noix de Galles) ;
- *le bistre* (obtenu à partir du noir de fumée) ;
- *la sépia* (obtenue à partir de l'encre de seiche).

Les techniques de la sculpture

La forme

La ronde-bosse
C'est la statue indépendante, autour de laquelle on peut tourner.

Le relief
Il est solidaire d'un support. Suivant sa profondeur, on parle de :

■ *méplat,* faible relief aplati ;

■ *bas-relief,* la forme se détache à peine du fond ;

■ *moyen-relief,* la forme se détache à moitié du fond ;

■ *haut-relief,* la forme se détache presque totalement du fond.

La gravure
Le trait est en creux.

Les techniques traditionnelles

La taille directe

Elle permet de travailler :

- *le bois :*
  - dans l'Antiquité grecque, on réalisait des statues **chryséléphantines**, c'est-à-dire en bois recouvert de plaques d'or et d'ivoire ;
  - au Moyen Âge, les statues étaient souvent **marouflées**, c'est-à-dire que le bois était recouvert de toile ou de peau ;
- *la pierre :* calcaire, grès, marne (albâtre), granit, lave, marbre.

Le modelage

Il permet de travailler :

- la terre, argile ou glaise ;
- la cire ;
- la pâte type plastiline ;
- le plâtre.

Le modelage sert souvent à faire une ébauche, ou un modèle en réduction.

Le moulage

Il permet de travailler :

- la terre cuite ;
- le stuc (à partir de poudre de marbre) pour réaliser les moulures décorées ;
- le staff (à partir de plâtre) qui a remplacé le stuc.

Le métal

Le cuivre se travaille au martelé (de l'extérieur).

Le bronze (alliage de cuivre et d'étain) se travaille au repoussé (les volumes sont repoussés de l'intérieur vers l'extérieur, avant l'assemblage des différentes pièces).

Ils sont constamment utilisés.

- La scie pour tailler ;
- la pointe pour dégrossir ;
- le ciseau pour donner la forme ;
- le trépan pour creuser les cavités ;
- le sable, la pierre ponce et l'émeri pour polir.

Les techniques contemporaines

Les métaux

- Les aciers (ordinaires, inoxydables, corten patinable) ;
- l'aluminium ;
- le maillechort (alliage de zinc, de cuivre et de nickel) ;
- le chrome et le nickel.

Les outils utilisés sont alors :

- les tronçonneuses électriques ;
- les chalumeaux ;
- les arcs électriques ou plasma pour les soudures.

On est parfois obligé de faire appel aux machines-outils et aux presses mécaniques des usines, l'artiste ne pouvant avoir certaines machines dans son atelier.

Les matières plastiques synthétiques

- Les résines thermoplastiques, qui changent de forme sous l'action de la chaleur et durcissent en refroidissant.
- Les résines thermodurcissables qui deviennent de plus en plus rigides sous l'action de la chaleur.

Les formes marginales

La récupération naturelle

Pierre, galet, souche de bois, souvent retravaillés.

La récupération artificielle

La récupération artificielle

Rebuts, déchets industriels de toutes sortes, rebuts métalliques (ferraille), pièces industrielles neuves.

L'art cinétique

Mouvement et lumière artificielle obtenus par programmation électronique.

La présentation des bustes

Qu'ils soient sculptés dans n'importe quel type de matériau, traditionnel ou non, ils peuvent avoir différents types.

Le buste à mi-corps

On voit de la tête à l'abdomen.

Le buste à l'Antique

On voit la tête et les épaules nues ou couvertes d'un drapé ; il est placé sur un piédouche (socle).

Le buste à l'italienne

Il est coupé horizontalement sous les épaules, ne prend pas appui sur un piédouche.

Le buste en Hermès

Il est taillé en plans verticaux aux épaules.

Le buste à la française

Les épaules sont vêtues de l'habit XVII-XVIIIe siècle et le visage coiffé d'une perruque.

La notion d'espace sur un relief

Sur une gravure, un bas, moyen ou haut relief, l'artiste peut traduire la notion de profondeur.

Gravure

Plus le trait est appuyé, plus le sujet donne l'impression d'être près du spectateur.

Relief

Plus le relief est bas, plus le sujet donne l'impression d'être loin du spectateur ; inversement, plus le relief est haut, plus le sujet donne l'impression d'être près du spectateur. L'artiste peut donc sur une même œuvre jouer avec les différents types de reliefs pour rendre la notion de profondeur.

Cartes

GRANDS SITES PRÉHISTORIQUES EN FRANCE

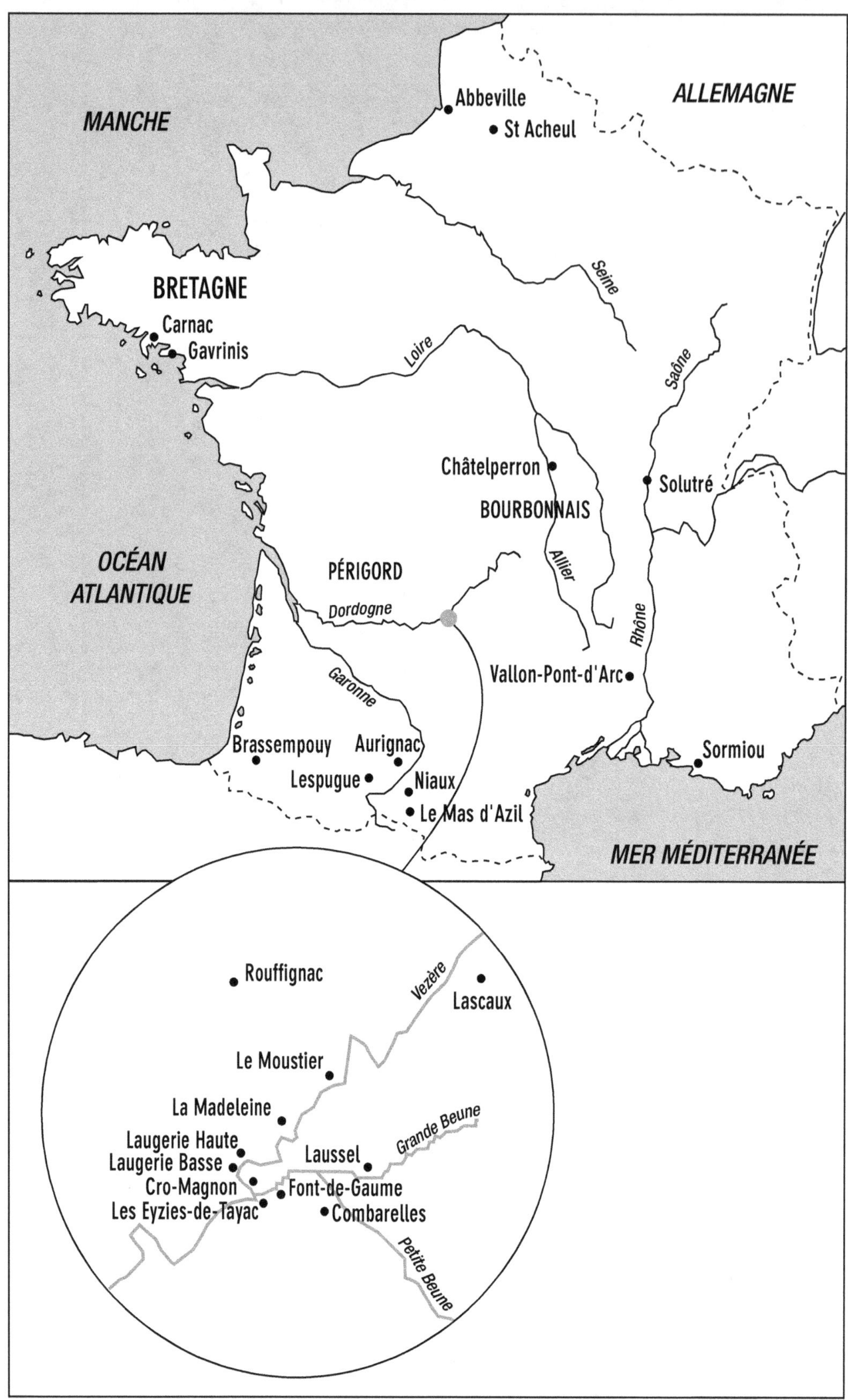

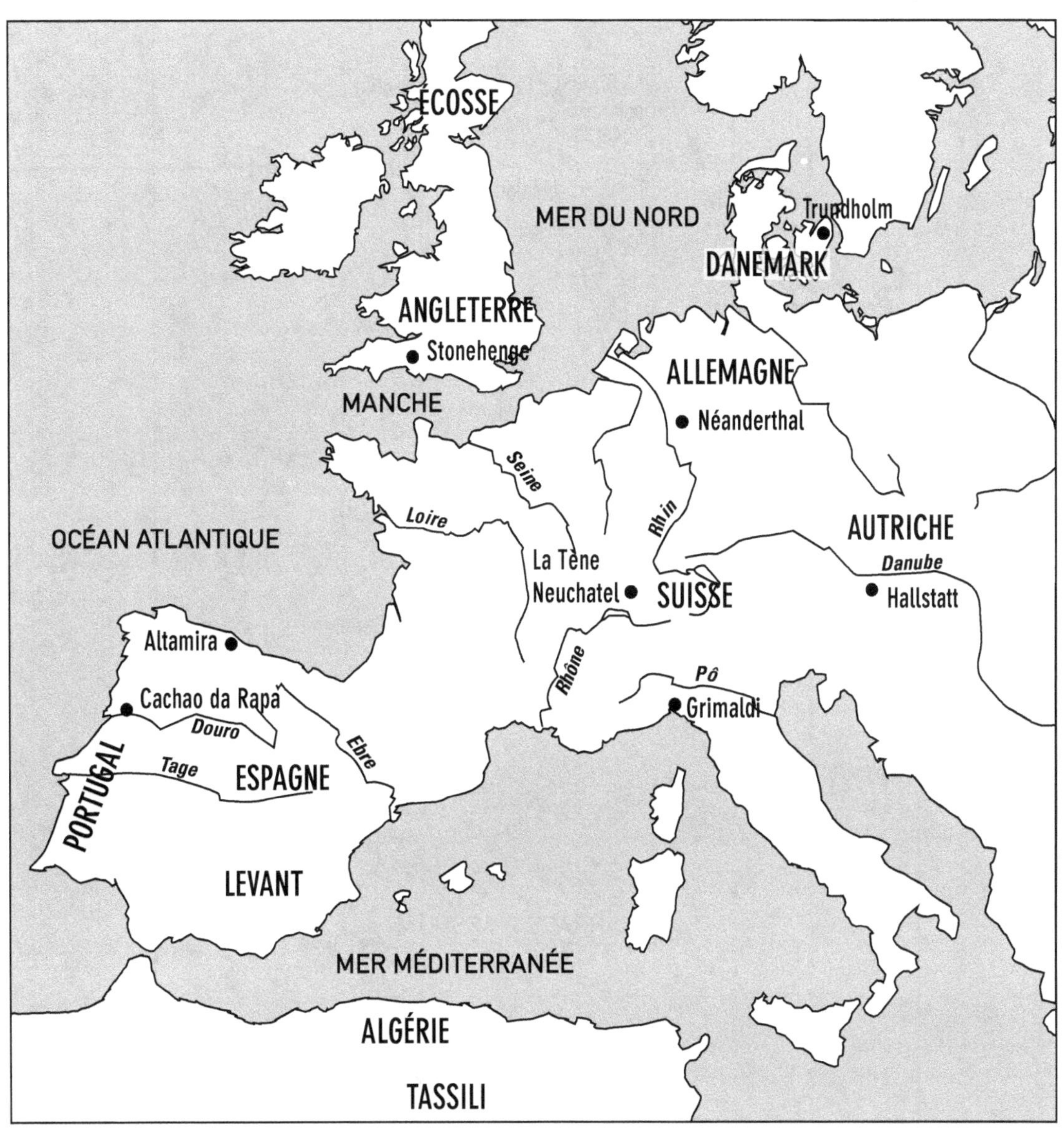
ÉCOSSE
MER DU NORD
Trundholm
DANEMARK
ANGLETERRE
Stonehenge
ALLEMAGNE
MANCHE
Néanderthal
Seine
Loire
Rhin
AUTRICHE
OCÉAN ATLANTIQUE
La Tène
Danube
Neuchatel
SUISSE
Hallstatt
Altamira
Rhône
Pô
Cachao da Rapa
Grimaldi
Douro
Ebre
PORTUGAL
Tage
ESPAGNE
LEVANT
MER MÉDITERRANÉE
ALGÉRIE
TASSILI

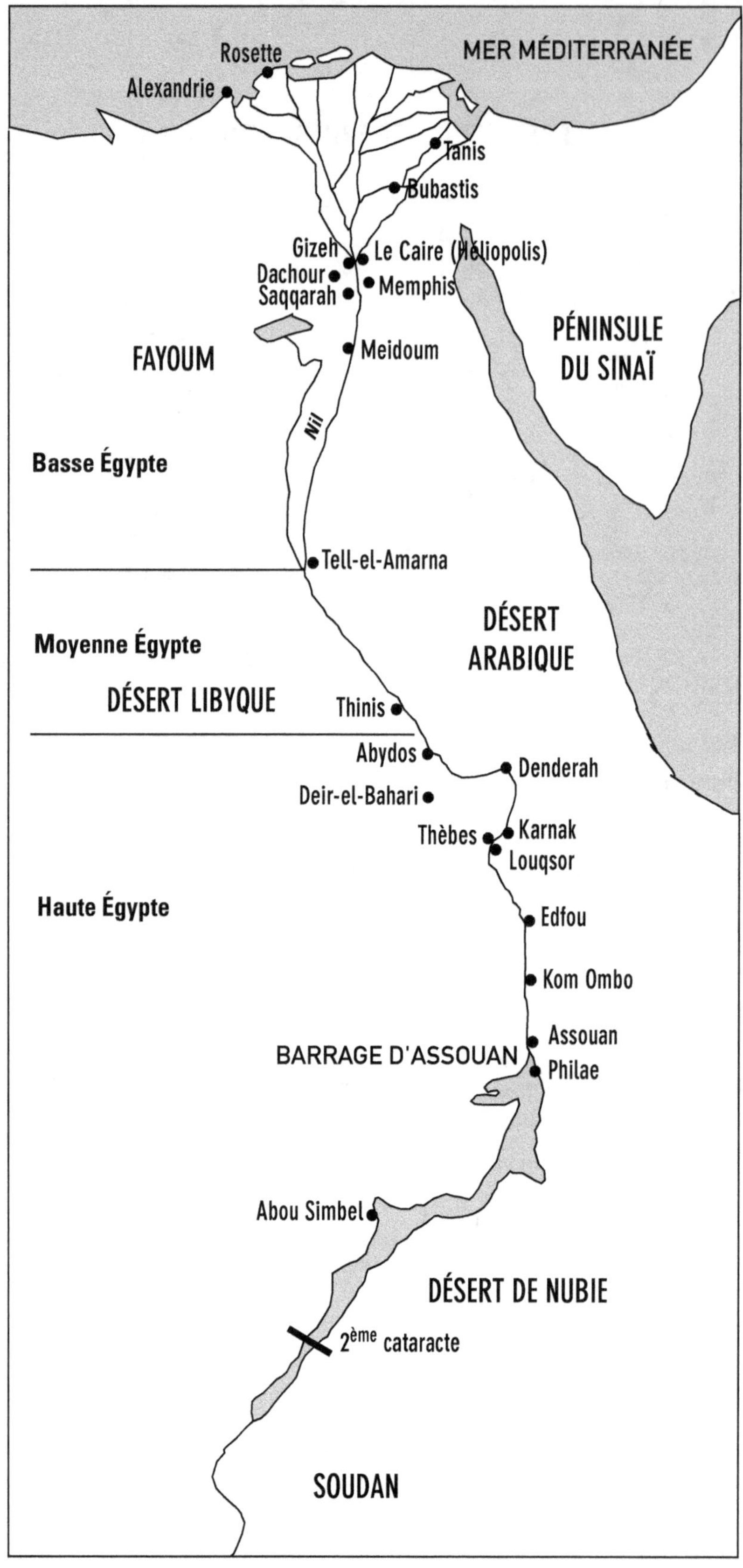
MER MÉDITERRANÉE
Rosette
Alexandrie
Tanis
Bubastis
Gizeh
Dachour
Saqqarah
Le Caire (Héliopolis)
Memphis
Meidoum
FAYOUM
PÉNINSULE DU SINAÏ
Nil
Basse Égypte
Tell-el-Amarna
DÉSERT ARABIQUE
Moyenne Égypte
DÉSERT LIBYQUE
Thinis
Abydos
Denderah
Deir-el-Bahari
Thèbes
Karnak
Louqsor
Haute Égypte
Edfou
Kom Ombo
Assouan
BARRAGE D'ASSOUAN
Philae
Abou Simbel
DÉSERT DE NUBIE
2ème cataracte
SOUDAN

GRÈCE ANTIQUE

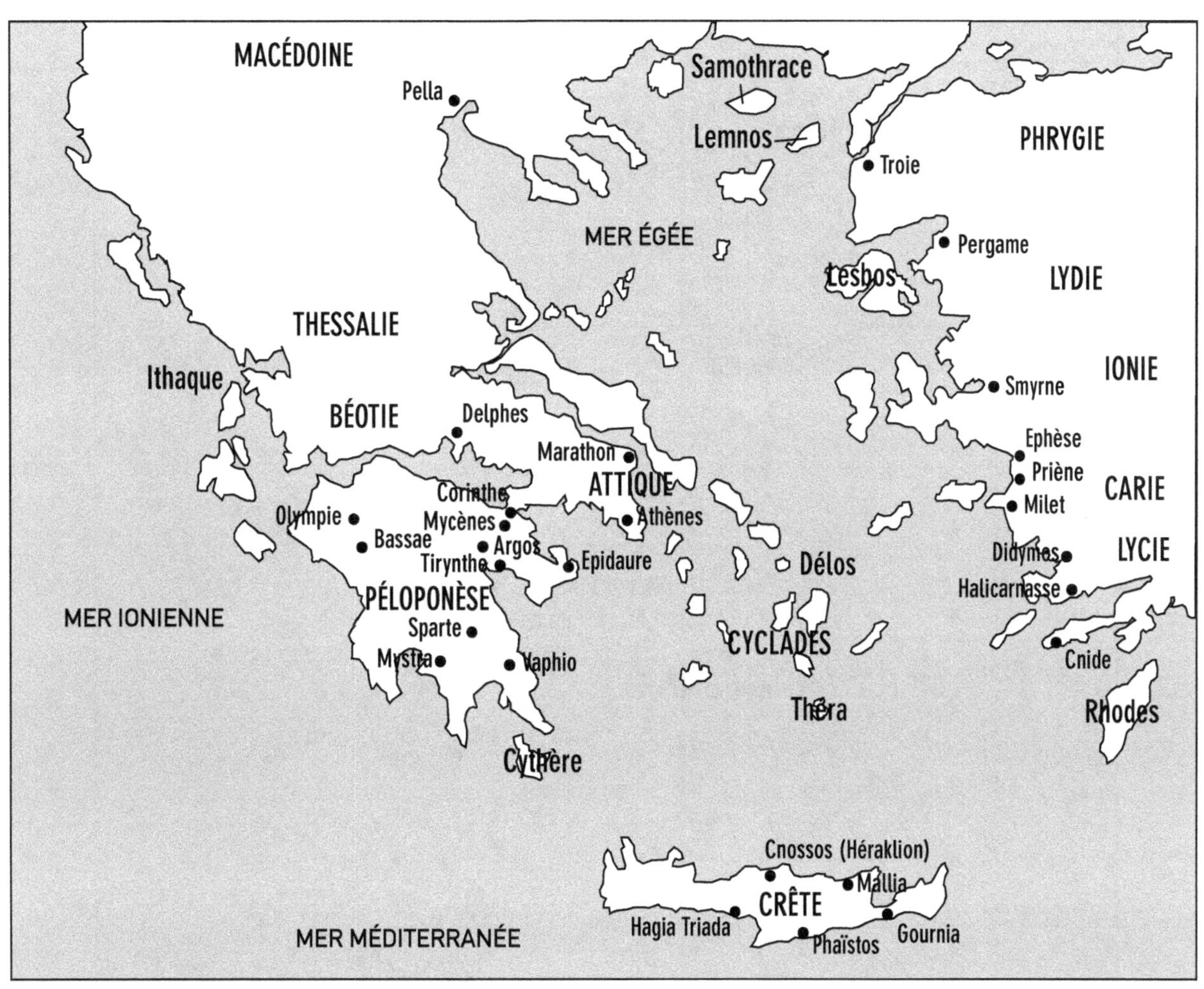

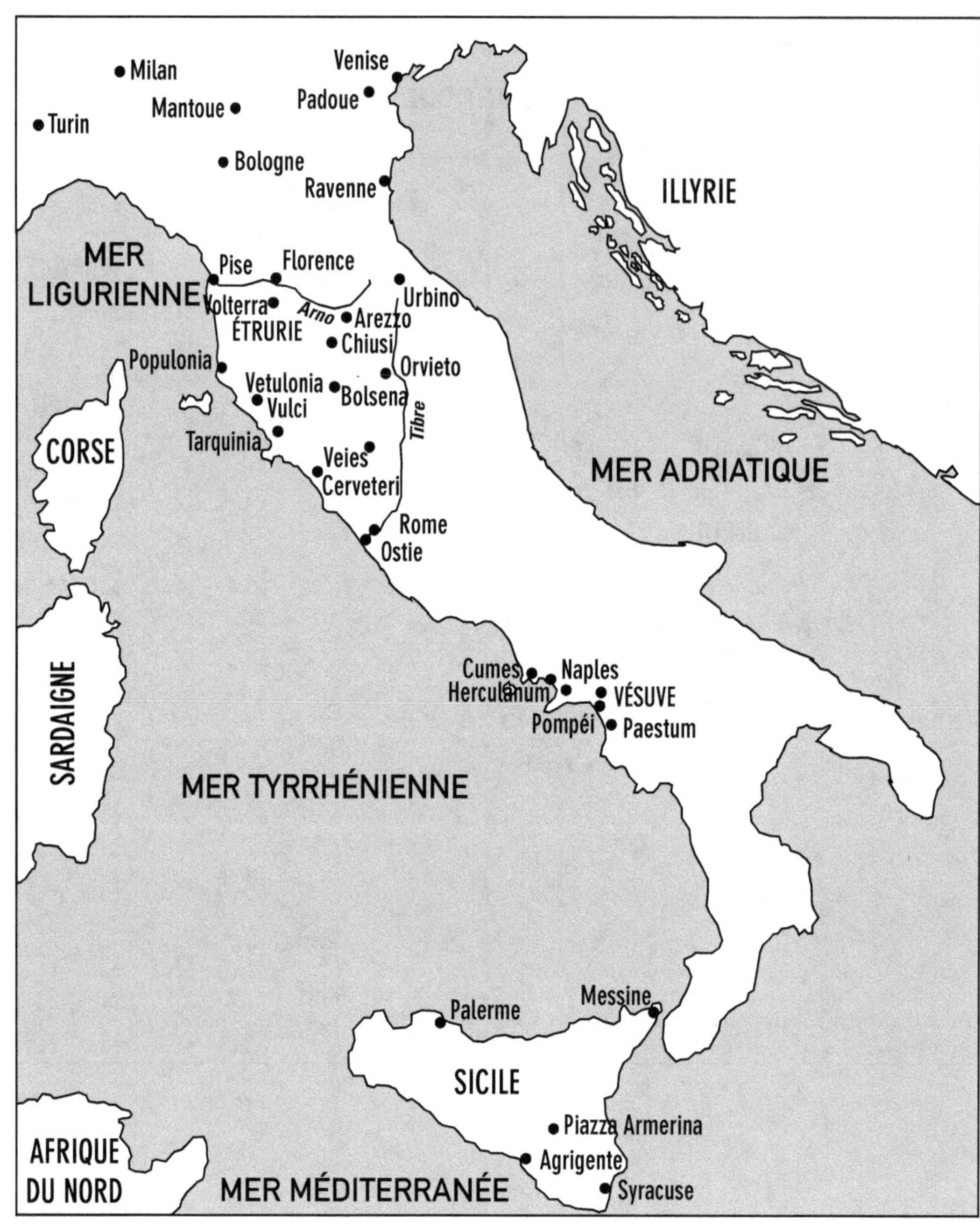
Milan
Turin
Mantoue
Venise
Padoue
Bologne
Ravenne
ILLYRIE
MER LIGURIENNE
Pise
Florence
Urbino
Volterra
Arno
Arezzo
ÉTRURIE
Chiusi
Populonia
Orvieto
Vetulonia
Bolsena
Vulci
Tibre
Tarquinia
Veies
Cerveteri
MER ADRIATIQUE
CORSE
Rome
Ostie
SARDAIGNE
Cumes
Naples
Herculanum
VÉSUVE
Pompéi
Paestum
MER TYRRHÉNIENNE
Messine
Palerme
SICILE
AFRIQUE
DU NORD
Piazza Armerina
Agrigente
MER MÉDITERRANÉE
Syracuse

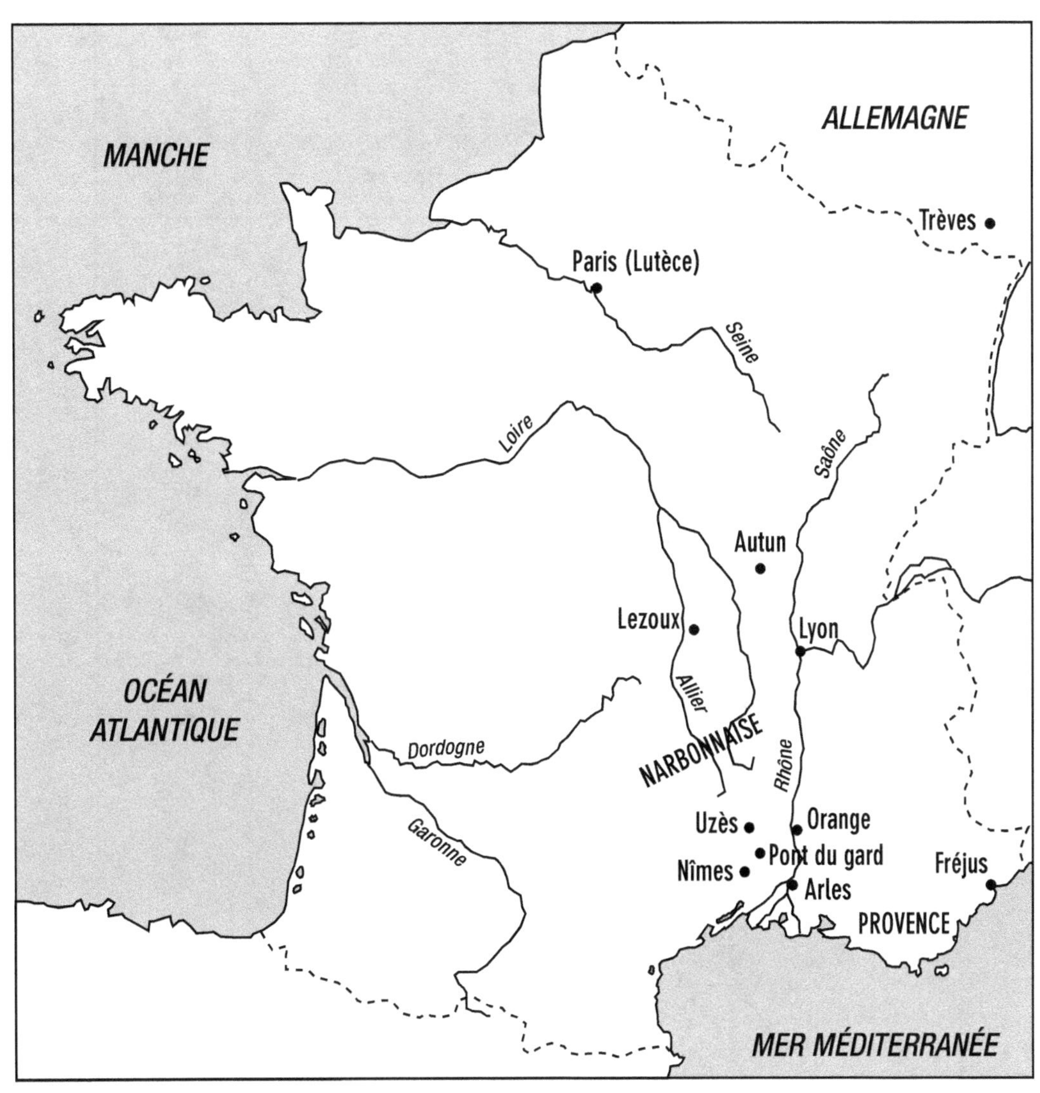
MANCHE
ALLEMAGNE
Trèves
Paris (Lutèce)
Seine
Saône
Loire
Autun
Lezoux
Lyon
OCÉAN
ATLANTIQUE
Allier
Dordogne
NARBONNAISE
Rhône
Uzès
Orange
Garonne
Pont du gard
Fréjus
Nîmes
Arles
PROVENCE
MER MÉDITERRANÉE

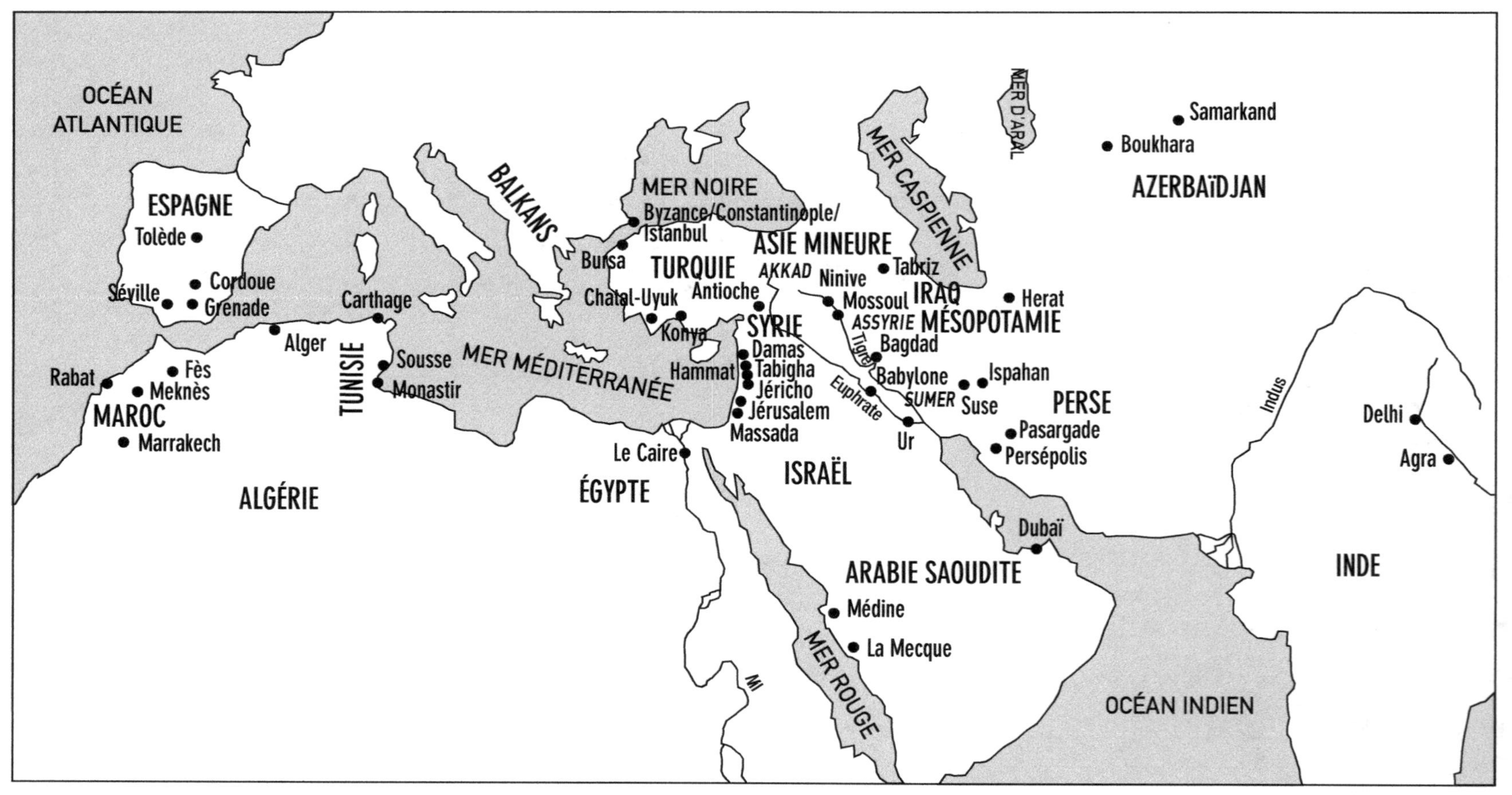
OCÉAN ATLANTIQUE
MER D'ARAL
Samarkand
Boukhara
AZERBAÏDJAN
MER CASPIENNE
ESPAGNE
Tolède
Séville
Cordoue
Grenade
Carthage
BALKANS
MER NOIRE
Byzance/Constantinople/Istanbul
Bursa
TURQUIE
Chatal-Uyuk
Antioche
ASIE MINEURE
AKKAD
Ninive
Tabriz
Mossoul
IRAQ
Herat
ASSYRIE
MÉSOPOTAMIE
Konya
SYRIE
Tigre
Bagdad
Alger
Damas
Hammat
Tabigha
Jéricho
Jérusalem
Massada
Babylone
Euphrate
SUMER
Suse
Ispahan
PERSE
Rabat
Fès
Meknès
MAROC
Marrakech
TUNISIE
Sousse
Monastir
MER MÉDITERRANÉE
Le Caire
Ur
Pasargade
Persépolis
Indus
Delhi
Agra
ALGÉRIE
ÉGYPTE
ISRAËL
Dubaï
INDE
ARABIE SAOUDITE
Médine
La Mecque
MI
MER ROUGE
OCÉAN INDIEN

LE MOYEN ÂGE EN EUROPE

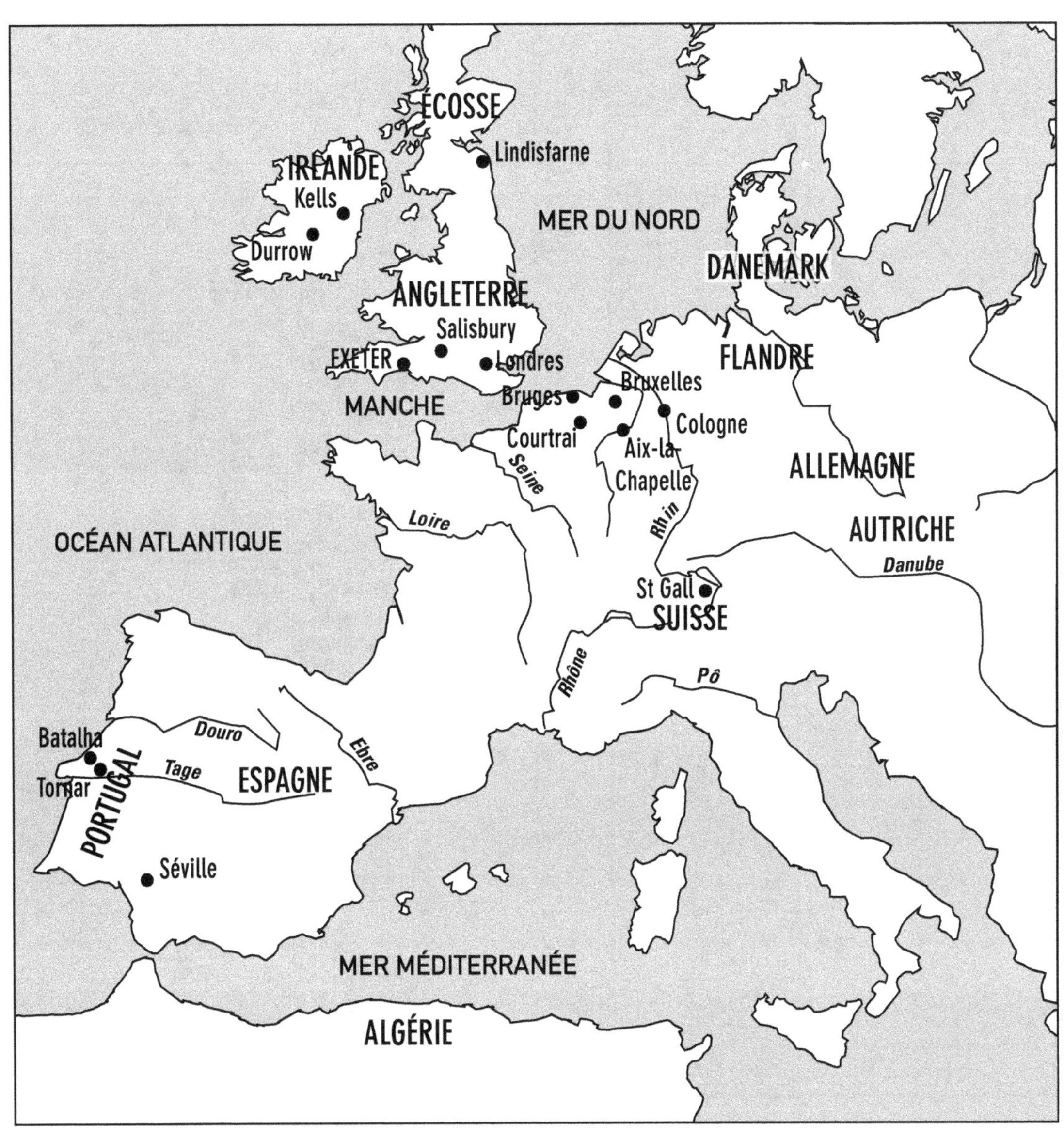

LE MOYEN ÂGE EN FRANCE

FRANCE DE LA RENAISSANCE À LA PÉRIODE CONTEMPORAINE

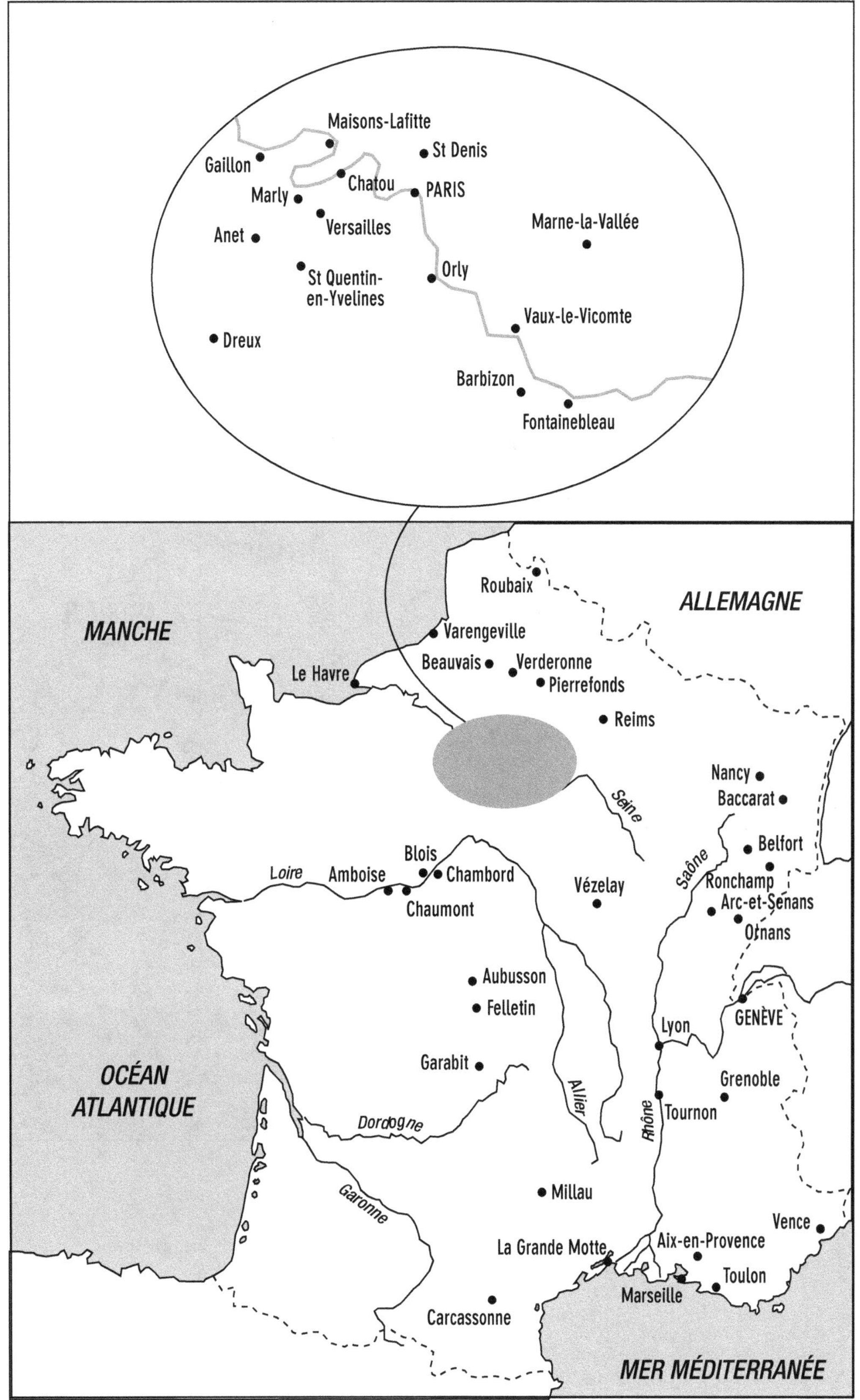

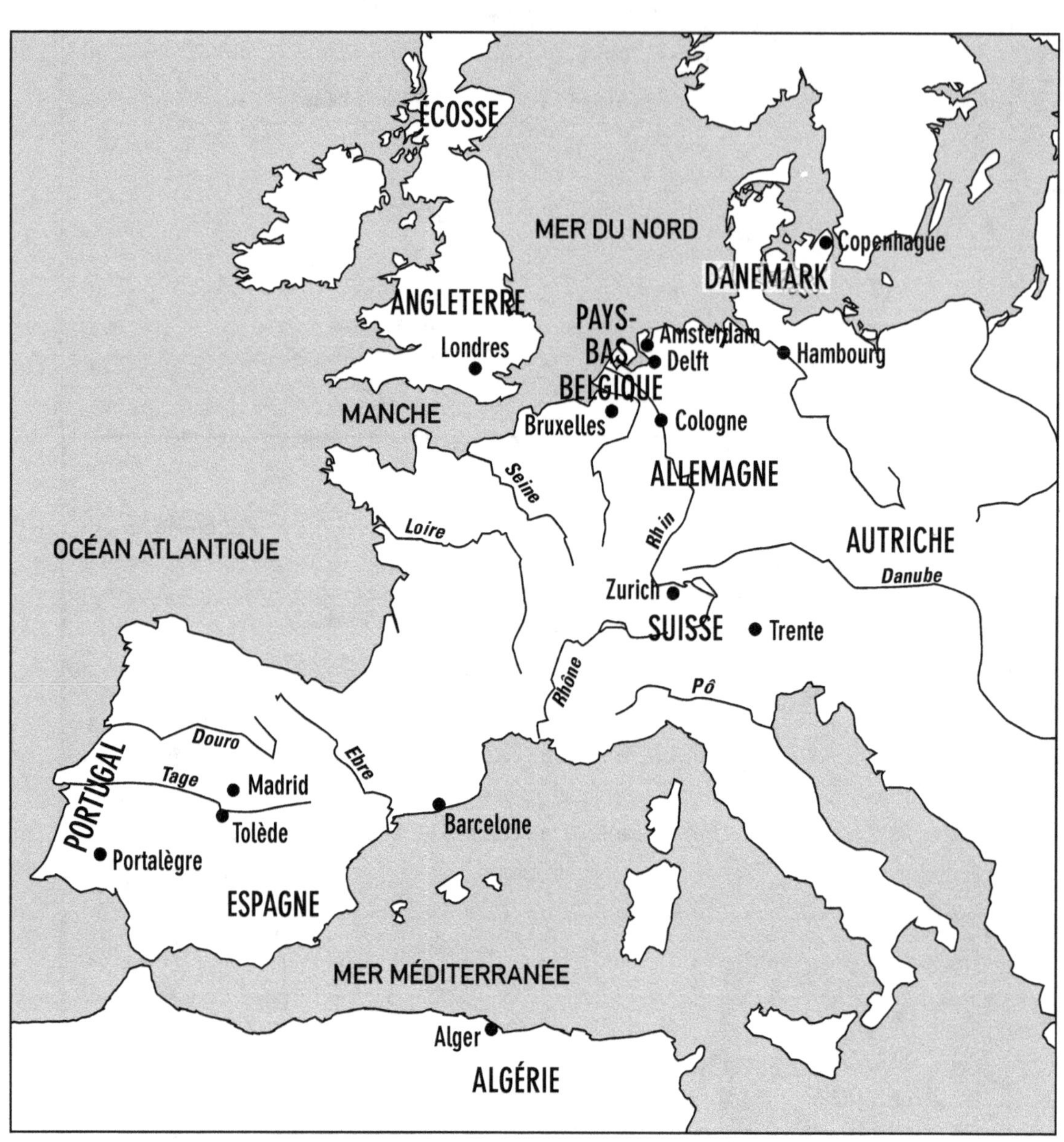
ÉCOSSE
MER DU NORD
DANEMARK
Copenhague
ANGLETERRE
PAYS-BAS
Amsterdam
Delft
Hambourg
Londres
BELGIQUE
MANCHE
Bruxelles
Cologne
Seine
ALLEMAGNE
Loire
Rhin
OCÉAN ATLANTIQUE
AUTRICHE
Danube
Zurich
SUISSE
Trente
Rhône
Pô
Douro
PORTUGAL
Tage
Madrid
Ebre
Tolède
Barcelone
Portalègre
ESPAGNE
MER MÉDITERRANÉE
Alger
ALGÉRIE

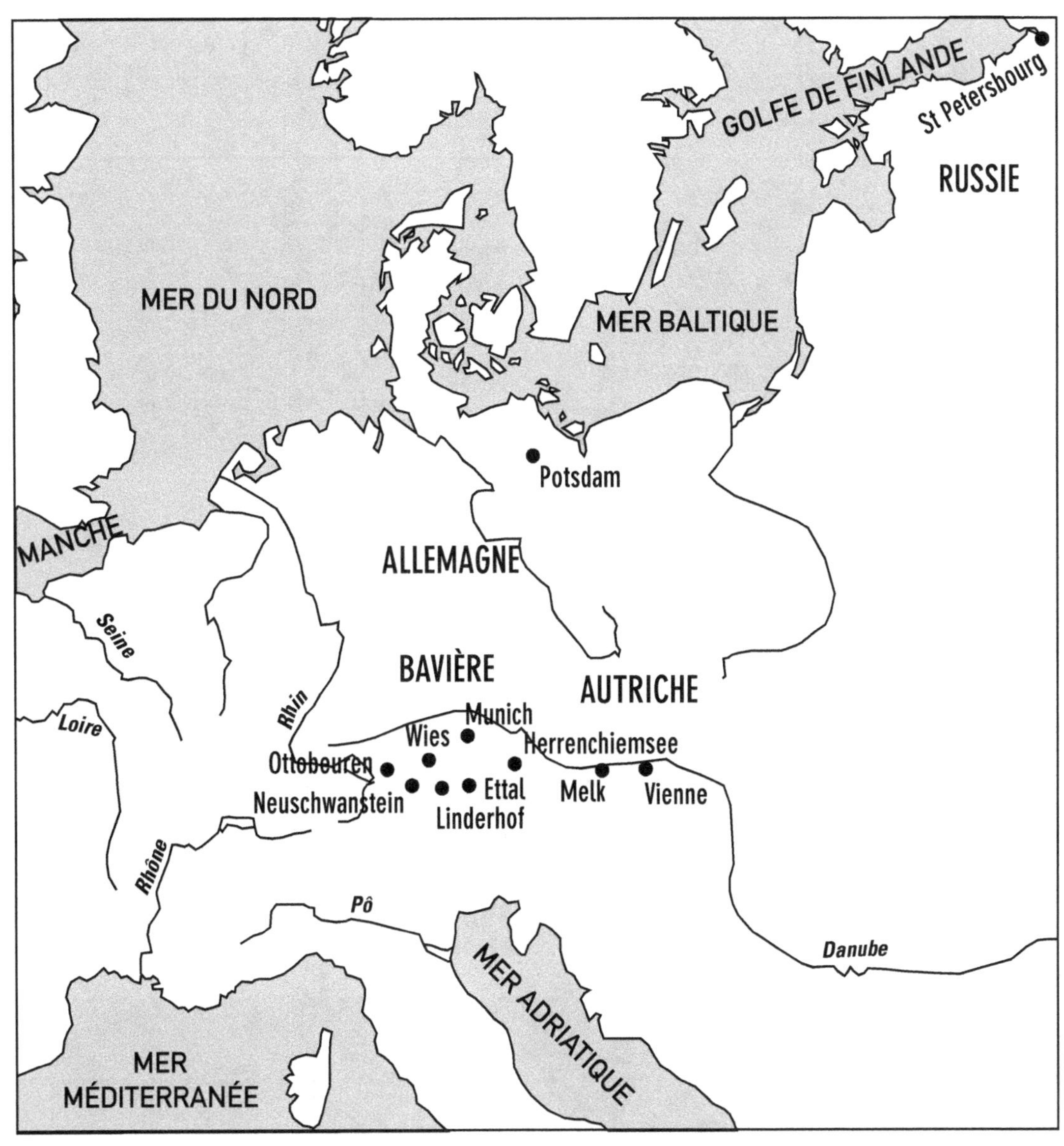

GOLFE DE FINLANDE
St Petersbourg
RUSSIE
MER DU NORD
MER BALTIQUE
Potsdam
MANCHE
Seine
ALLEMAGNE
BAVIÈRE
AUTRICHE
Rhin
Munich
Loire
Wies
Herrenchiemsee
Ottobeuren
Neuschwanstein
Ettal
Melk
Vienne
Linderhof
Rhône
Pô
Danube
MER ADRIATIQUE
MER
MÉDITERRANÉE

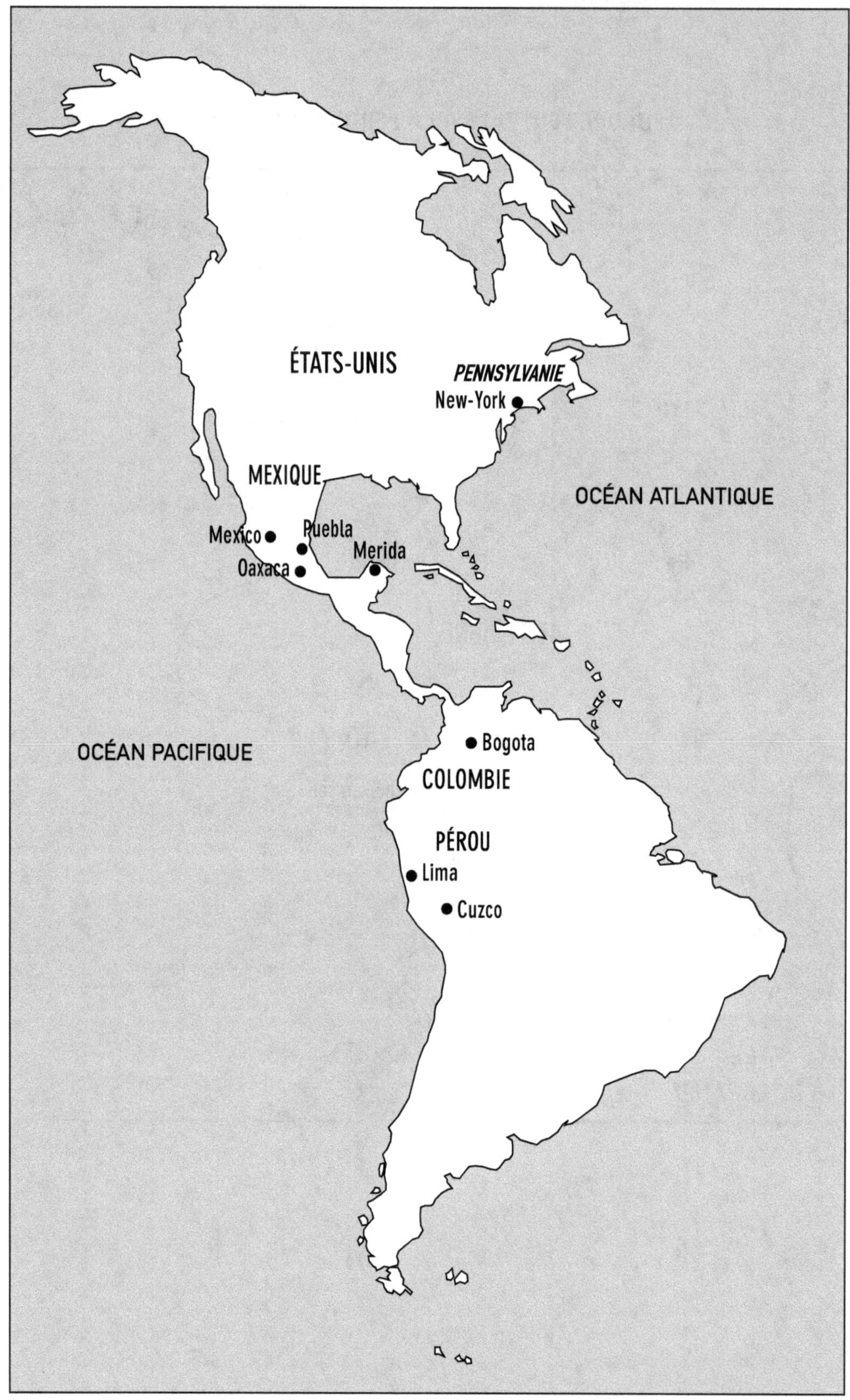
ÉTATS-UNIS
PENNSYLVANIE
New-York
MEXIQUE
OCÉAN ATLANTIQUE
Mexico
Puebla
Oaxaca
Merida
OCÉAN PACIFIQUE
Bogota
COLOMBIE
PÉROU
Lima
Cuzco

Gandara
Hadda
Indus
TIBET
NÉPAL
Rajputana
Chandigarh
Delhi
Mathoura
Agra
Katmandou
Bharbout
Khajouraho
Sanchi
Gange
Ajanta
Ellora
INDE
Elephanta
Bombay
Bhaja
Karli
Amaravati
Mysore
Kanchipouram
Tanjore
Mamallupuram
Madura
Mahabalipouram
Tinnevely
Anuradhapura
Sigiriya
Polonnaruwa
CEYLAN
AFGHANISTAN
TIBET
NÉPAL
INDE
Grande muraille
Pékin
Dunhuang
Ian-Chan
Erlitou
Suzhou
Liyu
Lintong
Yanshao
Grand canal
Shangaï
Sichuan
Chiang-Jiang
Mékong
Longshen
Jingdezhen
Jiangxi
Yunnan
Yungang
OCÉAN PACIFIQUE
BIRMANIE
Pagan
THAÏLANDE
VIET-NAM
KHMER
Lopburi
Bangkok
Tra-Kieu
Angkor
CAMBODGE
CEYLAN
MALAISIE
OCÉAN INDIEN
Sumatra
Borneo
INDONÉSIE
Borobudur
Java
JAPON
Honshu
Fugi Yama
Tokyo
Kyoto
Nara
Osaka
ORIENT

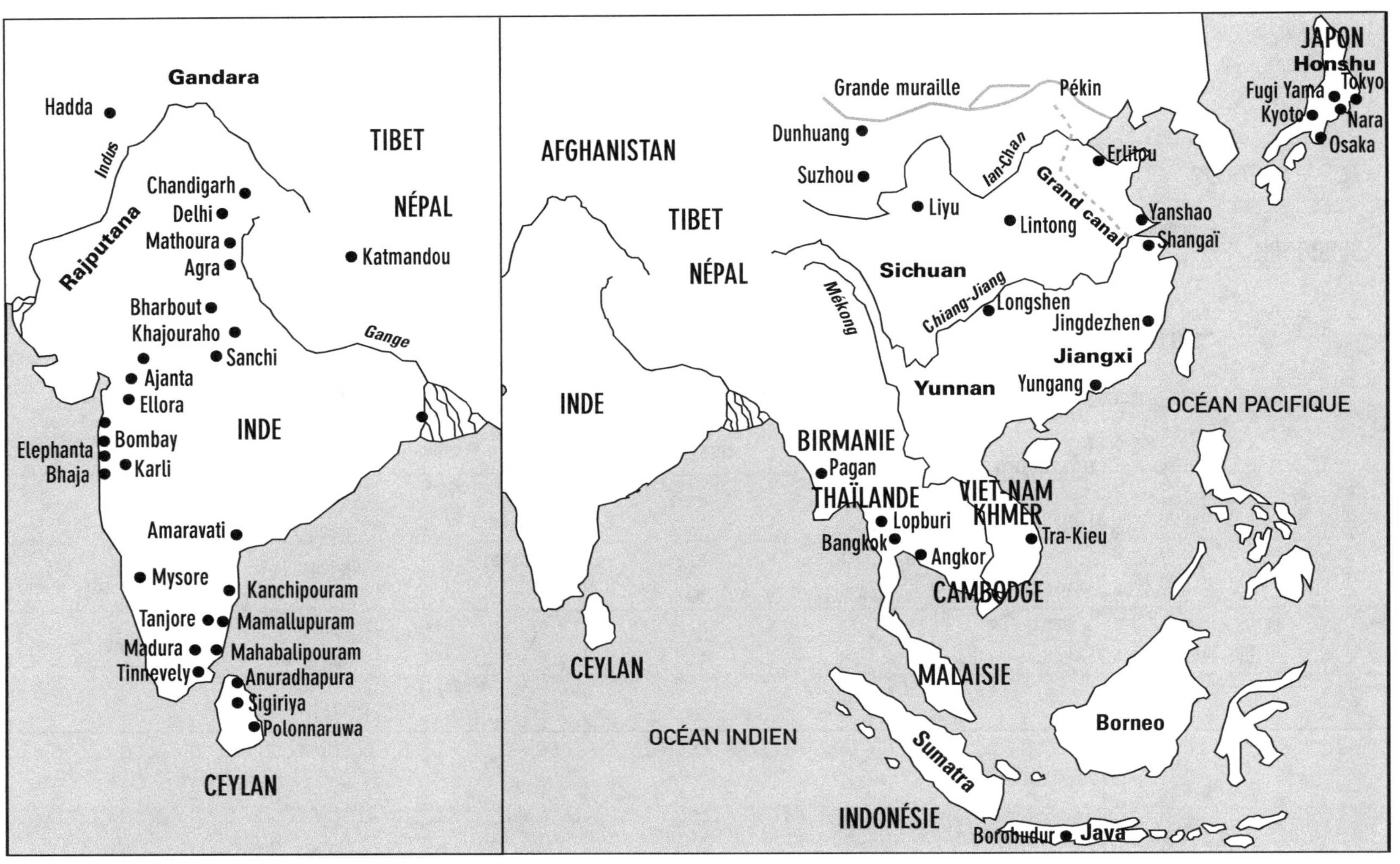

345

MÉSO-AMÉRIQUE

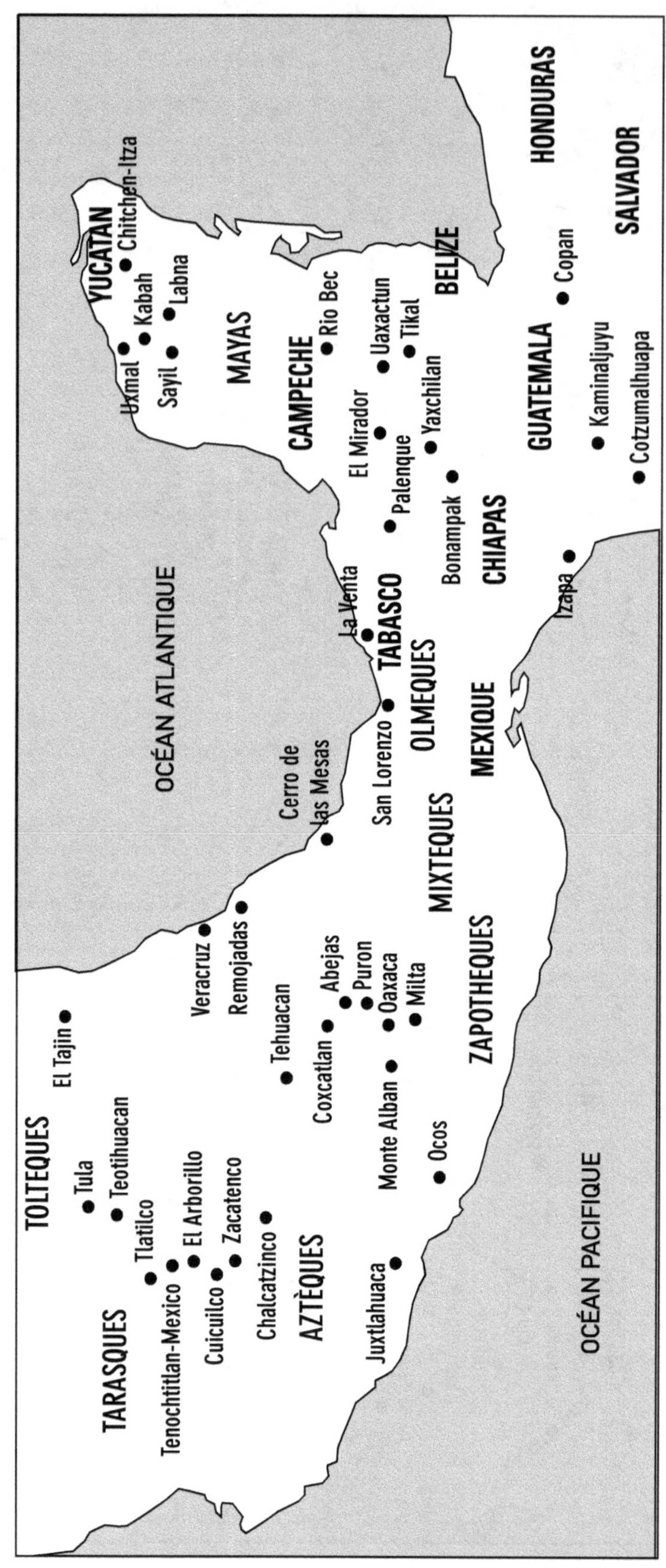

VENEZUELA
Bogota
COLOMBIE
GUYANES
San Augustin
Quito
ÉQUATEUR
PÉROU
Chanchan
Chavin
Lauricocha
Machu Picchu
Lima
Cuzco
Nazca
Tiahuanaco
La Paz
BOLIVIE
BRÉSIL
PARAGUAY
OCÉAN PACIFIQUE
ARGENTINE
URUGUAY
CHILI
OCÉAN ATLANTIQUE

AFRIQUE

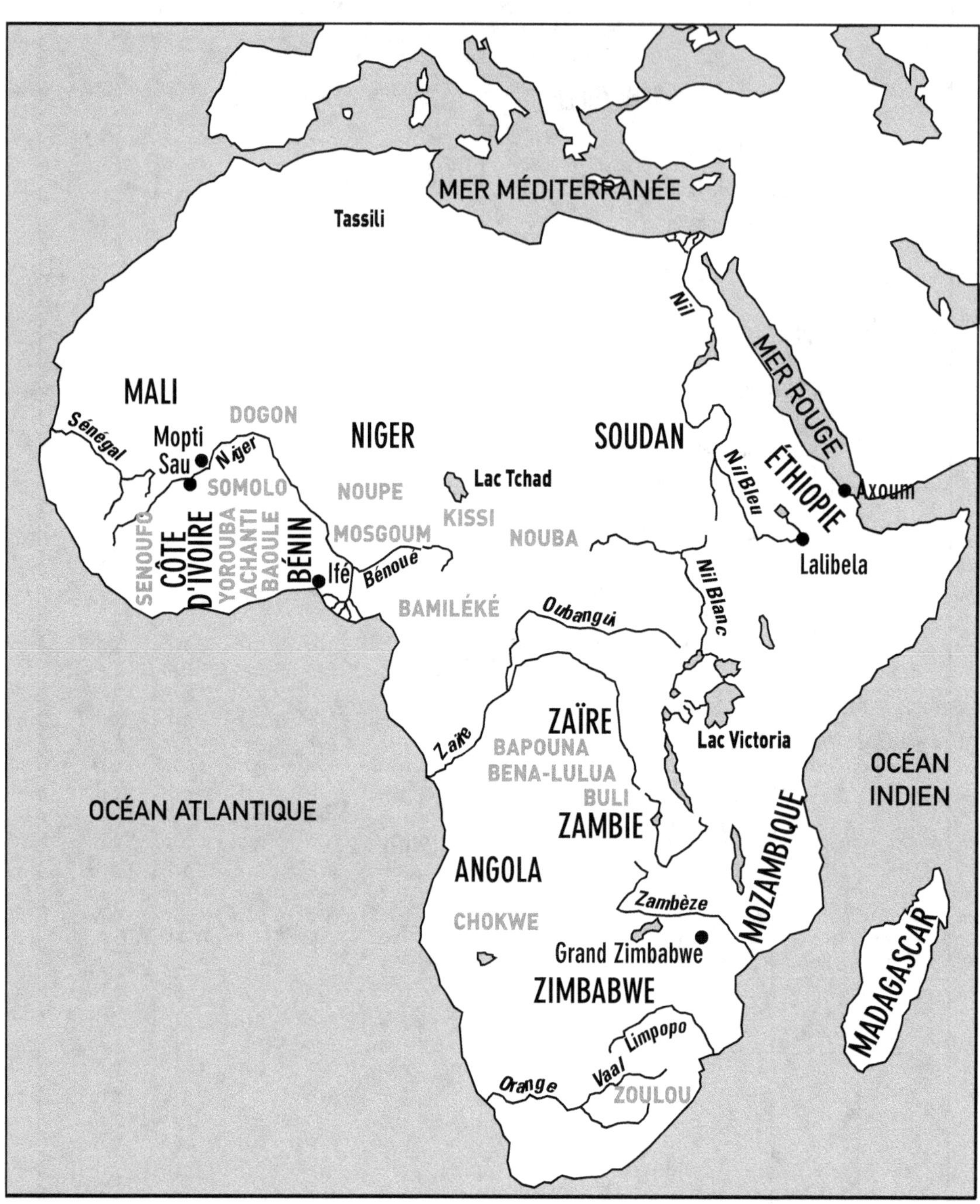

Mots en grisés : noms des ethnies

Glossaire
des termes techniques

adj. : adjectif
n.f. : nom féminin
n.m. : nom masculin

ABAQUE, *n.f.* Tablette formant la partie supérieure d'un chapiteau.

ABBAYE, *n.f.* Bâtiments d'une communauté religieuse gouvernée par un abbé ou une abbesse, autour d'une église abbatiale.

ABSIDE, *n.f.* Emplacement demi-circulaire ou polygonal ouvrant sur une pièce.

ABSIDIOLE, *n.f.* Petite abside ouvrant sur le transept (ou sur le déambulatoire).

ACANTHE, *n.f.* Plante méditerranéenne dont la feuille sert de décor au chapiteau corinthien.

ACROTÈRE, *n.m.* Décoration aux angles d'un fronton ou d'un toit.

ADOBE, *n.f.* Brique séchée au soleil.

ADYTON, *n.m.* Salle du trésor aménagée dans le soubassement du temple romain.

AGGLUTINANT, *n.m.* Élément à base d'eau ou d'huile qui lie le pigment d'une peinture.

AGORA, *n.f.* Place publique de la Grèce antique.

AISSELIER, *n.m.* Pièce en bois oblique soulageant une pièce horizontale.

ALABASTRE, *n.m.* Vase à parfum de forme allongée, au fond arrondi.

ALIGNEMENT, *n.m.* Rangée de menhirs.

ALLÉE COUVERTE, *n.f.* Succession de petits dolmens partiellement enterrée sous un tumulus.

AMALAKA, *n.m.* Élément côtelé en forme de fruit du myrobolam, au sommet du sikhara (temple hindou).

AMBON, *n.m.* Estrade servant pour la lecture de l'Épître et de l'Évangile.

AMBULACRA, *n.m.* Couloir.

AMIDA-DO, *n.m.* Salle de prédication dans le temple japonais.

AMPHITHÉÂTRE, *n.m.* Bâtiment romain de plan circulaire ou ovale, destiné aux combats de gladiateurs et d'animaux.

AMPHORE, *n.f.* Vase contenant de l'huile, du vin ou des conserves de poisson, souvent à fond pointu.

AMPHIPROSTYLE, *adj.* Se dit d'un temple grec qui possède un portique à colonnes sur ses faces antérieures et postérieures.

ANDA, *n.m.* Partie demi-circulaire du stupa (Inde).

ANTHROPOMORPHE, *adj.* Figure à représentation humaine.

APADANA, *n.f.* Salle de trône hypostyle du palais perse.

APLAT, *n.m.* Surface de couleur uniforme dans une peinture.

APPAREIL, *n.m.* Technique de taille de la pierre.

APPAREIL À BOSSAGES, *n.m.* Pierres « apparentes », non équarries.

APPAREIL EN TABLE, *n.m.* Longues pierres horizontales superposées.

APPAREIL RÉGULIER, *n.m.* Pierres taillées régulièrement.

AQUARELLE, *n.f.* Peinture à l'eau qui peut être éclaircie grâce à l'adjonction d'eau.

AQUEDUC, *n.m.* Conduite d'eau souterraine, ou portée par une série d'arcades dont le nombre d'étages varie selon la profondeur des vallées à franchir.

ARBALÉTRIER, *n.m.* Pièce en bois oblique portant un versant du toit.

ARC, *n.m.* Élément porté par deux points d'appui formant la partie supérieure d'une ouverture.

ARC À LAMBREQUINS, *n.m.* Arc bordé de petites « flammes » (art musulman).

Arc-boutant, *n.m.* Arc reposant généralement sur un bas-côté ou sur un déambulatoire et venant contrebuter la nef centrale ou le chœur afin que les murs ne s'écartent pas sous le poids des voûtes.

Arc brisé, *n.m.* Arc formé de deux branches concaves se rejoignant en pointe.

Arc de décharge, *n.m.* Arc bandé dans un mur pour soulager les poussées.

Arc de triomphe, *n.m.* Monument formé d'une ou de trois arches destiné à célébrer une victoire.

Arc déprimé, *n.m.* Arc formant une ligne horizontale raccordée au chapiteau par deux segments de cercle.

Arc doubleau, *n.m.* Arc transversal à la nef, délimitant les travées.

Arc en accolade, *n.m.* Arc formé par deux courbes, concave en bas et convexe en haut, reliées par une pointe.

Arc en anse de panier, *n.m.* Arc demi-ovale, surbaissé.

Arc en doucines affrontées, *n.m.* Arc formé de deux branches formant une courbe convexe en bas et concave en haut, reliées par une pointe.

Arc en mitre, *n.m.* Arc de forme triangulaire.

Arc en plein-cintre, *n.m.* Arc demi-circulaire.

Arc festonné, *n.m.* Arc bordé de festons (très petits arcs de cercles).

Arc infléchi, *n.m.* Arc formé de deux branches convexes se rejoignant en pointe.

Arc outrepassé, *n.m.* Arc resserré à la base.

Arc polylobé, *n.m.* Arc formé de plusieurs lobes (arcs de cercles).

Arc trilobé, *n.m.* Arc formé de trois lobes (arcs de cercles).

Arcature, *n.f.* Série d'arcs.

Archère, *n.f.* Baie verticale étroite pour le tir à l'arc.

Architrave, *n.f.* Bandeau lisse à la partie inférieure d'un entablement.

Archivolte, *n.f.* Moulure externe d'une série d'arcs.

Arcosolium, *n.m.* Niche destinée à recevoir une sépulture percée au fond d'un cubiculum dans des catacombes.

Arène, *n.f.* Partie centrale d'un amphithéâtre, d'un cirque, où se déroule le spectacle.

Armoiries, *n.f.* Blason d'une famille.

Aryballe, *n.m.* Vase grec à parfum. Lorsque son fond est arrondi, il est dit « globulaire », lorsque son fond est pointu, il est dit « piriforme ».

Astragale, *n.m.* Moulure inférieure du chapiteau, le séparant du fût.

Atlante, *n.m.* Statue masculine verticale à fonction de support.

Atrium, *n.m.* Pièce centrale de la maison romaine abritant l'impluvium. Puis, cour entourée d'un portique à l'avant de la basilique paléo-chrétienne.

Auréole, *n.m.* Disque lumineux placé derrière la tête des personnages saints et divins.

Autel, *n.m.* Table sur laquelle est célébré un sacrifice devant le temple antique, le Saint-Sacrifice de la messe, placée dans le sanctuaire d'une église.

Avant-nef, *n.f.* Première partie des nefs d'une église, légèrement plus basse que l'ensemble.

Azulejo, *n.m.* Carreau de faïence en Espagne et au Portugal.

Baille, *n.f.* Espace entre deux enceintes pouvant contenir des dépendances.

Bandes lombardes, *n.f.* Série de jambes saillantes sur un mur réunies par des demi-cercles.

Baptistère, *n.m.* Bâtiment situé près de l'église, abritant en son centre une piscine dans laquelle étaient célébrés les baptêmes par immersion complète.

Barbacane, *n.f.* Ouvrage défensif d'une porte.

Basilical, *adj.* Se dit d'un plan rectangulaire.

Basilique, *n.f.* Dans l'architecture romaine, édifice servant de tribunal et de bourse de commerce. Puis, église paléo-chrétienne de plan basilical (rectangulaire). Aujourd'hui, église jouissant de certains privilèges dus à des miracles qui s'y sont accomplis.

Basse-cour, *n.f.* Partie du château fort pouvant abriter les villageois en cas d'attaque, comprenant des dépendances, des bâtiments agricoles.

Bas-côté, *n.m.* Nef latérale moins haute que la nef centrale.

Beffroi, *n.m.* Tour abritant la cloche de la commune.

Billette, *n.f.* Élément décoratif en forme de petit boudin disposé en cordon.

Bistre, *n.m.* Liquide obtenu à partir du noir de fumée.

Blocage, *n.m.* Maçonnerie formée de différents matériaux composant un mortier.

Braie, *n.f.* Enceinte basse.

Bretèche, *n.f.* Logette en surplomb sur un mur.

Bulbe, *n.m.* Toit de plan circulaire galbé en une partie concave puis convexe.

Bwoom, *n.m.* Masque africain en cuir revêtu de cuivre et cousu de perles.

Cairn, *n.m.* Tertre en pierres sèches abritant des sépultures.

Caitya, *n.m.* Sanctuaire indien creusé dans un rocher.

Caldarium, *n.m.* Piscine chaude des thermes romains.

Calligraphie, *n.f.* Type d'écriture.

Callipyge, *adj.* Qui a de belles fesses (surnom donné aux « Vénus » préhistoriques).

Camaieu, *n.m.* Tableau peint de plusieurs nuances d'une seule couleur.

Campaniforme, *adj.* Se dit d'un chapiteau ou d'un vase dont la forme est celle d'une campane (cloche) renversée.

Campanile, *n.m.* Tour à côté de l'église abritant la cloche.

Cannelure, *n.f.* Moulure verticale creuse, assez longue.

Canon, *n.m.* Mesure de base servant de module aux sculpteurs ; ainsi, les proportions sont toujours identiques.

Canonnière, *n.f.* Baie ovale ou circulaire pour le tir au canon.

Canope, *n.m.* Vase à vocation funéraire dont le couvercle a souvent la forme d'une tête humaine ou animale.

Canthare, *n.m.* Coupe pour boire.

Caravansérail, *n.m.* Structure d'accueil pour les nomades en pays musulmans, avec dortoirs, écuries, petite mosquée.

Cardo, *n.m.* Axe nord-sud dans une ville.

Cariatide, *n.f.* Statue féminine verticale à fonction de support.

Carré du transept, *n.f.* Partie centrale du transept, de plan carré.

Cartouche, *n.m.* Encadrement destiné à recevoir une inscription, des initiales, des armoiries.

Case, *n.f.* Habitation rudimentaire.

Cathédrale, *n.f.* Église siège d'un évêché.

Cavea, *n.f.* Ensemble des gradins d'un théâtre, amphithéâtre, cirque.

Celadon, *n.m.* Vase chinois gris-vert.

Cella, *n.f.* Sanctuaire du temple antique.

Centré, *adj.* Se dit d'un plan circulaire, polygonal...

Chac-mool, *n.m.* Pierre à sacrifices toltèque (Méso-Amérique) en forme de personnage assis, jambes repliées, tête tournée, tenant une coupe sur son ventre.

Chaire, *n.f.* Fauteuil.

Chaire à prêcher, *n.f.* Palier en haut d'un escalier pour l'enseignement dans une église.

Chalcographie, *n.f.* Dessin imprimé grâce à une plaque de métal.

Chancel, *n.m.* Balustrade fermant le sanctuaire d'une église.

Chantourné, *adj.* Se dit d'une forme en courbes et contre-courbes.

Chapelle axiale, *n.f.* Chapelle placée dans l'axe du chœur.

Chapelle castrale, *n.f.* Chapelle d'un château.

Chapelle palatiale ou palatine, *n.f.* Chapelle d'un palais.

Chapelle rayonnante, *n.f.* Petite abside ouvrant sur le déambulatoire.

Chapiteau, *n.m.* Partie supérieure d'une colonne, généralement décorée.

Château fort, *n.m.* Demeure seigneuriale fortifiée au Moyen Âge.

Chevalet, *n.m.* Support en bois servant à poser un tableau en cours d'exécution.

Chevet, *n.m.* Extrémité extérieure de l'église pouvant se composer du chœur, du déambulatoire et des chapelles rayonnantes. Il peut être demi-circulaire ou plat.

Chiasme, *n.m.* Attitude hanchée très prononcée, les épaules étant rejetées d'un côté, le bassin de l'autre, avec une jambe tendue et l'autre fléchie.

Chinesco, *n.m.* Figure anthropomorphe funéraire zapothèque (Méso-Amérique).

Chœur, *n.m.* Partie d'une église réservée au clergé et abritant le sanctuaire, se composant d'un rond-point et parfois d'une ou plusieurs travées droites.

Choroplastie, *n.f.* Travail de la terre cuite.

Chryséléphantine, *adj.* Se dit d'une sculpture dont le noyau en bois est recouvert de plaques d'or et d'ivoire.

Ciborium, *n.m.* Dais ou baldaquin sous lequel peut être placé l'autel d'une église.

Cirque, *n.m.* Édifice allongé destiné aux courses de chars dans la Rome antique.

Ciseau, *n.m.* Outil servant à donner la forme à la pierre.

Clair-obscur, *n.m.* Dans un tableau, violent contraste entre les zones éclairées et les zones dans l'obscurité.

Clamecac, *n.m.* Monastère et établissement d'enseignement en Méso-Amérique.

Claveau, *n.m.* Pierre composant un arc.

Clef de voûte, *n.f.* Pierre centrale d'une voûte.

Clef d'arc, *n.f.* Claveau central d'un arc.

Clef pendante, *n.f.* Clef de voûte pendant comme un stalactite.

Clocher, *n.m.* Tour sur l'église abritant la cloche.

Clocheton, *n.m.* Petit clocher.

Cloître, *n.m.* Jardin intérieur bordé d'un péristyle à côté d'une église.

Collatéral, *n.m.* Nef latérale de même hauteur que la nef centrale.

Collégiale, *n.f.* Église desservie par un chapitre de chanoines.

Colonne, *n.f.* Élément de support vertical et cylindrique, généralement posé sur une base et terminé par un chapiteau.

Colonne adossée, *n.f.* Colonne entière appuyée contre un support.

Colonne engagée, *n.f.* Demi-colonne appuyée contre un support.

Colonne historique, *n.f.* Colonne destinée à commémorer une victoire grâce à un relief narratif en hélice. Elle est dite « rostrale » lorsqu'elle est ornée de figures de proue.

Commanderie, *n.f.* Bâtiments d'un ordre religieux militaire.

Compluvium, *n.m.* Dans la maison romaine, toit percé en son centre pour laisser passer les eaux de pluie recueillies dans l'impluvium.

Contemporain (art), *adj.* Désigne l'art du XXe siècle.

Contrefort, *n.m.* Pilastre contrebutant, épaulant un mur afin qu'il ne s'écarte pas sous le poids du toit. Si le pilastre est remplacé par une colonne, on parle de « colonne-contrefort ».

Corbeau, *n.m.* Morceau de terre, de bois ou de métal engagé dans un mur et portant une charge sur sa partie saillante.

Corbeille, *n.f.* Corps du chapiteau en forme de tronc de cône renversé ; partie généralement décorée.

Corniche, *n.f.* Bordure sous un toit.

Coupole, *n.f.* Voûte concave de plan circulaire ou ovale.

Cour d'honneur, *n.f.* Partie d'un château autour de laquelle s'organisent les bâtiments réservés au seigneur.

Courtine, *n.f.* Pan de muraille dans un château fort.

Couvent, *n.m.* Bâtiments d'une communauté religieuse, autour d'une église conventuelle.

Craie, *n.f.* Pointe tendre blanche.

Cratère, *n.m.* Vase grec servant à mélanger l'eau et le vin.

Créneau, *n.m.* Entaille dans un parapet.

Crépice, *n.f.* Soubassement.

Croisée du transept, *n.f.* Partie centrale du transept, de plan carré.

Croisillon, *n.m.* Bras sud ou nord, débordant, du transept.

Croix de lorraine, *n.f.* Croix qui a deux traverses dans la partie supérieure, la traverse du haut étant plus courte que celle du bas, elle-même plus courte que la hampe.

Croix de Saint-André, *n.f.* Croix dont les deux branches d'égale longueur se croisent en diagonale.

Croix grecque, *n.f.* Croix qui a deux branches d'égale longueur, se croisant au centre.

Croix latine, *n.f.* Croix dont la traverse est plus courte que la hampe.

Cromlech, *n.m.* Menhirs disposés en cercle.

Crypte, *n.f.* Chapelle souterraine servant souvent de lieu de sépulture, sous le chœur d'une église.

Cryptoportique, *n.m.* Entrepôt souterrain.

Cubiculum, *n.m.* Emplacement cintré dans des catacombes destiné à recevoir une sépulture dans une niche, l'arcosolium.

Cuir, *n.m.* Cartouche dont les bords se retournent à la manière du cuir desséché.

Cul-de-four, *n.m.* Voûte en forme de demi-couple couvrant un espace demi-circulaire.

Culée, *n.f.* Pilier d'appui de l'arc-boutant.

Culot, *n.m.* Élément en surplomb portant une charge.

Curie, *n.f.* Bâtiment romain, de plan carré, servant à la vie politique.

Curvilinear, *adj.* Se dit du style gothique anglais de 1260 à la fin du XIVe siècle.

Cynégétique, *adj.* Qui a rapport à la chasse.

Dagoba, *n.m.* Stupa en réduction placé dans un caitya, hindou.

Danzante, *n.m.* Relief sculpté représentant des hommes nus chez les Zapothèques (Méso-Amérique).

Déambulatoire, *n.m.* Couloir ceinturant le chœur d'une église et menant aux chapelles rayonnantes.

Debir, *n.m.* Salle du temple de Salomon à Jérusalem, dans laquelle se trouvait l'arche d'alliance.

Décharge, *n.f.* Pièce de bois secondaire, oblique.

Decumanus, *n.m.* Axe est-ouest dans une ville.

Denticule, *n.f.* Ornement d'architecture formé d'une succession de petits carrés.

Détrempe, *n.m.* Peinture à l'eau regroupant l'aquarelle et la gouache.

Diagonal, *n.m.* Arc d'ogive.

Diaphragme, *adj..* Se dit d'un mur transversal à la nef, soutenu par un arc diaphragme.

Diazoma, *n.f.* Allée intermédiaire dans la cavea d'un théâtre.

Dikka, *n.f.* Tribune dans une mosquée depuis laquelle l'imam conduit la prière.

Diptère, *adj.* Se dit d'un temple bordé sur ses quatre faces d'un double portique à colonnes.

Diptique, *n.m.* Tableau composé de deux panneaux.

Diwan, *n.m.* Salle du trône du palais musulman.

Dolmen, *n.m.* « Table en pierre » servant de sépulture au néolithique.

Donjon, *n.m.* Tour principale d'un château fort.

Dosseret, *n.m.* Élément vertical et plat, sans base ni chapiteau, sur lequel s'adossent une colonne ou un pilastre.

Dotaku, *n.m.* Cloche en bronze du Japon.

Douve, *n.f.* Fossé en eau.

Dromos, *n.m.* Couloir encadré de parois verticales.

Ébrasement, *n.m.* Épaisseur du mur autour d'une ouverture.

Écharpe, *n.f.* Assise rocheuse d'une muraille.

Échauguette, *n.f.* Tourelle en surplomb.

Échine, *n.f.* Corps de chapiteau en forme de moulure.

Écoinçon, *n.m.* Partie du mur située de part et d'autre des montées d'un arc.

Église, *n.f.* Édifice consacré au culte de la religion catholique.

Église halle, *n.f.* Église à plusieurs collatéraux.

Embrasure, *n.f.* Épaisseur du mur autour d'une ouverture.

Encorbellement, *n.m.* Surplomb.

Encre, *n.f.* Liquide obtenu à partir de noix de Galles.

Enluminure, *n.f.* Décoration polychrome d'un livre.

Entablement, *n.m.* Couronnement horizontal d'une architecture.

Entrait sur jambette, *n.m.* Pièce de bois horizontale portant les arbalétriers. La jambette part de l'entrait et soulage les arbalétriers.

Épigraphe, *n.f.* Inscription sur un monument indiquant sa destination, sa date de construction.

Escalier à rampes droites, *n.m.* Escalier composé de volées droites et de paliers.

Escaliers à vis, *n.m.* Escalier tournant autour d'un noyau (sorte de colonne centrale).

Estampe, *n.f.* Dessin imprimé.

Étage d'attique, *n.m.* Étage plus bas que les étages inférieurs, couronnant une élévation.

Euthynteria, *n.m.* Marche inférieure du soubassement du temple grec.

Évent, *n.m.* Trou d'aération.

Extrados, *n.m.* Partie externe de l'arc.

Fanum, *n.m.* Temple gaulois, à plan carré, entouré d'un portique et d'une enceinte.

Fasciculé, *adj.* Se dit d'un piler autour duquel se greffent au moins cinq colonnettes.

Flèche, *n.f.* Toiture effilée d'un clocher.

Fonts-baptismaux, *n.m.pl.* Cuve dans une église au-dessus de laquelle est célébré le baptême par aspersion.

Formeret, *n.m.* Arc longitudinal à la nef.

Forum, *n.m.* Place publique de la Rome antique.

Fresque, *n.f.* Peinture sur un mur réalisée sur enduit frais.

Frigidarium, *n.m.* Piscine froide des thermes romains.

Frise, *n.m.* Bandeau sculpté à la partie supérieure d'un entablement.

Frontalité, *n.f.* Axe tête-cou-tronc donnant une attitude figée.

Fronton, *n.m.* Couronnement pyramidal.

Fundunk, *n.m.* Bourse de commerce dans une ville musulmane.

Fusain, *n.m.* Pointe tendre de charbon de bois.

Fusuma, *n.m.* Cloison mobile à glissières dans l'habitation japonaise.

Fût, *n.m.* Tronc de la colonne.

Gâble, *n.m.* Couronnement pyramidé étroit et élancé.

Garbha, *n.m.* Sanctuaire du temple hindou.

Glacis, *n.m.* En peinture, effet de transparence.

Glyptique, *n.f.* Art de graver des pierres fines (en creux : une intaille ; en relief : un camée).

Gopoura, *n.m.* Grand sanctuaire hindou dont les entrées de l'enceinte sont coiffées de hautes tours.

Gorgerin, *n.m.* Moulure convexe à la base d'un chapiteau.

Gouache, *n.f.* Peinture à l'eau qui peut être éclaircie grâce à l'adjonction de couleur blanche.

Gouttes, *n.f.* Cubes sous la regula et la mutule.

Graphite, *n.m.* Pointe dure de carbone cristallisé.

Grandes arcades, *n.f.pl.* Arcades du rez-de-chaussée d'une église séparant la nef centrale des nefs latérales.

Gravure, *n.f.* Trait en creux.

Grisaille, *n.f.* Peinture en camaïeu de gris donnant l'illusion d'une sculpture. Vitre composée d'élément de verre monochromes à dessin géométriques.

Grotesque, *n.m.* Petit personnage, petit animal, au milieu de rinceaux.

Haniwa, *n.m.* Statuette en terre cuite représentant un homme ou un animal, à vocation funéraire, au Japon.

Haram, *n.m.* Salle de prière de la mosquée.

Harem, *n.m.* Appartements privés du palais musulman.

Harmika, *n.m.* Cavité au sommet du stupa abritant des reliques (Inde).

Hathorique, *adj.* Se dit d'une colonne égyptienne dont les faces du chapiteau sont ornées d'un masque de la déesse Hathor, à oreilles de vache.

Hekal, *n.m.* Nom donné à la grande salle du temple de Salomon à Jérusalem.

Héraldique, *n.f.* Étude du blason, des armoiries.

Hiéroglyphe, *n.m.* Écriture de l'Égypte antique.

Hondo, *n.m.* Sanctuaire du temple japonais.

Hourd, *n.m.* Chemin de ronde d'une enceinte, en bois.

Hourdis, *n.m.* Remplissage d'une architecture à pans de bois en brique ou torchis.

Hypocauste, *n.m.* Système de chauffage par le sol grâce à un foyer chauffant des pilettes de briques réfractaires, la chaleur étant diffusée grâce à des gaines dans les murs.

Hypogée, *n.m.* Pièce enterrée avec des parois percées de cavités destinées à recevoir les cercueils.

Hypostyle, *adj.* Se dit d'une pièce garnie de colonnes soutenant le plafond.

Icône, *n.f.* Image ; représentation d'une scène religieuse peinte sur bois dans l'art byzantin.

Iconoclaste, *n.m.* Briseur d'images.

Iconodoule, *n.m.* Adorateur d'images.

Iconographie, *n.f.* Sujet.

Iconostase, *n.f.* Dans l'église byzantine, mur orné d'icônes séparant la nef du sanctuaire.

Impluvium, *n.m.* Bassin au centre de l'atrium de la maison romaine destiné à recevoir les eaux de pluie passant par le compluvium.

Imposte, *n.f.* Moulure recevant la retombée d'un arc, remplaçant un chapiteau.

Insula, *n.f.* Immeuble d'habitation collective romain.

Intrados, *n.m.* Partie interne de l'arc.

Ishidoro, *n.m.* Lanterne du jardin japonais.

Jambage, *n.m.* Montant vertical d'une ouverture.

Japonisme, *n.m.* Influence de l'art japonais dans l'art occidental de la fin du XIXe siècle.

Jardin à la française, *n.m.* Jardin à grands parterres réguliers et symétriques, imitant une broderie, alternant avec des pièces d'eau et des statues.

Jardin à l'anglaise, *n.m.* Jardin irrégulier, où la nature paraît pousser à l'état sauvage.

Jardin à l'italienne, *n.m.* Jardin italien de la Renaissance à petits parterres symétriques.

Jubé, *n.m.* Dans une église, mur séparant la nef du chœur.

Kachi, *n.m.* Carreau de faïence en art musulman.

Kakemono, *n.m.* Peinture chinoise sur rouleau de soie ou de papier qui se déroule à la verticale.

Kami, *n.m.* Entité surnaturelle japonaise.

Khéroubin, *n.m.* Relief mésopotamien représentant un taureau ailé à face humaine.

Kitamba, *n.f.* Entrée de la maison Noupée (art africain).

Kodo, *n.m.* Salle de prédication dans le temple japonais.

Kondo, *n.m.* Sanctuaire du temple japonais.

Kore, *n.f.* Statue de jeune fille de la Grèce de la période archaïque.

Kouros, *n.m.* Statue de jeune homme de la Grèce de la période archaïque.

Kui, *n.m.* Dragon-serpent-oiseau chinois.

Laconicum, *n.m.* Étuve dans les thermes.

Lagynos, *n.m.* Vase à parfum à panse renflée muni d'un pied et d'une anse.

Lambris, *n.m.* Lamelles de bois tapissant un mur, un plafond.

Laraire, *n.m.* Petit oratoire en forme de niche percée dans le mur de la maison romaine, permettant d'honorer les dieux Lares, protecteurs du foyer.

Larmier, *n.m.* Corniche horizontale sous un fronton.

Lécythe, *n.m.* Vase grec à parfum de forme allongée, muni d'un pied et d'une anse.

Lierne, *n.f.* Nervure d'une voûte parallèle à la nef.

Linteau, *n.m.* Bloc horizontal couvrant une ouverture. Le linteau en bâtière a sa partie supérieure à deux rampants et non pas horizontal.

Lithographie, *n.f.* Dessin imprimé grâce à une plaque de pierre.

Liwan, *n.m.* Portique bordant la cour intérieure d'une mosquée.

Loculus, *n.m.* Niche percée dans le mur de catacombes abritant une dépouille.

Lotiforme, *adj.* Se dit d'une colonne égyptienne, dont le chapiteau a la forme de feuilles de lotus.

Lunette, *n.f.* Espace mural demi-circulaire à la base d'une voûte.

362

Mâchicoulis, *n.m.* Chemin de ronde en haut d'une enceinte, en pierre.

Maenianum, *n.m.* Gradin délimité par des paliers dans un théâtre, amphi-théâtre, cirque.

Makemono, *n.m.* Peinture chinoise sur rouleau de soie ou de papier qui se déroule à l'horizontale.

Mammisi, *n.f.* Petit bâtiment dans l'enceinte du temple égyptien symbo-lisant la « maison de naissance » (du dieu).

Mandapa, *n.m.* Porche du temple hindou où les fidèles récitent les prières.

Maniérisme, *n.m.* Se dit d'un style de la fin de la Renaissance annonçant l'art baroque.

Manuelin, *n.m.* Se dit du style gothique portugais de la fin du XVe siècle.

Marouflage, *n.m.* Technique qui consiste à coller sur une sculpture en bois un tissu ou du cuir.

Mascaron, *n.m.* Visage ornant généralement une clef d'arc.

Massif antérieur, *n.m.* Premières travées des nefs d'une église, plus basses que l'ensemble.

Massif barlong, *n.m.* Dans l'église romane auvergnate, bloc de maçon-nerie parallélépipédique abritant la couple sur trompes de la croisée du transept et supportant le clocher.

Mastaba, *n.m.* Tombeau égyptien ; colline artificielle percée d'un puits descendant en sous-sol et conduisant à la chambre funéraire.

Mausolée, *n.m.* Bâtiment funéraire.

Médaillon, *n.m.* Tableau de forme ovale.

Medersa, *n.f.* Mosquée-école.

Medhi, *n.m.* Soubassement du stupa.

Mégalithe, *n.m.* Grosse pierre, aménagée et installée dans un but reli-gieux, funéraire.

Mégaron, *n.m.* Salle principale d'un palais crétois ou mycénien, ornée de colonnes.

Ménade, *n.f.* Compagne du dieu grec Dionysos.

Meneau, *n.m.* Partie verticale du remplage d'une baie.

Menhir, *n.m.* Bloc de pierre dressée du Néolithique.

Méplat, *n.m.* Faible relief aplati.

Mercothan, *n.m.* École de musique en Méso-Amérique.

Merlon, *n.m.* Partie pleine entre deux créneaux.

Métope, *n.f.* Dalle carrée sculptée.

Meurtrière, *n.f.* Baie verticale étroite pour le tir.

Midha, *n.f.* Fontaine d'ablutions au centre de la cour intérieure d'une mos-quée.

Mihrab, *n.m.* Niche percée dans le mur du haram d'une mosquée, indiquant aux fidèles la direction de La Mecque.

Minaret, *n.m.* Tour attenante à une mosquée du haut de laquelle le muezzin lance cinq fois par jour l'appel à la prière.

Minbar, *n.m.* Chaire à prêcher d'une mosquée.

Mine de plomb ou d'argent, *n.f.* Pointe dure.

Miniature, *n.f.* Petit tableau peint pour illustrer un livre.

Mithuna, *n.m.* Statue hindoue représentant un couple dans une attitude érotique.

Modelé, *n.m.* Relief donné en peinture par un dégradé d'une couleur.

Moderne (art), *adj.* Désigne l'art depuis la Renaissance (XVIe siècle) jusqu'à la fin du XIXe siècle.

Modillon, *n.m.* Petit support sous une corniche.

Monastère, *n.m.* Bâtiments d'une communauté religieuse.

Monochrome, *adj.* Une seule couleur.

Monolithe, *adj.* Se dit d'un morceau de pierre d'un seul bloc.

Monothéisme, *n.m.* Religion qui ne vénère qu'un seul dieu.

Mortaise, *n.f.* Entaille dans une pierre, une pièce de bois ou de métal, pouvant recevoir le tenon d'une autre partie afin de s'emboîter avec elle.

Mosaïque, *n.f.* Tableau polychrome composé de petits cubes de pierres, les tesselles.

Mosquée, *n.f.* Bâtiment où est célébré le culte musulman.

Moucharabieh, *n.m.* Grille en bois fermant une ouverture dans un bâtiment musulman.

Mudejar, *adj.* Se dit d'un style espagnol mélangeant l'art gothique et l'art musulman.

Mukarna, *n.m.* Sorte de stalactite en stuc pendant d'un arc ou d'une coupole (art musulman).

Mur rideau, *n.m.* Mur extérieur n'ayant pas de rôle porteur, souvent vitré.

Mutule, *n.f.* Plaque rectangulaire sous le soffite.

Naos, *n.m.* Sanctuaire du temple antique.

Narthex, *n.m.* Partie à l'entrée de l'église réservée aux débuts de l'ère chrétienne aux catéchumènes, c'est-à-dire aux personnes en attente du baptême.

Nef, *n.f.* Allée bordée de colonnes.

Netsuke, *n.m.* Bouton japonais en bois ou en ivoire à représentation figurée.

Obélisque, *n.m.* Monument en forme de pyramide très étroite et élancée, terminé par un pyramidion (petite pyramide).

Oculus, *n.m.* Baie circulaire.

Odéon, *n.m.* Bâtiment romain, de même forme que le théâtre, mais plus petit, et servant uniquement aux spectacles de chant et de poésie.

Œil-de-bœuf, *n.m.* Baie elliptique.

Oenochoe, *n.f.* Pichet grec pour servir le mélange eau et vin.

Ogive, *n.f.* Arc en diagonal : L'entrecroisement de deux ogives forme une voûte d'ogives délimitant quatre voûtains.

Oni, *n.m.* Chef africain.

Opisthodome, *n.m.* Partie arrière du temple grec servant à déposer les offrandes.

Oppidum, *n.m.* Place-forte sur une colline ou parfois en plaine à but défensif ou commercial.

Orangerie, *n.f.* Bâtiment dans le parc d'un château où l'on range l'hiver les plantes qui gèlent.

Orchestra, *n.f.* Partie circulaire ou demi-circulaire d'un théâtre antique sur laquelle évoluent les acteurs, le chœur.

Ordre corinthien, *n.m.* Se dit d'un temple grec dont la corbeille du chapiteau est ornée de feuilles d'acanthe et la frise sculptée en bandeau continu.

ORDRE DORIQUE, *n.m.* Se dit d'un temple grec dont la colonne n'a pas de base, le chapiteau est composé d'un gorgerin, d'une échine et d'un tailloir, la frise est ornée d'une alternance de triglyphes et de métopes.

ORDRE IONIQUE, *n.m.* Se dit d'un temple grec dont la corbeille du chapiteau est ornée de volutes et la frise sculptée en bandeau continu.

ORDRE TOSCAN, *n.m.* Le chapiteau est identique au chapiteau dorique (gorgerin, échine, tailloir) mais plus volumineux, et la frise de l'entablement est lisse.

OUNISHA, *n.m.* Chignon de Bouddha.

OURNA, *n.m.* Touffe de poils entre les sourcils de Bouddha.

PAGODE, *n.f.* Temple japonais dont la toiture se compose d'éléments superposés et incurvés à l'extrémité.

PALESTRE, *n.f.* Emplacement destiné à la gymnastique dans un gymnase ou dans des thermes.

PALMIER, *n.m.* Colonne centrale d'où jaillissent des nervures.

PALMIFORME, *adj.* Se dit d'une colonne égyptienne dont le chapiteau a la forme de feuilles de palmier.

PAPYRIFORME, *adj.* Se dit d'une colonne égyptienne dont le chapiteau a la forme de feuilles de papyrus ; ces feuilles pouvant être fermées ou ouvertes.

PARCHEMIN, *n.m.* Peau de mouton.

PAREMENT, *n.m.* Pierres bordant les ouvertures et les angles d'un bâtiment.

PARODOS, *n.m.* Mur de soutènement abritant les couloirs menant à la cavea des édifices de spectacles antiques.

PASTEL, *n.m.* Sorte de crayon coloré donnant un aspect velouté proche de la peinture.

PATIO, *n.m.* Cour intérieure.

PELIKE, *n.m.* Vase grec contenant de l'eau.

PENDENTIF, *n.m.* Triangle sphérique supportant une coupole.

PÉRIPTÈRE, *adj.* Se dit d'un temple bordé sur ses quatre faces d'un portique à colonnes.

PÉRISTYLE, *n.m.* Colonnade entourant un espace interne.

PERPENDICULAR, *adj.* Se dit du style gothique anglais du XVᵉ siècle.

PHYLACTÈRE, *n.m.* Bandeau en rouleau portant une inscription.

PHYTOMORPHE, *adj.* Figure à représentation végétale.

PIÉDROIT, *n.m.* Montant vertical d'une ouverture.

PIERRE NOIRE, *n.f.* Pointe tendre faite d'un mélange de carbone et d'argile.

PIGMENT, *n.m.* Élément d'origine animale, végétale, minérale ou chimique qui donne à la peinture sa couleur.

PIGNON, *n.m.* Petit côté d'un bâtiment dont la partie supérieure a une forme triangulaire.

PILASTRE, *n.m.* Support vertical de section carrée ou rectangulaire générale-ment posé sur une base et terminé par un chapiteau.

PILE FAIBLE, *n.f.* Petite colonne ne pouvant supporter des poussées importantes.

PILE FORTE, *n.f.* Pilier épais ou plusieurs colonnes pouvant supporter des poussées importantes.

PILOTIS, *n.m.* Poteau en bois portant un encorbellement et servant aussi de fondation.

PINACLE, *n.m.* Décoration en pierre sur un bâtiment en forme de cône effilé.

PLOMBAGINE, *n.f.* Pointe dure de carbone cristallisé.

POINÇON, *n.m.* Pièce en bois verticale à la jonction des arbalétriers.

POINTE, *n.f.* Outil servant à dégrossir la pierre.

POLYCHROME, *adj.* Plusieurs couleurs.

POLYPTIQUE, *n.m.* Tableau composé de plusieurs panneaux.

POLYTHÉISME, *n.m.* Religion dans laquelle on honore plusieurs dieux.

PONT-LEVIS, *n.m.* Pont en bois dont le tablier se relève.

POT À FEU, *n.m.* Décoration sculptée en forme de pot d'où jaillissent des flammes, généralement placée sur une balustrade.

POTEAU CORNIER, *n.m.* Poteau d'angle.

PRIEURÉ, *n.m.* Bâtiments d'une communauté religieuse gouvernée par un prieur, dépendant d'une abbaye, autour d'une église prieurale.

Primitif, *n.m.* Se dit d'un peintre ou d'une peinture du Moyen Âge.

Prohedria, *n.f.* Siège officiel, fauteuil, placé dans la cavea d'un édifice.

Pronaos, *n.m.* Porche d'entrée du temple antique.

Propylées, *n.m.* Entrée dans une enceinte antique.

Proskenion, *n.m.* Partie en avant de la skene dans le théâtre antique, formée d'une colonnade.

Prostyle, *adj.* Se dit d'un temple qui possède un portique à colonnes sur sa face antérieure.

Pseudo-diptère, *adj.* Se dit d'un temple bordé sur ses quatre faces d'un portique à colonnes ; portique si large qu'on pourrait y placer une deuxième colonnade.

Pulpitum, *n.m.* Décor du théâtre antique.

Pylône, *n.m.* Entrée majestueuse du temple égyptien.

Pyramide, *n.f.* Tombeau égyptien en forme de polyèdre à base polygonale et faces triangulaires. La pyramide à degrés est composée d'une superposition décroissante de gradins ; la pyramide rhomboïdale a ses faces légèrement arrondies.

Pyrée, *n.m.* Autel en plein air pour célébrer le culte du feu.

Qibla, *n.f.* Mur de la mosquée orienté vers La Mecque.

Qinbai, *n.m.* Vase chinois entre le céladon et le blanc.

Quadrilobe, *n.m.* Figure de plan carrée ornée sur chaque face d'un lobe demi-circulaire.

Quauhxicalco, *n.m.* Partie du sanctuaire où sont déposés les cœurs des hommes sacrifiés (Méso-Amérique).

Rampant, *n.m.* Partie oblique d'un fronton, d'un gâble, d'un toit.

Registre, *n.m.* En peinture et en sculpture (relief), bandeaux horizontaux superposés sur lesquels s'inscrit le sujet.

Régula, *n.f.* Moulure sous la taenia, uniquement sous les triglyphes.

Relief, *n.m.* Sculpture sur support.

Remplage, *n.m.* Ensemble des parties fixes d'une baie.

Retable, *n.m.* Tableau peint ou sculpté ornant l'autel d'une église.

R????, *n.m.* « Monastère » musulman.

R?????, *n.m.* Enroulement, généralement de feuillages.

R????-?????, *n.f.* Statue indépendante, autour de laquelle on peut tourner.

R??????, *n.m.* Ensemble des claveaux d'un arc ; un arc peut être à double rouleau (impression d'une superposition de deux arcs).

R????????, *n.f.* Moulure en baguette garnissant une cannelure.

S???????, *n.f.* Pièce de bois maîtresse horizontale. La sablière de plancher porte les solives ; la sablière de chambrée double la sablière de plancher et sert de base à l'étage.

S????? ????????, *n.f.* Chapelle abritant une relique ayant appartenu au Christ (morceau de la Croix, de la Couronne d'épines...).

S???? ???????????, *n.f.* Salle d'un monastère où se réunit le chapitre (ensemble des moines) pour débattre de questions diverses.

S??????????, *adj.* Se dit d'une colonne torsadée autour de laquelle s'enroulent des feuilles de vigne.

S?????????, *n.m.* Emplacement sacré d'un bâtiment de culte.

S???????, *n.f.* Pointe tendre, craie contenant de l'oxyde de fer.

S?????, *n.m.* Divinité secondaire grecque ; compagnon de Dionysos, avec des oreilles pointues, deux petites cornes et des jambes de bouc.

S???, *n.f.* Outil servant à tailler la pierre.

S??????, *n.f.* Moulure creuse à profil demi-ovale.

S??????????, *n.m.* Salle d'étude d'un monastère.

S????, *n.f.* Liquide obtenu à partir de l'encre de la seiche.

S?????, *n.m.* Pièces d'apparat du palais musulman.

S??????, *n.m.* Petite pièce dans un mastaba égyptien abritant la statue du défunt.

S???, *n.m.* Cour intérieure d'une mosquée.

S??????, *n.m.* Support dans le sanctuaire du temple japonais en forme d'objet ou de miroir dans lequel le kami peut habiter.

S???????, *adj.* Marqué du sceau de son créateur.

S???????, *n.m.* Tour en forme d'obus, côtelée, couvrant le temple hindou.

Skene, *n.f.* À l'origine, baraquements en bois face aux spectateurs du théâtre antique dans lesquels se changeaient les acteurs. Puis, mur de scène.

Skyphos, *n.m.* Bol grec servant pour boire.

Soffite, *n.m.* Plaque horizontale à la base d'un fronton.

Solive, *n.f.* Pièce horizontale d'un plancher ; sur l'ensemble des solives est posé le parquet ou le carrelage.

Sphinx, *n.m.* (f. : sphinge). Monstre à corps de lion et tête humaine.

Spina, *n.f.* Mur séparant en deux dans le sens de la longueur l'arène d'un cirque ou d'un stade antique.

Staff, *n.m.* Plâtre moulé servant à la décoration.

Stèle, *n.f.* Pierre dressée, taillée, portant souvent une inscription à vocation funéraire.

Stéréobate, *n.m.* Marche intermédiaire du soubassement du temple grec.

Stratigraphie, *n.f.* Coupe d'un terrain.

Stuc, *n.m.* Sorte de plâtre moulé pour la décoration des murs et des plafonds.

Stupa, *n.m.* Sanctuaire bouddhique en forme de demi-sphère.

Stylobate, *n.m.* Marche supérieure du soubassement du temple grec.

Synagogue, *n.f.* Bâtiment où est célébré le culte israélite.

Tablero-talud, *n.m.* Décoration sur une pyramide de la Méso-Amérique de forme trapézoïdale.

Taenia, *n.f.* Moulure à la base d'un entablement.

Tailloir, *n.m.* Dalle supérieure couronnant le chapiteau.

Talus de maçonnerie, *n.m.* Base évasée d'un bâtiment lui assurant une bonne assise.

Tambour, *n.m.* Tronçon de colonne, ou mur circulaire ou ovale supportant une coupole.

Tanka, *n.m.* Peinture religieuse thibétaine suspendue dans un temple.

Taotie, *n.m.* Représentation sculptée d'un monstre chinois, cornu, aux yeux saillants, sans mâchoire inférieure.

Tapisserie, *n.f.* Ouvrage textile produit par entrecroisement de fils de laine, de soie représentant un sujet décoratif, servant à orner un mur.

Técomate, *n.m.* Jarre en terre rouge sans col appartenant aux céramiques Ocos (Méso-Amérique).

Temalacatl, *n.m.* Disque de pierre auquel étaient attachés les prisonniers pour livrer un dernier combat avec les guerriers (Méso-Amérique).

Tempera, *n.f.* Peinture à l'eau dont l'agglutinant est de l'œuf.

Temple, *n.m.* Bâtiment où est célébré un culte à un dieu.

Tenon, *n.m.* Embout destiné à pénétrer dans une mortaise afin d'emboîter deux éléments.

Tepidarium, *n.m.* Piscine tiède des thermes romains.

Tesselle, *n.f.* Petit cube de pierre composant une mosaïque.

Tétramorphe, *n.m.* Représentation des symboles des quatre évangélistes : le lion de saint Marc, le taureau de saint Luc, l'aigle de saint Jean et l'ange de saint Matthieu.

Théâtre, *n.m.* Bâtiment demi-circulaire dans lequel sont données des représentations théâtrales.

Thermes, *n.m.pl.* Bâtiment abritant des salles de bains, de gymnastique.

Tholos, *n.f.* Édifice de plan circulaire (tombeau dans l'art mycénien ; temple dans l'art grec).

Thyrse, *n.m.* Bâton du dieu grec Dionysos, se terminant par une pomme de pin, sur lequel s'enroulent des pampres et des feuilles de lierre.

Tierceron, *n.m.* Nervure secondaire de la voûte d'ogives, ne rejoignant pas la clef de voûte centrale.

Tlachtli, *n.m.* Jeu de paume en Méso-Amérique.

Tokonoma, *n.m.* Niche à l'intérieur de la maison de thé japonaise abritant une calligraphie ou un vase.

Tondo, *n.m.* Tableau de forme circulaire.

Torana, *n.f.* Porte de l'enceinte du stupa.

Torchis, *n.m.* Terre sèche et paille formant mortier.

Tore, *n.m.* Moulure à profil curviligne.

Tori, *n.f.* Porte du temple japonais.

Tour lanterne, *n.f.* Tour percée de baies permettant un éclairage interne.

Transept, *n.m.* Partie transversale à la nef d'une église lui donnant un plan en croix latine, ou s'il y a deux transepts un plan en croix de Lorraine.

Travée, *n.f.* Partie d'une nef d'église délimitée par quatre piliers.

Traverse, *n.f.* Partie horizontale du remplage d'une baie.

Trépan, *n.m.* Outil servant à creuser des cavités dans la pierre.

Tribhanga, *n.m.* Triple flexion du corps dans la statuaire indienne.

Tribune, *n.f.* Étage supérieur d'une église.

Triclinium, *n.m.* Dans la maison romaine, pièce servant de salle à manger, et meuble formé de trois lits disposés en U sur lesquels les romains s'allongeaient pour prendre leur repas.

Triforium, *n.m.* Étroit passage au-dessus des grandes arcades dans une église gothique.

Triglyphe, *n.m.* Dalle ornée de trois glyphes (rainures verticales).

Trilithe, *n.m.* Monument en pierre composé de deux jambages ou piédroits verticaux supportant un linteau horizontal.

Triptique, *n.m.* Tableau composé de trois panneaux.

Triskèle, *n.m.* Décoration formée de trois volutes.

Trompe, *n.f.* Petite voûte-support construite dans les angles rentrant de la croisée du transept pour soutenir la coupole octogonale.

Trompe-l'œil, *n.m.* Effet d'illusion créé en peinture.

Trophée, *n.m.* Décoration sculptée présentant un « bouquet » d'objets de même nature (armes, instruments de musique...).

Trumeau, *n.m.* Pilier central d'un portail.

Tumulus, *n.m.* Tertre artificiel abritant une ou des sépultures.

Tympan, *n.m.* Partie murée et généralement décorée en haut d'une ouverture, souvent d'un portail d'église.

Tzompantli, *n.m.* Partie du sanctuaire où sont déposés les crânes des hommes sacrifiés (Méso-Amérique).

Ulam, *n.m.* Vestibule du temple de Salomon à Jérusalem.

Ukiyo-e, *n.m.* Estampe japonaise.

VEDIKA, *n.m.* Enceinte autour du stupa.

VELUM, *n.m.* Bâche pouvant servir de toit dans les édifices de spectacles à ciel ouvert de l'Antiquité.

VICUS, *n.m.* Regroupement humain, village.

VIHARA, *n.m.* Monastère indien.

VIMANA, *n.m.* Toiture pyramidale à gradins du temple brahmanique.

VITRAIL, *n.m.* Vitre composée de verres de couleurs assemblés par un réseau de plombs.

VOILE PRÉTENDUE, *n.f.* Toiture en béton prenant appui dans le sol et semblant gonflée.

VOLÉE, *n.f.* Série d'arcs-boutants.

VOLUTE, *n.f.* Enroulement en spirale.

VOMITOIRE, *n.m.* Couloir et accès aux gradins du théâtre.

VOUSSURE, *n.f.* Petite voûte formée par l'embrasure d'une baie profonde.

VOÛTAIN, *n.m.* Espace triangulaire délimité par l'entrecroisement de deux ogives.

VOÛTE, *n.f.* Couverture.

VOÛTE DOMICALE, *n.f.* Voûte fortement bombée (art angevin).

VOÛTE D'ARÊTES, *n.f.* Entrecroisement de deux voûtes en berceau.

VOÛTE EN BERCEAU, *n.f.* Voûte demi-circulaire, de même profil que l'arc en plein-cintre. La voûte peut être en berceau brisé, et dans ce cas a le profil d'un arc brisé.

VOÛTE EN CARÈNE, *n.f.* Voûte en bois en forme de coque de vaisseau.

VOÛTE EN ÉVENTAIL, *n.f.* Voûte dont les voûtains s'évasent selon un galbe concave.

XYLOGRAPHIE, *n.f.* Dessin imprimé grâce à une plaque de bois.

YACATA, *n.m.* Pyramide circulaire sur plate-forme à degrés dans la civilisation tarasque (Méso-Amérique).

YAKSHI, *n.m.* Nymphe indienne.

YSASHTI, *n.m.* Mât porteur de parasols au sommet du stupa.

Ziggourat, *n.f.* Temple mésopotamien : pyramide à 7 étages ; le sanctuaire est situé sur la plateforme supérieure.

Zimbabwe, *n.m.* Enceinte pour les rois du Zambèze (art africain).

Zoomorphe, *adj.* Figure à représentation animale.

Conseils bibliographiques et sitographiques

Les livres d'histoire de l'art sont très nombreux, il s'agit rarement de synthèses, mais d'ouvrages portant sur une période, ou de monographies d'artistes. Nous ne pouvons donner ici une liste de livres qui serait trop longue.

Nous signalons cependant qu'il existe deux collections de grande qualité, tant sur le plan des textes que sur le plan de l'illustration. Il s'agit de :

- *L'Univers des formes* (collection créée par André Malraux), aux éditions Gallimard ;
- *L'Art et les grandes civilisations,* aux éditions Mazenod.

Toutes les périodes et toutes les civilisations ne sont donc pas encore traitées, mais on peut trouver facilement la liste des titres déjà parus en librairie ou en bibliothèque.

Pour la partie technique, nous conseillons :

- PIERRE José, *Introduction à la peinture,* Somogy, 1985.
- RUDEL Jean, *Technique de la sculpture,* PUF, Que Sais-je ? 1980.
- *Le Grand Atlas de l'architecture mondiale,* Universalis, 1988.
- *Comprendre le patrimoine. Point de repère,* Flohic éditions, 2001.

Pour avoir notion de l'évolution des frontières depuis l'Antiquité et bien replacer dans leur contexte géographique les différentes civilisations :

- *Atlas historique,* Larousse, 1978 ;
- *Le Grand Atlas de l'histoire mondiale,* Universalis, 1994.

Les religions ayant sur l'art un rôle très important, il est indispensable d'en connaître les éléments de base :

- *Guide illustré des religions dans le monde,* Centurion, 1985 ;
- REAU **Louis,** *Iconographie de l'art chrétien,* PUF, 1958.

Des ouvrages permettent de découvrir le patrimoine vernaculaire et de savoir de quelle façon l'étudier et le mettre en valeur :

- CHATELAIN **André,** *Patrimoine rural, reflet des terroirs,* Rempart-Desclée de Brouwer, 1998.
- *Guide d'observation du patrimoine rural,* Ministère de l'Agriculture et de la Pêche, 2000.

Pour tout connaître sur la législation et la conservation du patrimoine, trouver toutes les adresses utiles, il faut consulter le site du Ministère de la Culture et de la communication :

- www.culture.gouv.fr

Index

Y

Yayoï, 259, 260.
Yuan, 248, 251.
Yuang, 258.
Yunsheng, 257.

Z

Zadkine, 222, 234.
Zaô Gongen, 261.

Zao Wou-Ki, 224.
Zehrfuss, 216.
Zemmyô Nyoshin, 261.
Zéphire, 70, 162.
Zeus, 49, 50, 69.
Zhaoling, 257.
Zhou, 248, 252.
Zola, 266.
Zoroastre/Zarathoustra, 22.
Zublena, 218.

www.ingramcontent.com/pod-product-compliance
Lightning Source LLC
LaVergne TN
LVHW060114060726
842526LV00011B/2760